U0666373

最后的对话

▲

〔阿根廷〕
豪尔赫·路易斯·博尔赫斯
著

〔阿根廷〕
奥斯瓦尔多·费拉里
著

陈东飚 译

新 星 出 版 社 NEW STAR PRESS

新经典文化股份有限公司
www.readinglife.com
出　品

目 录
Contents

序一

豪尔赫·路易斯·博尔赫斯

基督教时代之前大约五百年，在大希腊①发生了世界历史中有记载的最好一件事：对话的发现。信仰，确定性，教条，诅咒，祈祷，禁令，秩序，禁忌，暴政，战争和荣耀充斥着世界；几个希腊人却养成了，我们永远不知道是如何做到的、交谈的奇异习惯。他们怀疑，劝说，异议，交换意见，搁置。也许是他们的神话帮助了他们，它就像神道一样，是一组模糊传说和多种宇宙起源学的混合。我们今天不无夸饰地称为形而上学的东西，其最初的根就是这些零散的猜想。倘没有那不多几个健谈的希腊人，西方文化是不可想象的。在空间和时间上都相隔遥远，这本书只是那些古老闲谈的一声隐约的回响。

像我所有的书一样，或许像所有的书一样，这本书纯粹是自己写成的。费拉里和我试图让我们的词语经我们之口、抑或是不顾我们的阻碍流淌而出。我们的交谈从未导向一个结论。读过这部手稿的人向我们保证说那经验是愉快的。但愿我们的读者不会反对这一

---

① Magna Grecia，古代以此名指称意大利南部海滨及西西里岛被希腊殖民者占据的地区。

慷慨的见解。在《诸梦记》之一的序言里,弗朗西斯科·克维多写道:

愿上帝保佑你,读者,免遭长序言和坏绰号之害。

一九八五年十月十二日

序二

奥斯瓦尔多·费拉里

在一九八四年三月我们进行了第一次公开对话。

听着它在我们共同的朋友里卡尔多·科斯坦蒂诺经营的市立电台上播放，我感觉到，对于我也对于所有的听众来说，有一扇门开向了无边的浩瀚：博尔赫斯写作的非凡语调，他的原创性中始终蕴含的惊奇与震撼，汇聚在他的词语之中。

为了以某种方式来表达这一点，在那最初的时刻，我便生出了加入一个新维度的想法。与博尔赫斯的对话是对文学本身的一次介入，是与文学的灵性发生接触，这灵性在他周身洋溢，以至于构成了他迷人智慧的支柱与关键。那属于世界的文学智慧，发现了现实又给予全新描述的智慧。

他对于事物精确而无可替代的解读，全都是即兴而发，已经开始了。我们所有人都可以用他的眼光来观照万物。在八十四岁的年纪，博尔赫斯将他的宇宙传递给了我们。

这些对话是从每一个主题出发来记录这宇宙的，因为博尔赫斯的记忆、他的明彻和他词语的简练即刻便已安排妥当。

只要说出一个他喜好的作家或是他常看的著作的名字，他就能立刻由此引申开去提出对作者或作品的一个新理解，一个新诠释；只要引述一则他认同的哲理，或一种他感兴趣的宗教，就能从他这里得到一个独一无二的完全属于个人的看法，无论是关于其中哪一样；只要向他提起他进行过的旅行或他曾经认识的国家，他就会将他的印象和盘托出并对这些国家的文学加以详尽阐述。

就这样，就像他曾经向我指出说对话是写作的一种间接形式那样，他通过这些对话在继续写作着。这些交谈现已被转录下来以供出版，不言自明的是博尔赫斯通过交谈，延伸了他的写作生涯。倾听他的魔法，于是，便可与阅读他的魔法等量齐观了。

这样我们便得以认识，如我之前所说，这个人，这个作家，这文学的精灵。那些只知道他的作品的人，现在可以认识这个作家，认识博尔赫斯这个人、他创造的事物下面的理念了，后者与他这个人是一回事。可以说对于他而言，现实就是文学，而他也注定要交给我们对于现实的文学记录，无人可及。也可以这样认为，由于他不认可现实主义文学而只相信幻想文学，现实唯有从他的文学视角来看才是一致的。换言之，是博尔赫斯在诠释文学，也是文学在诠释博尔赫斯。

从他的宇宙，一个文学的宇宙之中，他对我向他提出的问题尽情畅谈。哪怕讲的是哲学、神秘主义、政治等等，也总是从文学出发的，因为那里是他的天才之所寄，因为他相信自己是为此而生的，这就是他的命运。

他曾谈起过那些在对话中达到了更高的尺度，超乎其书面作品的作家，如佩德罗·恩里克斯·乌雷尼亚、坎西诺斯·阿森斯或马塞多尼奥·费尔南德兹等等；不过在他这里，我们的对话表明他的交谈拥有他写作的语调，那是他惊人的文学维度同时也被赋予交谈："我们所说的一切也正被记录下来，所以既是口说的同时又是笔写的：在我们说话的同一时刻，我们正在书写"，他说。

他的声音，其中含有他的智慧的调性，补充道："我不知道在我余生里会不会再写一篇散文，很可能不会了，或者我会用迂回的方式去写吧，就像我们两个现在所做的那样。"

于是，对话便成了晚年的博尔赫斯自我表达的恰当媒介，这样他的思想，文学性质的思想——而在他如此高寿的人生阶段，也是神秘性质的——便能通过与一个比他小五十岁的伙伴的交流传到每一个人耳边。

他的心情在这些对话中随着疑虑，以及希望的不同程度而变化。"笑"和"两人都笑了"时常发生在两人之间，就像在交谈的进程中呈现的那样。

康拉德、梅尔维尔与海，是其中一篇的题目；东方、《易经》和佛教，是另一篇；地理与内心的南方，是第三篇；北欧神话与盎格鲁－撒克逊史诗；论爱；论猜想，是另外几篇，它们跟其余的一起，在这本书里构成了总共四十五篇之数。所有这些对话都萦绕着博尔赫斯的灵性，它们令我们有可能与他本人，也与他为之奉献一生的世界文学进行一场深刻的邂逅。

一九九八年四月

阿根廷人的身份

奥斯瓦尔多·费拉里：博尔赫斯，一段时间以来我对您曾经表述过的，关于阿根廷人可能的身份的想法很有兴趣，因为根据这个想法，我们的身份是一个不断发展的身份。您曾经说过，我们阿根廷人，既有一段为时有限的历史，同时又发源于一段像欧洲那样浩大的历史，代表了存在的一种全新可能。您说：我们是我们想要成为的人，也是我们可以成为的人。

豪尔赫·路易斯·博尔赫斯：是的，确实如此，我相信我们是被放逐的欧洲人这件事是一个优势，因为我们不为任何一种本地的特殊的传统所束缚。就是说，我们可以继承，我们也的确继承了西方的全部，而西方的全部说的也是东方，因为所谓的西方文化也就是，简而言之，不妨说一半希腊，另一半以色列而已。就是说，我们也是东方人，我们应当努力成为我们可以成为的一切；我们不为一种传统所束缚，我们收下了这份浩大的遗产，我们必须努力地充实它，用我们的方式来延续它，自然而然。至于我，我曾经想要了解可能了解的一切，但是当然了，因为这个世界是无限的，一个个体能够了解的仅仅是一颗微粒而已。我有时想到文学就像是一个无限的图书馆。我的一篇故事里的"巴别图书馆"，在这个浩大的图书馆里每一个人只能阅读若干页书：但或许本原之物恰恰就在这几页里面，也许文学永远在重复着同样的事物，仅仅是侧重与调式略有不同。无论如何，我都认为我身为作家的责任既不是发现新的主题也不是发明任何东西。我必须，以我的祖国和我的时代的语言，重复某些永远被重复的诗歌，用可能优美或是不优美的轻微变体。

——我明白了。现在，我必须要问您这个问题：对您很尊敬的奥克塔维奥·帕斯曾经说过您的欧洲主义是非常美洲的，是我们西班牙语美洲人成为我们自己或发明我们自己的一种方式。您对此有什么看法？

——这话很聪明，首先说，而且可能确实如此，因为我们的命运当然是我们未来的命运而不是我们过去的命运，尤其是在这片大陆上。对于北美洲人我也会说同样的话。事实是，人们所说的，同时也是传统的那些语言，是哪些？卡斯蒂语①，葡萄牙语，英语，肯定不是由红皮人或印加人或潘帕斯印第安人发明的。

---

① Castellano，即西班牙语。

——那是自然。帕斯补充说我们的欧洲主义既不是无根的也不是朝向过去的一场回归，而是一个尝试，要创造一个现时的空间来对抗一个无时间的空间，并由此，他说，"化为有形"。

——这是一个极好的想法，我相信这是一个很正确的想法。我感觉正是如此，就是说，我感觉我是一个被放逐的欧洲人，但这场放逐让我成为一个更广阔意义上的欧洲人，与那些仅仅生于欧洲的人们相比。因为，事实上，我不知道是否与其说有人生于欧洲，不如说有人生在英国、意大利、西班牙、挪威、冰岛，但欧洲是一个很广阔的概念。相反，我们可以感觉到所有这些不同的遗产，我们可以忘掉政治的边界，国与国的边界，我们必须努力不辜负那片以某种方式被继承下来的广袤富饶的大陆，正因为我们不曾生在其中而生在另一块大陆上。

——请注意这的确是一个令人充实的存在。

——是的，我相信是这样，我相信爱默生也是同样的想法。他在《美国学者》上写的一篇文章里指的肯定不是红皮人，而是现在被称为西方的全部传统。

——在美洲曾有过一场文学运动，现代主义，可能是第一次欧洲的成分以我们的形态出现而得到了承认。

——那场运动是兴起在——这一点意义非常重大——大西洋的这一边，而不是那一边。就是说，达里奥、哈伊梅斯·弗莱列、卢贡内斯走在了那些西班牙大诗人之前，从大洋的彼岸送去了灵感。我记得我与伟大的安达卢西亚诗人胡安·拉蒙·希梅内斯[①]的一次谈话，他向我谈起他将莱奥波尔多·卢贡内斯《黄金山》(*Las montañas del oro*)的第一版捧在手中时感受到的激动。那是在一八九七年，在我出生之前两年。他收到了这本书……这本书令他目眩神迷，来自一个他仅仅知道名字的城市：布宜诺斯艾利斯。我们知道现代主义在西班牙带来了何等的影响，一切都更新了：主题，音律，一切，一切都被更新了。显然有着雨果和魏尔伦的影子。很奇怪，西班牙人比我们更远离法国，由于历史的原因——我不需要深究它们——但事实是最近的法语诗歌，十九世纪的法语诗歌，是由美洲，并且首先是由鲁文·达里奥呈现给他们的。

——那一次，美洲更新了欧洲。

——是啊，我一生曾经与莱奥波尔多·卢贡内斯交谈过五六次，他是一个相当，呃……悲伤的人，很难和人交谈；呃……更好的说法是，对于他来说对话是不可能的，但我记得那几次对话中，每一次他都岔开话题说起(他一直保留着他的科尔多瓦口音)谈论起"我的朋友和导师鲁文·达里奥"。显然，鲁文·达里奥是一个人人都热

---

① Juan Ramón Jiménez(1881－1958)，西班牙诗人、作家，1956年诺贝尔文学奖获得者。

爱的人，而卢贡内斯则是一个受人景仰、尊敬而不是热爱的人，这一点肯定让他很难过。

——现在，就您与所有这些的关系而论，我觉得尽管您的记忆和您的想象超越了阿根廷并抵达了不同纬度——其他国家和种族的历史、神话——然而，您叙述故事的风格却是一种特别冷静，专属于阿根廷本土的风格。

——是的，西班牙的西班牙语跟，比方说，布宜诺斯艾利斯或蒙得维的亚的西班牙语之间的区别，或是区别之一，就是西班牙人爱用感叹语、惊叹词。我们倒是宁可陈述、谈论事情，总之就是解释，但我们并不臧否事物，像西班牙人时常爱做的那样。西班牙人的交谈总是大惊小怪的。我们不是这样，我们的交谈，可以这么说，声音比较低，从不大呼小叫。

——比奥伊·卡萨雷斯①曾经说过我们的乡民，我们在潘帕斯草原上的同胞说话风格的简洁，已经教会了他跟这门语言有关的很多东西。他发现了……

——我没听说过这个，不过这肯定是对的，没错。我在潘帕斯草原上还看到一件事，是这个国家的农民（这一点，据我所

---

① Adolfo Bioy Casares（1914－1999），阿根廷作家、新闻记者、翻译家。

知，并未出现在许多其他国家）是有能力反讽的，我不知道这是否会发生在其他国家，要我说应该不会。这种反讽的，英语中称为"understatement"的能力，恰恰可以说正是西班牙式夸张的反面。

——心照不宣。

——对，心照不宣。

——关于这一点，依我看很有必要在此澄清一下，在阿根廷，这种诉诸共性的倾向，我会说它是存在于阿根廷的精神之内的。

——在布宜诺斯艾利斯存在这种倾向是很自然的，因为我们的人口一半是意大利人，另一半是西班牙人，而且这个国家还有一项很大优势，它是一个中产阶级国家，又是一个国际化的国家，事实上。

——我很希望您，博尔赫斯，再提一个投身于这场重要运动——现代主义的人。

——是的，我应该提一下伟大的玻利维亚诗人里卡尔多·哈伊梅斯·弗莱列，他曾在图库曼①任教。哈伊梅斯·弗莱列留下了一首诗，它根本没有任何意义，根本不打算表达任何东西，对我来说却

———————————

① Tucumán，阿根廷西北部省份及其首府。

是难以忘怀的。我可以背诵第一节：

> "*漫游的想象之鸽*
> *你点燃最后的情人，*
> *光，音乐与鲜花的灵魂，*
> *漫游的想象之鸽*"

它根本没有任何意义，我不知道它是否隐喻着什么，但我觉得它是完美的。

——我觉得它非常优美。

——是的，非常非常优美，他最好的一首诗。他还写了一部卡斯蒂语诗律史，他的朋友卢贡内斯在那本令人难忘的《感伤的太阴历》（*Lunario sentimental*）的前言里曾经引用过，其中讲到里卡尔多·哈伊梅斯·弗莱列指出八音节的诗行，虽说看上去是那么的自然，在最初的浪漫诗篇中却是摇摆不定、磕磕绊绊的，指出它对于西班牙文人而言几乎是一项臭名昭著的创新，比如说对于克利斯托瓦尔·德尔·卡斯蒂耶霍而言。然而，五音节诗，现在看来是很自然的，现在它流动起来全世界便听到它在流动。只不过，我的印象却是我们正在失去听觉，听不见任何诗行，甚至连身边的对句里的八音节诗都听不见了。

——我的回答是不置可否，听觉是有轻微的丧失，但并非全部。

——好吧，这是您带给我的一个好消息（**两人都笑了**）。

——我们不得不说再见了，博尔赫斯，直到下个星期。

——很好，但我很高兴您给了我再次提到里卡尔多·哈伊梅斯·弗莱列的机会，他被遗忘是如此的不公平，正如他这四行无与伦比的诗句向您呈现的那样。

——被不公平地遗忘了。

永恒的旅行者

奥斯瓦尔多·费拉里：我想请您给我解释一下，博尔赫斯，我相信我们的听众也是一样，在您此次重访日本以及意大利和希腊的旅行之前，是什么决定了您对于旅行的特别嗜好，顺便提一下，这嗜好似乎是最近几年才养成的。

豪尔赫·路易斯·博尔赫斯：一个原因大概是失明吧，即使看不见也要感受那些国家。再者，假如我留在布宜诺斯艾利斯，呃，我的生活是……很糟糕的，我必须不断地想故事，再口授。相反，假如旅行的话我便始终能获得新的印象，而这一切，到最后，都会变成文学——我不知道这是不是一个好处。但归根结底，我会坚持走下去……接纳和欣赏所有的事物。我相信如果我真是一个诗人的话——显然我不是的——我会以诗意之心感受生命的每一刻。就是说，例如，有所谓诗意的主题和诗意的时刻这种假设就是一个错误：一切主题都可以是诗意的。华尔特·惠特曼已经证明了这一点，戈麦兹·德·拉·塞尔纳也以他的方式证明了。见日常所见皆为诗意。有一句话说的是……"reality stranger than fiction"：现实比虚构更离奇。而切斯特顿也犀利而正确地主张这一点，我相信，他说："因为我们令虚构适应我们自己，另一方面现实更离奇得多，因为创造了它的是另一个，那个他者，上帝。"因此现实必定是最离奇的。既然我说到了那个他者，我就提一下《神曲》第一部吧……很清楚，第一部是"地狱"，在那里是不允许出现上帝的名字的，于是便称为他者。"如他者所愿"，尤利西斯说，例如，因为在地狱里不可以道出上帝的名字。于是但丁发明了这个美丽的代名词：他者（el Ttro）。它又是可怕的，对吗？因为它意味着，呃，一个人离他人非常远。因此，在《神曲》中上帝的名字可能是出现在《炼狱》中的，因为他们都置身于火中，它将他们……净化了，还有在《天堂》里，当然了，但在《地狱》里不行——称之为他者——通常印有一个大写的"O"以确保绝无疑问。

——确实，现在，说回到这次特殊的旅行，是什么目的，或者说用什么好的借口以便成行。

——好的借口之一是我将在西西里岛的巴勒莫大学获得那个慷慨的，受之有愧的荣誉学位。就是说，我要去领略意大利的南方。我已见识过了令人钦佩的北方，见识过罗马……显然我可以说，像所有的西方人一样，"civis romanus sum"：我是一个罗马公民。因为我们人人都是，只是我们生于域外，略微远了一点。但现在我要去领略南方，大希腊。可以说西方是在大希腊开始思考的。也就是说，在小亚细亚的局部，以及意大利的南方。真奇怪，哲学可以说是在希腊的外围开始的，对吧？人们在那里开始思考，自此以后我们一直在努力思考下去。总之，这个优秀的习惯开始于大希腊。然后，意大利的南方也意味着其他伟大的名字。它意味着维科[①]，比如说，乔伊斯为阐释他的历史循环论而引述过他。还有或许写下过最好的美学论著的人：克罗齐，也是意大利南方的。此外还有马里诺[②]，最伟大的巴洛克诗人，他曾是贡戈拉[③]的导师。归根结底，意大利的南方有着那么多的回忆。我想要领略意大利的南方，可迄今为止始终未能如愿，像那么多其他的事情一样，想想吧，我不会说宇宙之大，但会说这个星球之大，一个人能够看见的非常之少。每当人们对我说我已经博览群书之时，我总觉得并非如此。如果想象一下，全世界所有的图书馆或单单一个图书馆，比方说……墨西哥街上的国立图书馆。一个人能读过些什么？几页而已。对于已经写下的一切，一个人读过的不过是几页而已，对于世界，一个人看见的也只是几个幻象而已。但，或许不妨认为这些书页包含了其他的书页，也就是说，以柏拉图的方式，一个人已经见过了万物，已经读过了所有的书。即使是用不认识的语言写下的书。因此有人说所有的书都仅仅是一本书。我曾经想过多少次，文学的主题，原本

---

① Giovan Battista Vico（1668－1744），意大利政治哲学家、修辞学家、历史学家、法学家、启蒙思想家。

② Giambattista Marino（1569－1625），意大利诗人。

③ Luis de Góngora（1561－1627），西班牙诗人。

就寥寥无几，而每一代人追求的都是细微的变体，每一代人都在用本时代的语言，重写早已被写下的东西。尽管差异很小，但这些很小的差异却非常非常重要，理所当然，至少对于我们而言。总之，我会去意大利巴勒莫接受那个荣誉博士学位，之后是另一个同样荣耀但却更非同凡响的学位，颁发者是一所新成立的希腊大学：克里特大学。我已见识过克里特岛，但从来没有想过能获得一个克里特岛的博士学位，它在某种意义上将我拉近了……呃，我并不需要被拉近……迷宫（笑）。另外，我相信多门尼科·式奥托科普洛斯，埃尔·格列柯[①]，也是克里特人，对吗？

随后我要去日本参加一个会议，六月份我相信我会获得一个博士学位……当然是来自世界上最古老、最有名的大学之一：剑桥大学。现在我是它的对手牛津大学的荣誉博士。所以我会成为这两大著名学府的博士。

如果我们回想一下，我们就会看到在欧洲最初的大学是意大利的。第一所是博洛尼亚的，我相信，随后才是英格兰的，随后是法国的，最后，我相信，是海德堡的那些德国大学。

——现在，在意大利人们似乎对您的著作特别着迷，一段时间以来。

——呃……是的，不过说他们非常喜欢或许就表明了他们根本

---

① Doménico Theotocopulos（1541－1614），被称作"El Greco（希腊人）"，西班牙画家、雕塑家、建筑师。

没读过吧（笑），但我相信即使他们读过了也依然是欣赏我的，对吗？这事始终让我略感吃惊。是的，意大利对我一直非常慷慨。好吧，世界对我一直非常慷慨。我不相信我有私敌，可以这么说，再者说，或许当一个人活到八十四岁时，他就已经，在某种意义上，是往生之人了，能够被人爱戴而没有很大的风险，不是吗？没有太多的不适，这或许正是衰老的形式之一。

——日本人似乎也对我国特有的表现形式产生了某种奇特的兴趣，比如音乐，举例而言。

——是的，对于探戈。当我告诉他们探戈在布宜诺斯艾利斯几乎已经被遗忘了，听到的更多是摇滚的时候，他们都感到有点震惊，尽管他们也喜欢摇滚，当然了。日本人心里是非常好客的，您看他们是如何既不放弃自己的东方文化，而又令人钦佩地实践西方文化的。我相信，例如，在美国、英国、德国，人们都在为日本工业的进步而震惊。他们把一切做得更好，并且具有美感。例如，一台日本录音机，一副日本望远镜，一把日本剃须刀，都更轻也更优雅，更不用说照相机和汽车了。电脑显然也是他们做得更好。

——但也有其他类别的东西。例如，阿道尔弗·比奥伊·卡萨雷斯送给我一册日本的书，一个漂亮的译本。是您和他在一九六七年合写的《短篇与奇异故事集》(*Cuentos breves y extraordinarios*)，一九七九年出版于日本。

——我不知道这个译本，我没有获得任何告知。是的，我们编写这本书大致是在那个日期，但我的日期是非常模糊的。事实是我正在丢失我的记忆，但我尽力保留最好的，不是我的个人经验而是我曾经读过的书籍。我的记忆里装满了很多语言的诗句，我从来没有试过背一首诗，但我喜欢的总会留下来，一直在那里。因此我可以念诵很多语言的诗句，其中包括古英语的：盎格鲁－撒克逊语的，比如说。

还有我相信很多拉丁语的诗句也是的，但我不知道有没有弄对格律，或许我会搞错音节的数量，但，归根结底，我记得更深的是我读过的书而不是我身上发生过的事。但显而易见可以发生在一个人身上的最重要的事情之一，就是曾经阅读过这一页或那一页感动了他的文字，一种极为强烈的经验，其强烈不逊于任何其他经验。尽管蒙田说过阅读是一种懒散的乐趣。但我相信他错了，在我这里阅读不是懒散的，是非常强烈的。我猜想对他来说也是如此，因为如果您阅读蒙田的随笔的话，那些书页里全是拉丁语的引文，现在都必须附上译文才行，因为拉丁语，很不幸，是一种死的语言。不过，以往它曾经是全欧洲有学识者的共同语言。我的一位先祖，哈斯拉姆①博士，呃，上不起牛津或是剑桥，便去了德国的海德堡大学。五年后，他带着哲学和文学的博士学位学成归来，德语一个字也不懂。所有的考试用的都是拉丁语。一种毫无疑问非常英国化的拉丁

---

① 博尔赫斯祖母（Frances Anne Haslam，1842－1935）的姓氏。

语，对吗？但是足够了，对于那些考试而言。现在，我不认为可以找到一个考得了那种考试的教师；在那时候可以。话说，我有一个朋友，内斯托尔·伊瓦拉，告诉我说他在家里午餐和晚餐时候都被迫要讲拉丁语。所有的交谈都必须用拉丁语，我觉得这是一件好事。

——在布宜诺斯艾利斯有这事。

——对，就在布宜诺斯艾利斯。而蒙田，我相信他有一个德国教师，教的不是德语——在当时它还是一种野蛮的语言——而是拉丁语和希腊语。他因熟谙而习惯使用这两种语言。

——现在，我想向您提问：您知道有作家说旅行会引发极度的迷惑，就好像是一次误入歧途，一场对其生活和写作的野蛮入侵，事后必须努力修复。

——我没有这个问题。我回来时，可以这样说，因旅行而倍感充实，不会感到贫乏，更不会迷惑。

——都是正面的影响。

——您一定会说我已经混乱到没办法更加迷惘的地步了（两人都笑了）。我起初是感到过一种迷惑,亦即混乱。怎么回事,"化妆品"（cosmética）这个词的词源竟出自宇宙（cosmos）。宇宙是世界的大秩序，化妆品则是一个人强加给自己的面孔的小秩序。此即同一个词根，宇宙：秩序。

——因此，在您的这些旅行之中就会有一种宇宙或秩序的可能。

——让我们希望如此吧，无意义的旅行会是非常痛苦的。无论如何，那是如此的美好……首先是醒来。一个人拥有……当一个人醒来的时候他一般不太清楚自己身在何处，但假如他醒来之后想起：我是在奈良，日本的古都，佛祖的巨像就在附近……那是非常愉快的，哪怕我看不见佛像，出于显而易见的原因。然而，重要的是能够对自己说出这句话，在这样一个所在，嗯，对于一个人来说浪漫的所在，充满了暗示，就像日本之于我那样。我领略了东方的两个极端：我见识了埃及，也见识了日本，但我还想要领略，我希望有朝一日能够实现这愿望，我渴望认识中国和印度，我也希望认识波斯，但那比较困难……现在是伊朗……但我想要认识整个世界。

——但是必须道别了。我们以后还会继续谈论您的这次旅行，不过现在我们必说再见了，但我们还会继续讨论这个话题的。

——但愿如此吧，一星期后我们接着谈。

秩序与时间

奥斯瓦尔多·费拉里：在安置了基石之后，博尔赫斯，在设定了，我们的播音周期之后，我们此刻的交谈，不可撤消地，正通过这些神秘的电波传播四方。您对此有何看法？

豪尔赫·路易斯·博尔赫斯：对话是人类最好的习惯之一，是由希腊人发明的——就像几乎所有的事物那样。也就是说，希腊人开始了交谈，随后便由我们一直延续下去。

——现在，在这个星期，我发现如果说您通过文字发起了——或者说如果说文字通过您发起了——一场浩大的认知世界之旅，那么我也开始了一场同样浩大的认知之旅，要认识博尔赫斯，以便让所有人对您有更深的认识。

——嗯，"认识你自己"，等等，是的，正如苏格拉底所说，跟总在吹嘘他的旅行的毕达哥拉斯相反。苏格拉底说，"认识你自己"，也就是说，那是内心之旅的理念，而非单纯的旅行——我同样也在实践——当然了。不要低估地理学，其重要性未必逊色于心理学。

——确实。在认识您的著作与认识您的过程中获得的印象之一，博尔赫斯，是您始终对一种秩序保持绝对的忠实。

——我想要知道是哪一种（笑）。

——嗯，就是一种统治着您的写作与您的行动的秩序，理所当然。

——我的行动，我不知道。事实是我一直以一种不负责任的方式行事……您可以说我写下的文字也同样的不负责任，但这是我有意为之的，不是吗？此外，我给别人的印象是在生活方式上……几乎是随随便便的。尽管我试图成为一个有道德的人，是这样。但我的生活是相当随意的，我试图让我的写作不那么随意，就是说，我试图呈现宇宙的某种特质，哪怕它在根本上就是混乱。宇宙或许就是这样的，当然我们不知道那是一个宇宙还是一场混乱。但，有许多事情表明它是一个宇宙：我们拥有人的不同年龄，星辰的秩序，植物的生长，季节，还有不同的世代。因此便有了某种秩序，不过是一种……相当谦逊的，相当秘密的，秩序。

——的的确确。但是，为了以某种方式来指明它：您的这种秩序似乎——在我看来——就是玛耶阿所描述的，一种严肃感，或是属于阿根廷人的"一种严肃的生命之升华"。

——好吧，但愿它属于阿根廷人。

——甚至可以说，属于阿根廷人的原型。

——说原型更好，对吗？因为对于个人而言，我不知道是否值得在这方面想得太多。尽管我们的使命就是成为那个原型。

——难道不是这样吗？

——是的，因为……玛耶阿曾经鼓吹过，因为他，就像谈论"无形的教堂"一样——当然不是属于各类宗教体系人物的教堂——他曾经谈起过"无形的阿根廷人"，跟他谈论无形的教堂是同一种方式。无形的阿根廷人或许就是，那些正义者。此外也是那些思想公正、超越官方立场的人。

——有一回您告诉我说在玛耶阿的同时代，抑或之前，您也曾经思考过这种"生命的严肃感"，这种升华。

——是的，也许是我身上的新教血液，不是吗？我相信在新教国家里道德更为强大。相反，在天主教国家里人们都认为罪孽是无关紧要的，只要忏悔，一个人就能获得赦免，然后他又重犯同样的罪。我相信在新教徒之间，有一种更强的道德感。但也许伦理学是一门早已从世界上完全消失的科学。没关系，我们必须把它重新发明出来。

——但新教的伦理似乎跟，比如说，经济的问题有关，还有……

——性的方面。

——性的方面。尽管最近没有。

——不，最近没有，嚯（笑），可以说正相反，对吗？

——我感觉您对于这种个人的秩序的忠实——可以说不是忠于一个方法，而是忠于一种节奏，有时是一种有效的单调——是源于您的童年，并且一直持续到今天，一如继往。

——呃，我尽我所能确保是这样。我的写作有很多困难，我是一个非常辛苦的作家，但这其实对我是有帮助的，因为我的每一页，无论多么漫不经心，都必定会有很多草稿。

——确实，这就是我说的，那种细致，那种……

——某一天，我正在口授一篇东西，您肯定看到了我是如何在每一个动词、每一个形容词、每一个字上徘徊不定的。此外，还有韵律、节奏，这些对我来说都是诗的精髓。

——这方面，您心里的确有读者。

——是，我相信是的（笑）。

——好吧，那么我——我再说一遍——要指出这种秩序就在您的诗，您的故事，您的谈话之中。

——嗯，非常感谢。

——今天，我希望与您讨论，在我看来是您最关心的题目：我指的是时间。您曾经说过永恒这个词是不可想象的。

——那是人类的一个野心，我相信，活在时间之外的念头。但我不知道这是否可能，尽管在我一生中曾经有两次感觉身在时间之外。但那可能是我的一个幻觉：在我漫长的生命里有两次感觉身在时间之外，也就是说，永恒。当然我不知道那种体验持续了多少时间，因为它在时间之外。我也无法传达这感觉，那是某种非常美好的事物。

——如果永恒是不可想象的，就好像，或许，我们谈论无限但它却是我们无法想象的，尽管我们可以设想浩瀚之物……

——至于无限，我们要说的是康德的主张：我们无法想象时间是无限的，但我们更无法想象时间开始于一个时刻，因为如果我们想象时间开始于一秒钟，那么，这一秒钟便预设了之前的一秒钟，依此类推以至无限。现在，以佛教的看法而论，假设每一个生命应该都是由其前生的灵魂所编织的业报决定的。但由此我们便不得不去相信一种无限的时间：既然每一生都必定有一个前生，那前生也必定有别的前生，依此类推以至无限。也就是说，不可能有一个最初的生命，也不可能有一个最初的瞬间。

——这样说来，或许会有一种形式可疑的永恒。

——不，不是永恒：是时间的无限延伸。不，因为永恒我相信是另一样东西。永恒——我曾经写到过这个，在一篇名叫"阿莱夫"的故事里——它是那种，呃，那种非常冒险的假设，假设存在一个瞬间，在那个瞬间里汇聚着所有的过去，我们所有的昨天，如莎士比亚所说，所有的当下和所有的未来。不过，那是一种神圣的属性。

——所谓时间的三元体。

——是的，时间的三元体。

——话说，我注意到，通过无数个痛苦的瞬间，您对时间是如此的熟悉，或者说对时间是如此的专注，这一直给我这样的感觉，就是当您谈论时间的时候，时间仿佛实体化了，仿佛化成了实在的形状，仿佛一具肉身实体一般可触可感。

——无论怎样，时间都比我们更真实。现在，或许也可以说——这我已经说过多次了——我们的物质就是时间，我们是由时间构成的。因为我们或许并非由血肉所组成：比如说，当我们做梦时，我们的肉体是无关紧要的，重要的是我们的记忆和我们用这记忆编织起来的想象。显然这根本上是时间性的而不是空间性的。

——确实。现在，请注意：穆雷纳说作家必须要变得不合时宜，也就是说，背离时间。

——这是一个绝妙的想法，对不对？几乎所有的作家都试图成为当代的，试图成为现代的。但这是多此一举，因为我身在这个世纪，沉浸于这个世纪的思虑之中，我无需费心成为当代的，因为我原本就是。同样地，我无需费心成为阿根廷人，因为我原本就是，我无需费心成为失明者，因为不幸，抑或是有幸，我原本就是……穆雷纳说得有理。

——很有趣，因为他说的不是时代错误，或是超越时间，而是不合时宜：背离时间。或许不同于，我推想，记者或者编年史家。

——阿道尔弗·比奥伊·卡萨雷斯和我创办了一份刊物，延续了——我不想夸大——三期，名叫《错时》(*Destiempo*)。就是这个想法，对不对？

——不谋而合，当然是的。

——我们当时并不知道穆雷纳的想法，但最终却与他不谋而合。那份刊物名叫《错时》，显而易见，这引出了一个可想而知的，不可避免的笑话。我的一个朋友，内斯托尔·伊瓦拉说："错时……不如叫背时呢！"（两人都笑了）他指的是杂志的内容。"Contretemps"①，没错。

——穆雷纳指的是艺术家或作家的时间，灵魂的永恒时间，与所谓"历史的堕落时间"相反。

——是的，或许我们这个世纪最大的错误，最大的罪孽的之一，就是我们赋予历史的重要性。这事并未发生在其他时代。相反，现在人们似乎是根据历史活着的。例如，在法国，当然法国人是非常

①法语"挫折，阻碍，不幸"。

有智慧，非常有悟性的，他们都非常喜欢总览表。作家根据自己的时代写作，并将自己定义为，比方说，一个传统的天主教徒，生于布列塔尼，在勒南①之后写作反对勒南之类，举个例子。作家都为了历史，根据历史来创造他的作品。然而，在英格兰就不是这样了，那是文学史家的任务。当然，正如诺瓦利斯②所说的，"每一个英国人都是一座孤岛"，就是说，每一个英国人都是孤绝的——恰恰来自"孤岛"的词源——因此他写作更多是根据自己的想象，或是自己的回忆，或是无论什么。而且他从不考虑自己未来在文学史册中会归于哪一类。

——总之，一切都如您所说：穆雷纳主张时间对人的奴役从来不曾比历史的此时此刻，比这个时代更甚了。

——是啊，有很多人指出了我们这个时代根本上是历史性的，其中之一是斯宾格勒。在《西方的没落》中他指出我们的时代是历史性的。人们企图根据历史写作。通过其作品就几乎预知了——一个作家几乎预知了——他将会在自己国家的文学史册中占据的位置。

——而您又会占据什么样的位置呢？在这样一个历史化的，依

---

① Joseph Ernest Renan（1823－1892），法国哲学家、历史学家、作家。
② Novalis，本名 Georg Philipp Friedrich Freiherr von Hardenberg（1772－1801），德国诗人、作家、哲学家。

赖于时间的时代里……

——毫无疑问，我也是历史化的：我正在谈论这个时代的历史。

——当然，但艺术和文学又会占据什么位置呢，在一个这种性质的时代？

——艺术和文学……也许应该尝试从时间里解脱出来。有很多次我曾经被告知艺术取决于政治，或是历史。不，我相信这是大错特错的。

——很显然。

——美国著名画家惠斯勒曾经参加过一个会议，会上对艺术作品的状况进行了讨论。例如，生物学的影响，环境的，当代史的影响……这时惠斯勒说道："Art happens." 艺术自然而生，艺术自会出现，就是说，艺术……是一个小小的奇迹。

——千真万确。

——它总会逃脱历史，以某种方式逃脱那种组织化的因果律。是的，艺术自会发生——或不发生；那同样不取决于艺术家。

——说了这么多，我们还是无法从时间之中解脱出来，因为播音必须结束了。

——好，那我们下周再继续吧。

——是。一次比一次愉快。

——非常感谢。

——感谢您，博尔赫斯。

博尔赫斯与公众

奥斯瓦尔多·费拉里：我相信您对于自己的命运会有很多的惊奇，博尔赫斯，其中之一就是早在四十年代就有人预言过您会成为演说家去发表讲话，去开讲座。

豪尔赫·路易斯·博尔赫斯：不，不是这样的。阿黛拉·格兰多纳带我去一个英国年轻女士的俱乐部，那里有一位用茶渣算命的女士。当时她对我说我会到处旅行，会靠讲话来赚钱。我觉得这是胡说八道，回家以后我把这告诉了我的母亲。我一生从来没有公开演讲过，我很腼腆，说我会通过旅行和演讲来赚钱这种想法在我看来似乎非常不可思议，绝无可能。不过，我当时有一个第一助理的小职位——之前是第二助理——在南阿尔马格罗①一所图书馆里。我们都知道的那个人当政后，他们对我开了一个玩笑：我被任命为市

---

① Almagro，布宜诺斯艾利斯中部一区。

场里的禽蛋销售稽查员——这是暗示我应该辞职的一种方式。于是我就理所当然地辞职了，因为我对于禽蛋一无所知。

——这项任命变成了一个历史错误。

——是啊，这个玩笑把我逗乐了，当然。我还记得那份释然之感，大概是在下午两点，我出门到圣马丁广场去散步，我想到：我并不在阿尔马格罗区那座不太令人喜爱的图书馆里。我自问，现在又会发生什么事？正好，高级研究自由学院的人跟我打电话，提议我去讲学。我从来没有公开讲过课，但我接受了，因为他们说这事要明年才开始，我有两个月可以休息——结果是两个月的恐慌。我记得我在蒙得维的亚的塞万提斯酒店，有时我三点钟就醒了，心想：再过三十来天——我一直数着——我就得公开讲课了。于是我就睡不着了，一直望着窗口直到黎明。总之，我无法成眠，我吓坏了。

——您的腼腆始终陪伴着您。

——是的，一直陪伴着我，没错（**两人都笑了**）。这种状况一直持续到第一讲的前夕。我那时住在阿德罗圭，在宪章车站的一个月台上，我心想：明天这个时候，一切都会结束的，我很可能会哑口无言，一个字也说不出来；也有可能我说得如此轻声又如此混乱以至什么也听不见——那倒是一件好事（既然我把讲义写下来了）。确凿无疑，我相信自己肯定什么也讲不出来。呃，这一天到来了，我去一个朋友家午餐——萨拉·D.德·莫雷诺·乌埃约——我问她有没有发现我非常紧张。她说：没有，大致来说跟平常一样。我一字未提讲座的事。那天下午我在高级研究自由学院做了第一次讲座，在圣塔菲街上。这些讲座讨论所谓的"美国经典文学"；被讲到的有霍桑、梅尔维尔、坡、爱默生、梭罗，我相信还有艾米莉·狄金森。随后是有关神秘主义者的其他讲座。

——在同一个地方。

——是的，还有一个有关佛教的讲座。后来他们又请我再做几个佛教的讲座，用我为这些讲座做的笔记，艾丽西亚·胡拉多和我编写了一本书。这本关于佛教的书出乎意料被译成了日语，这个主题日本人知道得比我多得多——日本的两个官方宗教之一就是佛教，另一个是神道——而有两个官方宗教这件事，是这个国家的宽容度的一个证明，不是吗？随后我游览了我国的内地，我原来对它并不了解，在蒙得维的亚也开了多次讲座；再后来我又在讲学期间游历了美洲和别的大陆。现在我不知不觉已经到了八十五岁，不用多久就是八十六岁生日了。好吧，我已经认识到，所有人的感觉都和我原先的感觉一样，我不懂怎样开讲座，因此我更喜欢对话，对我来说它更有乐趣，我不知道对别人是否也是如此。是的，因为人们都可以参与：最近举办了两个活动，一个持续了一小时二十分钟，另一个是两小时多的提问和回答。也就是说，我已经领悟到提问、问答是最好的形式。另外，它就像一个游戏一样，因为一开始是郑重而又腼腆的，随后大家便都投入到游戏里去了，难的是怎样结束。因此，我总是使出同样的技巧，即最后提三个问题；很快发现三个少了点，又因为我在日本学到"四"是不吉利的，所以一般总是五个——最后五个问题，最后五个回答。到结尾时大家都开起了玩笑，也就是说，起初有点刻意和严肃的东西，最后成了人们的一个轻快游戏，我觉得高兴极了，我大开玩笑；我理解了乔治·摩尔说的"better a bad joke than no joke"，一个差劲的玩笑好过没有玩笑，不是吗？我总是用玩笑来回答，而人们对我也颇为宽容，人们对一个上了年纪的瞎子是很宽容的（笑）。他们欣赏那些玩笑，虽说它们其实并不好笑。不过，也许在一个玩笑里重要的不是词语而是把它们说出来的情绪，由于我的脸是一张笑脸……那些玩笑便都获得了认可。因为我曾在世界很多地方演讲过……在法国我甚至是用法语讲的——一种不太地道的法语，但还算流利。而在美国则讲过四个学期的阿根廷文学，在得克萨斯大学，在哈佛大学，在密歇根大学，在印第安纳州的布卢明顿大学还有这里那里的一些讲座。我讲学用的是英语，不准确但挺放松。

——您从来没有想到过，我相信，讲座会是您的一种文体，更会将它变成一个多方的对话，与讲座不同；您也从没有想到过幽默是一种个人的文体。

——没有，从来没有，我从来没有想到过这个，我一直是一个非常严肃的人。但我不知道，命运是发生在一个人身上的事情，对吗？它跟一个人希望预先确定的形式无关。

——它们是自己找上门来的文体。

——确实，就是这样。现在我想到惠斯勒的那句话，在有人跟他说起环境，意识形态的影响，社会现状的时候。惠斯勒说的是，"Art happens"：艺术自然而生。艺术是某种不可预测的东西。

——是的，同样悖谬难解的是最羞涩的人到头来竟会在不同的地方对几百人演讲，如同最近发生的那样。

——是的，几个月之前我讲课的听众……他们跟我说有一千个不过可能是九百九十九个人，是吗？（**两人都笑了**）或是整整九百个，总之无论如何，千这个数字是令人震撼的。不过大可不必，一千个善意的人根本无需害怕。另外，为了给自己壮胆我发明了某种形而上学的论点，即：群众是一个虚构的实体，真正存在的是每一个个体。

——当然。

——把他们总括到一起这件事，呃，可以把他们总括到一起——也可以把互有先后的人，不是同时代的人总括到一起——于是我想到：我不是在对三百个人说话，我是在对这三百个人中的每一个说话。也就是说，其实我们是两个人，因为其余的都是虚构的。话说，我不知道这在逻辑上是不是成立，但它帮助了我，并且依然在每一次讲座或每场与多人的对话中帮助着我。因此我想到，听到我的言论的是一个人，而这单独一个人并不是一成不变的，以及一次有三百个或三十个人在听我说话这件事是无关紧要的，我是在跟他们每一个人而不是跟总和说话。再说跟总和说话可能还更容易些吧——有一本论群众心理学的书，显然群众比个体更简单。这一点我已在电影院或剧场中确认过了：一个不敢跟一位对话者开的玩笑，在一个大厅里就可以，而且还能逗乐。

——确实如此。

——是的，所以说群众更简单。政客们深知这一点，他们善于利用这一点，即他们不是对一个个体而是对众多个体组成的，可以说是简化了的群体说话，以及只需使用最基本或最笨拙的手段即可，因为有效。

——所以相对于罗马人的演讲术，您更偏爱希腊人的对话。

——的确，正是如此。

——那便是从讲座到对话的转变。

——希腊人的对话，没错。当然，希腊人也是演说家。

——当然是。

——德摩斯梯尼①，归根结底。但我感觉好一些了，现在我已经习惯了……它对我来说首先是一个游戏。而如果一个人认为某件事是一个游戏，那么它就确实是一个游戏，其他人也就觉得它是一个游戏了。另外，一开始我就告诉他们：嘿，这就是一个游戏，我希望你们像我一样乐在其中；让我们开始游戏吧，它根本无关紧要。这在课堂上进行得很顺利：我试图在课堂上尽量少为人师，尽量少些学究气。所以说最好的课堂就是讲座。大概最理想的是五六名学生，一两个小时。我曾经有一年在天主教大学开过一门英国文学课程。学生都用功之极，但我面对九十个人和四十分钟什么也干不了。那是不可能的，光是走进来走出去，四十分钟就没了。这种情况持续了几个课时，然后我就辞职了，因为我确定这件工作是徒劳无益的。

——您称之为游戏的这件事的特别之处大概是……

——我希望我开启的这个游戏，姑且这么说吧，因为它不是我发明的……

——早了两千多年了。

---

① Demóstenes（前 384 - 前 322），古希腊政治家、演说家。

——是的，另外之前还有，审问，裁判所，总之，有太多悲伤的回忆。但我试图让一切成为一个玩笑——严肃看待事物的唯一途径，对不对？

——显而易见。

——当然。

——但这场对话的游戏可以让我们接近真理。

——可以让我们接近真理，我也希望有人来模仿。因为我先是提出而最终进行这游戏的原因之一是我的胆怯，其实回答一个问题是很容易的，每个问题都是一个刺激。现在，困难在于要确保提出来的是问题，因为人们知道一定会有回答，便反而会准备可能长达十分钟的演讲，对此根本没有什么可以回答的。

——当然，因为其中有很多想法混在一起。

——是的，很多想法或是……

——或是没有任何想法。

——是，所以我要求提具体的问题并承诺给出具体的回答。但事实上，要让人问某件事，是非常困难的，因为他们更喜欢用早已准备好的长篇大论来炫耀自己，或者归根结底是让别人厌烦——其实就是一回事。

　　——而不是激发对话。

　　——显而易见。

　　——好吧，博尔赫斯，我们还会继续游戏，继续对话，不断寻找可能的真理，无论如何。

　　——当然。

一个博尔赫斯文本是如何诞生与完成的

奥斯瓦尔多·费拉里：博尔赫斯，我感觉，我们正在逐渐习惯听众的无声陪伴，我们现在不像录制第一次节目时那么紧张了。您怎么看？

豪尔赫·路易斯·博尔赫斯：已经这么久了，但确实是这样。

——是的，已经好几个星期了。话说，很奇怪，脑胆——即使随着时间的推移而被克服了——似乎是一种常态，某种对于写作者来说不可避免的状况。

——我的每一次讲座都是第一次，在公众场合下，我总是感觉到跟这么多年前的第一次同样的恐惧。我是一个恐慌的老手，可以这么说，令这感觉变得完满，但我知道这无关紧要：我知道我脑胆，我知道我很怕，但这无关紧要。

——今天我希望讨论大家都想知道的一件事情。这件事就是，您写作的过程是怎样产生的，也就是说，在您头脑中一首诗、一个故事是如何开始的。而从它们启动的那一刻起，那个过程，那首诗或那个故事的构思，比方说，是如何进行的。

——它起初就仿佛是一个启示一样。但我是以一种温和的，不那么野心勃勃的方式来使用这个词的。就是说，突然间我就知道什么东西即将出现了，这即将出现的东西，如果是在一个故事里，可能是开头和结尾。如果在一首诗里则不然：那是一个更笼统的概念，有时是第一行。就是说，我获赠了某物，然后我便介入其中，或许把一切都搞砸（笑）。如果是一个故事，比如说，我知道开头，一个出发点，我知道结尾，知道结局。但随后我不得不凭借非常有限的手段去发现，开头和结尾之间发生了什么。随后还有其他问题需要解决，例如，用第一人称还是第三人称来讲述这件事。然后，要确定时代；现在，对我来说——这是我个人的解决方案——我相信对我来说最舒服的应该是十九世纪的最后十年。我选——如果是一个布宜诺斯艾利斯的故事的话——我选择郊外的，比方说巴勒莫、巴拉卡斯①、图尔德拉②的地方。还有日期，比方说是一八九九年，我出生的那年。因为，谁能知道那些死去的郊外的人们究竟是如何说话的呢？没有人。也就是说，我可以随意而为。相反，如果一个

---

① Barracas，布宜诺斯艾利斯南部一区。
② Turdera，布宜诺斯艾利斯省洛玛斯德萨莫拉区域（Lomas de Zamora）一街区。

作家选择了一个当代的主题，那么读者便会成为一名检查员来下评判："不，那一带不是这样说话的，那个阶层的人不会用这样那样的表达方式的。"

作家预见到这一切便感觉备受束缚。相反，我选择了一个稍远的时代，一个稍远的地方；而这给了我自由，让我能够……幻想……或者甚至于伪造。我可以撒谎而无人觉察，尤其是，我自己也毫无觉察，因为写下一个虚构的作家——无论它多么虚幻——必须要相信，在那一刻，那个虚构的真实性。

——确实。现在我想告诉您我一直对您的一个故事"*Everything and Nothing*"①非常喜爱，有时还很好奇，它讲述的是……

——我不知道这究竟是不是一个故事，是吗？不过，是的，当然，它有叙事的特征。它或许是……对，它是一个幻想故事。

——您将它选入了您的个人选集。

——是的，但我不知道我选它是作为故事还是散文诗。也就是说，怎么分类又有什么要紧。

——它看上去像是一首散文诗。

———————————
①英语"一切与全无"。

——是的，克罗齐说过分类是……嗯，无关宏旨的。例如，说一本书是一本小说，或者说一本书是一部史诗，完全就像是在说一本书是红色装订的，它在最高一层书架上，靠左边。很简单，这就是说：每一本书都是独一无二的，它们如何分类，是批评的事，或者仅仅是批评上的一种便利，仅此而已。

——您的故事"*Everything and Nothing*"的文本讲述的是一个演员的一生。如果您允许的话，我想读一下这个故事的几个片段以便我们进行评论。

——好，我记得的，好。

——它开头是这样的："无人在他之内；在他的脸（即使透过那个时代糟糕的图画也与任何别人毫不相像）和他丰富的，异想纷呈和激情洋溢的词语后面，只有一点寒冷，一个谁也不曾做过的梦。"

——当然，我指的是莎士比亚，显而易见，是的。

——这个，起初读者很难注意到，但一点一点才逐渐清晰起来。

——我相信到最后是显而易见的。

——到最后才明显起来。

——另外，他的名字也出现了。

——是的，将近结尾处。

——但是，之前很早通过这么多的细节就能猜到了，没错。

——随后写的是："起初他相信所有人都像他一样，但当他开口诉说那种空虚时，他的一位同伴的惊讶向他显示了他的错误，让他从此永远明白了一个个体不应与属类有所不同。"

——是的，是"与同类"，我相信，对吗？

——然而，在故事里出现的——在这个文本，这个版本里——是"属类"，不过，当然……

——好吧，大概是一个错字，大概还有别的。或许整篇故事都是一堆错字（两人都笑了），或是一个错误，更严重的那种，归根结底。如果只有一个字是错的那也不容易了，应该感谢排字工人，没错。

——这很特别，一个个体可能会感觉到的这种担忧或恐惧：与同类有所不同。我想请问这个想法来自何处，因为这是这个故事里让我觉得不同寻常的第一个想法。

——不，但平凡才有价值这个想法我相信是人所共有的一个想法，不是吗？尤其是安德鲁·朗曾经说过我们人人都是天才，直到七八岁为止。就是说所有的孩子都是天才。但是随后孩子就尽力变得跟其他人一样了，追求平庸，并且几乎无论怎样都会成功。我相信确实就是这样。

——是的。后面写道："演剧的营生只给了他一种快乐，也许是他所知道的第一种；然而每当最后一行台词赢得了掌声，最后的死者……"

——"被撤下了场"是因为没有幕布，只得把死者从场上拖下去；伊丽莎白时代的剧院，是的。

——"……身为不真实者的可憎滋味便回落到他身上。他不再是费利克斯①或帖木儿②，重又成为无人。"

——在这里"无人"就是莎士比亚，显而易见。费利克斯和坡

---

① Ferrex，传说中的古不列颠国王，16 世纪英国戏剧《戈尔波杜克的悲剧》（*The Tragedie of Gorboduc*）中的国王戈尔波杜克的长子。
② Tamerlán（1336－1405），征服亚洲中西部的突厥人，帖木儿王朝的建立者。

利克斯[1]是英国戏剧里的，帖木儿出自马洛[2]，当然，没错。

——"从没有谁像这个人那样是那么多人，他像埃及的普洛透斯[3]一样，能够挥霍存在的所有表象。"

——我相信提及普洛透斯是很好的，因为这是一个幻想故事，为什么不奇幻到变形的地步呢，不是吗？埃及的普洛透斯，是的。

——的确。但这对我来说就仿佛，在某种意义上，是所有演员和所有剧作家的故事。

——啊，好吧，我没有想到这一点。我想的是莎士比亚，以及这对我们来说——或许也是对他来说——当然，麦克白或哈姆雷特，或三个帕西[4]比他更有生命。

——的确。"二十年来他坚持着这任性的幻象，但有一天早晨他猛然对成为这么多死于刀下的国王和这么多悲欢离合又在临死前动听歌唱的情人感到了厌恶与恐惧。"

---

① Porrex，《戈尔波杜克的悲剧》中国王戈尔波杜克的次子。
② Christopher Marlowe（1564－1593），英国戏剧家、诗人、翻译家。
③ Proteo，希腊神话中的早期海神，其形体变化莫测，可预言未来，但只回答能够将其捕获的人的问题。
④ Parca，罗马神话中的命运女神。

——嗯，我指的是那个时代的悲剧情节，当然。

——在我看来这是最成功的段落之一。接下来是这么写的："就在那同一天他决定卖掉他的剧院。"也就是说，他不再是一个演员了，后面评论说在他生命将尽之时，伦敦的朋友们时常造访他的隐居所，为了他们，他重又扮演了诗人的角色。

——是的，与此同时，他是一个专注于诉讼、贷款、高额利息的绅士——是可以成为的最平常的人，是的。

——确实。但快到结尾处写道，"上帝的声音从一阵旋风里回答……"

——嗯，显然：这旋风是《约伯记》的最后章节里的旋风，里面说到上帝从一阵旋风里说话。

——从旋风里回答："我也不是我，我梦见了世界就像你梦见了你的作品，我的莎士比亚，你是在我梦幻的形体之中，你像我一样，是众人也是无人。"

——这个想法是可怕，连上帝也不知道自己是谁，但我相信这在文学层面上是可以接受的。

——是很可怕，但故事与这个想法结合得十分圆满。

——是的，这的确是一个极好的故事，尽管是我写的。

——此外，您先前还将它收入了您的选集，我觉得它是造就出来伴随您到永远的事物之一。

——是的，不妨说它就是我曾经写过的最后篇章，如何？但可能还有一两篇，例如"博尔赫斯和我"，似乎在某种意义上跟这些篇章有点相似。

——确实如此。

——不，但我看这篇更好些。

——不一定更好，但不妨等量齐观。

——好吧，但我觉得当上帝说"我的莎士比亚"的时候，那份情感是感觉得到的，不是吗？

——是的。另外，这个故事的篇幅大概是一页多一点，极度凝练。您在叙述中营造了这种凝练，可以这么说。

——不，实际情况是我很懒，写不了更多，大概是吧？我很快就会疲倦，于是这就被称作简洁了（**两人都笑了**）。但我真的耗尽了自己。

——好吧，但愿您永远可以产生那一类的"简洁"。

——嗯，那我就会继续耗尽自己，为了诸位。万分感谢，费拉里。

地理与内心的南方

奥斯瓦尔多·费拉里：我建议，博尔赫斯，探索一下某些您以前曾经涉足过，却又向我们呈现出新视角的主题，不仅可以重建它们，更可以让它们再获生机，因为在我看来它们是本质性的东西。今天我想要谈谈南方，它如此频繁地出现在您的著作和您的思考之中。在我看来它不止是一个文学的概念更是一个本体论的概念，或许，一个通过理解南方来理解我们自己的方式。

豪尔赫·路易斯·博尔赫斯：南方可以有不同方式的理解。人们可能会想到潘帕斯草原，对吗？这是一种方式。它也出现在我的一个故事《南方》里，可以有不同方式的解读。我一直在读亨利·詹姆斯，他写的故事总是有意地暧昧不明。是的，例如，"螺丝的又一转"①可以用各种方式来解读。我想到：我要模仿亨利·詹姆斯，

①英语原题为 "The Turn of the Screw"（螺丝的转动）。

但要放到一个完全不同的背景里，可以这么说。于是我写了这个故事《南方》，据我所知，它可以用三种不同的方式来读。这三种不同的方式大概是：我们可以把这个故事当成一件真事来读，所有的事件都是真的，不过，总之，可以把它当成叙述的那样来读，这或许是一种可能的读法。然后，我们可以假设故事的第二部分是一个幻觉，或是主人公因麻醉而不良于行时所做的一个梦。然后我们还可以假设，即使我相信第二种诠释更让我高兴也好，就是整个故事是寓言的一种。跟奥斯卡·王尔德所说形成对照，他说的是："Each man kills the thing he loves.（每个人都杀死他所爱的事物。）"我相信，恰恰相反，可以说每个人都是被他所爱的事物杀死的，就是说，别人只能从肉体上杀死我们，或伤害我们，但仅此而已。然而，如果一个男人爱上了一个女人而那个女人辜负了他，他会感觉被杀死了。所以，在这里我们可以假设主角热爱着南方，却对它几乎一无所知。当他抵达南方时，南方杀死了他，故事的各个段落都呈现了这一点。但我相信这种解释是有一点牵强的，最好是假设在故事的第一部分发生的就是我们所谓的真实，即那场事故，那个手术。而其余的都对应着他或许曾经渴望获得的死亡。在这种情形下，这个故事或许是自传性的，因为，我的祖父②是在米德雷于一八七四年在拉维尔德投降后被杀的。我在某个时刻，或许曾经渴望过一场这

---

② Francisco Borges，博尔赫斯的祖父，阿根廷军人。在 1874 年阿根廷前总统米德雷（Bartolomé Mitre Martínez）率军反叛时，弗朗西斯科·博尔赫斯卸去自己在政府军中的指挥权而只身加入起义军。11 月 26 日米德雷军落败撤退，在其反攻的提议遭到无视后，弗朗西斯科·博尔赫斯骑马迎向敌军的炮火，并身中数弹重伤而死。

样的死亡，一个行动者的死亡。我从来不曾是一个行动者……也不向往当一个行动者。因此，我们对南方可能会有这样的情感。当然，另有一种解释是南方指的是布宜诺斯艾利斯的南区……对我来说这个区域是布宜诺斯艾利斯原初的区域，因为其他的区都已经改变了那么多……然而，在南区人们保留着，或试图保留所有的一切。所以对我来说，南方不是一个与众不同的区域，而是那原初的区域，布宜诺斯艾利斯的根本之所在。对我来说它是由很多事物共同组成的……主要是我当过国立图书馆的馆长，当我获悉你我皆知的那个人即将回归的时候我辞去了那个职位，但，一桩怪事——我不知道我们是否在另一场对话中提到过——是这样的：我可能在日本，可能在爱丁堡，可能在得克萨斯，可能在威尼斯；但在夜晚，入睡之后，我永远都在布宜诺斯艾利斯，在南区——在蒙塞拉特教区，更精确地说。就是这首米隆加里的那个教区：

> "在蒙塞拉特区
> 钢刀闪耀之地，
> 我用尖锋说出的话
> 我用血肉来坚守。"

是的，大概就是这个，所以——多么奇怪啊——大概可以这样说，有什么东西，有一部分的我留在了布宜诺斯艾利斯。还有我相信自己正在旅行，但有什么东西——出于对当今的神话：潜意识的信仰——留在了布宜诺斯艾利斯，尤其是留在了墨西哥街的两侧，在秘鲁街和玻利瓦尔街之间，对不对？在夜里，我入睡的时候，我就在那里，永远都在。

——因此，我们大概有一个版本的南方是蒙塞拉特街的，从里瓦达维亚街到宪章车站一边，可以说。

——是的，当然，是的。可能还有另一个，在我度过大部分童年的地方：阿德罗圭。也许是南方最漂亮的城镇。阿德罗圭曾经一镇都是别墅，现在已经被分割开来了。在阿德罗圭原先曾有两三个街区的别墅，现在没了，已经被分割开来了，但也有那种澳大利亚的植被：桉树（笑），也有一两幢别墅依然还在，我相信。

——然后是文学的南方，或许就在萨拉多河的对岸，这不是肯定的吗？尤其是十九世纪的阿根廷文学。

——确实如此，是的。好吧，我或许在某种程度上与它有所联系，呃，说这话我并没有很多的自豪：我是罗萨斯①的远亲，他的记忆与萨拉多河连在一起，他在那里有自己的农庄，不是吗？

——但除了我们一直在赋予南方的地理细节以外，在我看来南方……

---

① Juan Manuel de Rosas（1793 - 1877），阿根廷独裁者。1829 年至 1835 年任布宜诺斯艾利斯省总督，1835 年至 1852 年任阿根廷联邦总统。

——还有另外一个非常重要的原因，就是"sur"[1]是一个单音节词，也是一个锋利的单音节词。因为，如果您说东方或是西方，几乎就用不了了；相反，在英语中是可以的，"west"，是单独一个音节，也很好听，不是吗？"to the west（向西）"。而在卡斯蒂语中，"oeste"[2]几乎是无法言说的，"este"[3]也不行，"norte"[4]则要好一些。那是单独一个字，短促而锋利："sur"。然而，如果您说的是"sud"[5]就不行了，力量丢了，而仍有很多人说"sud"。很显然，因为它就写在宪章车站的正面："Ferrocarril Sud"[6]，这是一件憾事，不是吗？在国歌中也是，因为在那里这个词，"al gran pueblo argentino salud"[7]，为什么要用"salud"？嗯，就为了跟"sud"押韵。

——必定有一种精神对应这个区域，博尔赫斯。

——是的。

——而且在我看来，在某种意义上，这种精神已经传递到了我

---

①西班牙语"南方"。
②西班牙语"西方"。
③西班牙语"东方"。
④西班牙语"北方"。
⑤西班牙语"南方"的另一种写法。
⑥西班牙语"南方铁路"。
⑦ 西班牙语"伟大的阿根廷人民万岁"。

们所有人身上。您还记得马丁内斯·埃斯特拉达①说过，这片土地的精神——他称之为潘帕斯草原的精神——是构成我们的根本的东西，我们性格的根本。

——嗯，他出生在圣塔菲②的潘帕斯草原，我猜想，是吗？

——没错。

——他来自圣何塞·德·拉·埃斯基纳③，是吗？我认识他，但是……他死于南方，是在布兰卡港附近去世的。

——在布兰卡港。

——我去过他家。那幢房子里全是鸟，他召唤它们，把面包屑托在双手的手掌里，鸟就都来了（两人都笑了）。好像哈德森④也这么做过，是吗？对，他跟鸟儿那么合得来，以至于它们都没有把他看成一个人而是当成了另一只鸟。

——哈德森，马丁内斯·埃斯特拉达对他是那么崇拜。

---

① Martínez Estrada（1895－1964），阿根廷作家、诗人、文学批评家。
② Santa Fe，阿根廷东北部省份。
③ San José de la Esquina，阿根廷圣塔菲省一城市。
④ William Henry Hudson（1841－1922），阿根廷出生的英国作家、博物学者、鸟类学家。

——崇拜极了，是的。现在，我相信他错了，因为他把哈德森定义为一个加乌乔①，这是完全错误的，不是吗？顺便提一下，他（哈德森）的卡斯蒂语是非常差的，他懂卡斯蒂语，用来对一个雇工发号施令的那种。一个农场主用它来对雇工发号施令，但仅此而已。相反，坎宁安·格雷厄姆②则精通卡斯蒂语。哈德森不是，人们总是注意到那些专有名词，因为它们永远是错的。他起的名字都是匪夷所思的。当然，他是凭记忆写作的，而记忆往往，有时候，会太有创意，不是吗？所谓文学的发明其实是记忆所为，与梦不同，后者是自发的，是与一个人拥有的记忆交织在一起的虚构。也就是说，梦是记忆的一件作品，想象是记忆的一个行为，记忆的一个创造行为。

——确实。但马丁内斯·埃斯特拉达提出的这种可能性，作为荒漠的南方这个版本，后来又见于卡门·甘达拉的一个故事，是这么说的——将这件事物的意义人格化了——"我们就是荒漠"，我们阿根廷人都是荒漠。您对此有什么看法？

——不错。

——您说过我们都被放逐了。这似乎和这个想法有点相似。

---

① Gaucho，潘帕斯草原上的牧人。
② Cunninghame Graham（1852－1936），苏格兰政治家、作家、冒险家。

——不，不，不，我的想法是，我们都是被放逐的欧洲人。但是"我们就是荒漠"，我相信这是一个出色的想法，不是吗？您大概得问她究竟是什么意思。

——放逐和荒漠……

——但或许，一个文学短语无法避免总会在诠释中失去某些东西的，对不对？如果我说出"我们就是荒漠"，它已经是有效的了。所以……没有必要钻进去吧，对吗？

——您是否记得奥尔特加·伊·加塞特关于我们的主张，在谈到我们时，他将我们描述为"防守者"，这里我便立刻想起了前面这个短语，有关荒漠的话。

——是的，我记得的，但在那一刻很多人都受到了冒犯，他们说："在恰卡布科①之战中我们不是防守者而是进攻者"（两人都笑了）。嗯，显而易见，这是很自然的，但他想要说的并不是这个，他指的不是战斗，而是这里的人……呃，鲜有自发而行者，都有些保守，哪怕用虚张声势和夸夸其谈来掩饰。实际上，在这个意义上人们往往是虚伪之极的。

---

① Chacabuco，智利一地区，1817 年 2 月 17 日圣马丁将军率拉普拉塔联邦军在此击败西班牙军队。

——话说，您似乎对南方有一种偏爱，不仅是文学的也是情感上的。

——是的，这可能是由于我的童年大半是在阿德罗圭度过的，对不对？这或许是一个解释。另外，我觉得如果一个人，比方说，思考离这里非常近的地区，例如蒂格雷、圣伊西德罗，那些地方似乎并不属于布宜诺斯艾利斯省，不是吗？人们更多想到河边那一带。然而，如果您思考西方或南方的地区，对，就是平原，不言而喻那就是文人所谓的"潘帕斯草原"了，就是说，那也就是布宜诺斯艾利斯，不是吗？

——那就是布宜诺斯艾利斯，我们被布宜诺斯艾利斯的南方包围着。

——是的，我相信是这样。

——是潘帕斯草原，但又是布宜诺斯艾利斯。

——是的，当然。嗯，这个南方还有西方，显然，就是平原。

——是平原。

——海滨不是平原，是另一样东西。

——这就不符合马丁内斯·埃斯特拉说起布宜诺斯艾利斯，说起"歌利亚^①的头"时所讲的话了。他说平原，或潘帕斯草原，以多种方式侵入了布宜诺斯艾利斯。我不知道您是否记得，是在那本书里说的。

——不，我不记得这个，但是这也发生在宇宙之中，当然，显而易见：布宜诺斯艾利斯侵入了平原，因为整个布宜诺斯艾利斯都是被入侵的平原，不是吗？

——是被入侵的平原或原野。

——我们所在的地方（**两人都笑了**），我们其实就在潘帕斯草原上，是的。一个有许多房屋，有高楼大厦的草原，总而言之。

——您在一个故事里说过在横穿里瓦达维亚街时，您进入的是一个更古老也更坚实的世界。

——我说过这话？我肯定说得太多了，真的。最好不要提及我的作品。我试图忘掉它，做到这一点很容易。在我家您不会找到一

---

① Goliath，《圣经》中被大卫打败的巨人。

本我的书；或是写我的书，在我家根本没有。我试图忘掉我的过去，想要将自己投射到未来而活，不然的话，我过的便是一种病态的生活，不是吗？尽管记忆也可以用于挽歌，一个……可以接受或可以原谅的文体。然而，我试图思考未来，宁愿这样，因此我一直在构思故事，打磨可能永远无法打磨完成的句子。但我试图填满这份孤独，它的含意，就是身为一个八旬老人并且双目失明。我试图用寓言，用梦，用项目来填满它，而现在我正打算去实现再一次周游世界这个十分愉快的目标了。

——您最近离柏拉图稍远了一点，那么说。

——是啊，好像没错啊（笑）。好吧，谁知道呢，或许人在旅行中也能抵达原型。

——人总能抵达原型。确实是这样，因为您告诉过我在您初访日本时，曾经发现过您原以为永远看不到或永远感知不到的现实。

——我不知道我是真的感知到了，还是产生了感知到了它们的幻觉。但是，如果它们对于我的情感是真实的，它们便是真实的。因为并没有其他方式来衡量事物，唯有凭借我们面对它们之时的情感。

——确实。很好，因此您即将第二次启程去日本旅行了，我们刚才谈论了南方。而且，在某种意义上，这也证明了我们在其他几次播音中曾经说过的话：布宜诺斯艾利斯人和全体阿根廷人所负有的这一普遍使命，要认识这个世界。

——而且，我们有幸生活在一个……依然非常好奇的国家，对吗？这是最好的条件之一，不是吗？令我们感兴趣的是宇宙而不是宇宙的一小块。

——千真万确。非常好，博尔赫斯，下星期我们再来开讲吧。

——非常好。

康拉德、梅尔维尔与海

奥斯瓦尔多·费拉里：博尔赫斯，时不时地，我们总会想起，两位与大海有本质联系的作家。第一位……

豪尔赫·路易斯·博尔赫斯：约瑟夫·康拉德，是吗？

——约瑟夫·康拉德，以及第二位，《白鲸》的作者。

——是的……而他们彼此间毫无相似之处，是吗？绝对没有。因为康拉德营造的是一种口语风格或是，总之，虚构的口语风格。当然，它们是那个名叫马洛的绅士的传奇，他讲述了几乎所有的故事。与此相对，梅尔维尔，在《白鲸》之中——这是一本十分原创的书——却呈现了两种影响，有两个人被投射在这本书里——当然是有益的：梅尔维尔往往，有时候，反映或重复……或者更准确地说，在他身上回响着两个声音。其一大概是莎士比亚的，另一个则是卡莱尔①的。我相信人们都注意到了他的风格中存在着这两种影响。他从他们那里受益良多。话说，在《白鲸》之中，主题肯定是来自白色的恐怖这个想法。他可能一直被引导：他可能从一开始就想到了，这条鲸鱼必须要在其他鲸鱼里面标识出来。那条残害了船长的鲸鱼。然后，他可能会认为把它变白就可以将它区分开来了。但那是一个非常糟糕的假设，更好的是设想他感觉到了白的恐怖——白色也许是一种可怕的颜色这个想法。因为人们总是把恐怖的想法与暗，与黑联系到一起；然后是红，血。而他却看到白色——仿佛是，在视觉上，一切颜色的缺失——也可以是可怕的。这个想法他可能是在——谁说他不是在一本书，一次阅读中发现的暗示呢，就像别的所有事情一样，因为一次阅读的生动性不逊于人类的任何其他经验——我相信他是在爱伦·坡的《亚瑟·戈登·皮姆的故事》里发现这个想法的。因为这个故事最后几页的主题，是从那些岛上的水开始，那具有魔力的水，那内有脉络，可以顺着脉络分开的水。其中，将近结尾处，就有白的恐怖。这里的解释是那座南极大陆曾有一度被白色巨人入侵——白色是可怕的——这在最后几页中有所暗示；皮姆明确地阐明了白色的东西对于那些土著人来说是可怕的。而这个想法被梅尔维尔挪用在了《白鲸》里（"挪用"是我非常遗憾要使用的一个贬义词）。归根结底，就是这个情况。然后，书中特别有趣的一章名叫"The Whiteness of the Wale（鲸鱼的白）"，他在其中以出色的雄辩——一种我在此无法重现的雄辩——阐释了白色是

---

① Thomas Carlyle（1795 – 1881），苏格兰哲学家、散文家、历史学家。

如何的可怕。

——还有如何的庞大，或许。

——还有如何的庞大。既然我说到了白——既然我这么喜欢词源学，您可能记得，总之——不是一个被揭露得很充分的事物——在英语中，我们有"black"，意思是黑，在卡斯蒂语里则有"blanco（白）"。当然，在法语里有"blanc"，在葡萄牙语有"branco"，在意大利语里有"bianco"。这些词语都有同一个词根，因为在英语里——我相信从撒克逊词语中生出了两个单词："bleak"[①]，意为黯然失色（人们说，例如，"in a bleak mood"[②]，当一个人并非黯然失色而是无聊、忧郁的时候），另一个是"black"（黑）。而这两个词，英语中的"black"和卡斯蒂语中的"白"具有相同的词根。它们具有相同的词根是因为，在起初，"black"并不专指黑色，而是无色。因此，在英语中，那无色跑向了阴暗这一边："black"意为黑。相反，在罗曼语中，这个词跑向了光明这一边，去到明彻这一边；于是意大利语中的"bianco"，法语中的"blanc"，和葡萄牙语中的"branco"，都意为白、白色。很奇怪，这个词分岔并获得了两个相反的意义。虽说我们倾向于将白的看成黑的对立面，但它们所起源的那个词的意思却是"无色"。因此，像我说的那样，在英语中它跑向了阴暗这一边，意为黑，而在卡斯蒂语中则跑向了明彻这一边，意为白。

①英语"凄凉，黯淡"。
②英语"心情悲凉"。

——在词源里有一种明暗对比。

——确实是，明暗对比，极好的观点。我是在很久以前——大致是在我发现《神曲》的时候——发现那另一本伟大的书《白鲸》的。现在，我相信这本书在出版后有一段时间是不为人知的。我有一套版本很老的——并且极好的——《大英百科全书》，一九一二年，第十一版。其中有一段，不是很长，是讲赫尔曼·梅尔维尔的，这一段把他描述成了旅行小说的作者。并且，在其他小说中间，在涉及他的航行的小说中间，就有《白鲸》，但并没有与别的区别开来。它跟其他的一起列在一个书目里面——并未指出《白鲸》远不止是旅行的故事，而更是一本有关大海的书。不妨说，这是一本涉及某种根本事物的书。有人说，那其实是一场对抗恶的战斗，但却是用一种错误的方式展开的——或许是亚哈船长的方式。但奇怪的是他将这种疯狂强加到了全体船员头上，捕鲸船上的所有人头上。而赫尔曼·梅尔维尔就当过捕鲸人，对那种生活有亲身的了解，而且非常非常深——尽管他来自一个 New England（新英格兰）的大家族，却当过捕鲸人。他在许多故事里说起过，例如，智利，说起过智利周边的岛屿；总之，他了解大海。我想要再发表一个有关《白鲸》的观点，我不知道是否已有人指出过，尽管，毫无疑问，所有的话都有人讲了。就是结尾——《白鲸》的最后一页——重现了，不过是以一种更啰嗦的方式，但丁的"地狱"中那个著名诗章的结尾，在其中提到了尤利西斯。因为在那里，在最后一节，但丁说大海将他们盖没了。而《白鲸》的最后一行，用不同的词语，说出了完全同样的意思。我不知道赫尔曼·梅尔维尔是否铭记着尤利西斯轶事中的那一行；就是说，那艘沉没的船，那片盖没了船的大海——这就写在《白鲸》的最后一页，也在"地狱"那一诗章里，讲述尤利西斯轶事的最后一节（我不记得行数了），对我来说，那是《神曲》里最难忘的部分——尽管《神曲》里又有什么不是难忘的？全部都是，但如果我必须选择一个诗章——没有任何理由这样做——我大概会选择尤利西斯的轶事，它给我的感动或许胜过了保罗和弗朗西斯卡①的轶事……因为在但丁的尤利西斯的命运里有某种神秘的东西：当然，他置身于阴谋家、骗子相应的那一圈，因为特洛伊木马的诡计。但可以感觉到这并非真正的原因。我曾写过一篇文章——见于《但丁九篇》一书——我在文中说但丁必定感觉到了，他所做的或许是某种禁止人类去做的事，只因他为了文学的目的，必须预见神意在最后审判中作出的判决。他本人，在《神曲》的某一处，说无人能预知上帝的决定。然而，他却在自己的书中做到了，判决某些人进地狱，某些人进炼狱；又让另一些人升上天堂。他可能想过，那时候，他所做的事并非一种亵渎，但归根结底，由一个人类来做出这些判决完全是不合法的。因此他在写下这本书的时候，或许已经触犯了某种禁忌。正如尤利西斯想要探索北半球，想要在别的星

---

① Paolo Malatesta（约 1246－1285）为意大利里米尼（Rimini）城主马拉泰斯塔（Malatesta da Verucchio）的第三子；Francesca da Ravenna（1255－1285）是拉文纳（Ravenna）城主奎多（Guido da Polenta）的女儿，被嫁予马拉泰斯塔的长子乔瓦尼（Giovanni Malatesta，？－1304）。两人因私通而被乔瓦尼杀死。

辰指引之下航行一样，他也是在做某种犯禁之事；并因此而遭受惩罚。因为倘非如此，就不知道他为什么被惩罚了。也就是说，我猜想在尤利西斯与但丁之间自觉不自觉地有一种联系，一种关联。而我是经由梅尔维尔领悟到这一切的，他毫无疑问知道但丁，因为朗费罗，在漫长的美国内战——十九世纪最大的战争——期间将但丁的《神曲》译成了英语。我是最先读到朗费罗的译本，之后，最终，才敢于阅读意大利语版的……我原来的想法极其错误，认为意大利语和西班牙语是极其不同的。是的，口语的确不同，但阅读却并非如此。此外，应该以必要的慢速来阅读这本书，而《神曲》的各个版本都十分出色。因此，如果不理解一行诗句的话也可参阅注释。在最好的版本里，可以说，每一行诗都配有一条注解，两者都无法理解是非常少见的（**两人都笑了**）。天哪，我们已经稍稍偏离梅尔维尔了，但梅尔维尔显然是一个伟大的作家，尤其是他的《白鲸》，还有他的故事也一样。几年前在布宜诺斯艾利斯出版了一本最佳故事的书。当然，书名起得很商业。遴选每一篇故事的是四位阿根廷作家。曼努埃尔·穆希卡·拉伊内斯，埃尔内斯托·萨巴托，我相信是胡利奥·科塔萨尔，还有我进行了此项合作。萨巴托选了梅尔维尔的故事"巴特比（Bartleby）"，我选的是霍桑的故事"韦克菲尔德（Wakefield）"。然后我相信有人选了，爱伦·坡的一篇故事。也就是说，选了三位北美作家的故事。而穆希卡·拉伊内斯选了一篇日本或中国的故事，我不记得了。它们发表在一个单行本里，其中登载了我们的肖像，我们选择这个故事所包含的理由。这本书，总之，取得了相当的成功，呈现了四篇绝妙的故事。

——当然，一个极好的主意。

——是的，一个出版方面的好主意，是的。

——不过，说到康拉德，您曾经对我说过，有一些康拉德的故事让您想到的不是大海而是河流，具体来讲就是巴拉那三角洲^①。

——嗯，是的，在康拉德最早的书里，当他诉诸马来风光的时候，我用我对蒂格莱的记忆来充当插图。所以我读康拉德总是嵌入或穿插一些我记忆中的蒂格莱风景，因为它是最相似的。顺便说一句，布宜诺斯艾利斯的情形是很少有的，一座大城市附近竟有一个近似于热带，或近似于马来的群岛。这很罕见，是不是？还有芦苇。啊！好吧，我不久前在巴西，在那里重新发现了埃萨·德·奎罗斯的小说曾经向我呈现的东西，就是葡萄牙语中称呼手杖的名字。它叫做"bengala"——毫无疑问源于孟加拉（Bengala）的芦苇——因为有人对我说"A sua bengala"^②，一边把我的手杖递给我，那是爱尔兰制的，于是我便想起了那个词（笑），在我听来手杖叫作"bengala"是非常优美的。因为"手杖"不会让人想起什么特别的东西。能让人想起什么来？木棒：这是一副大棒，这是一副棒子爱司^③。相反，

---

① Delta del Paraná，阿根廷巴拉那河上几座岛屿构成的三角洲。
② 葡萄牙语"你的手杖"。
③ Basto grande，gran as de basto，均为西班牙牌戏用语。

"bengala"却带给我们整整一个地区，而在孟加拉语中"bungalow（平房）"这个词，也是源自"bengala"。

——我看到，博尔赫斯，大海，通过康拉德和梅尔维尔，与您非常贴近，您时常在记忆中将它唤起。

——是的，永远如此。当然，有某种生动的，神秘的……这是《白鲸》第一章的主题：海洋作为某种令人惊奇的，以一种有点恐怖又有点美丽的方式令人惊奇的事物这一主题，对不对？

——不妨说是创造美的惊奇。

——是的，创造美的惊奇，因为美就是惊奇或不安的一种形式，归根结底。

——尤其是如果我们记得柏拉图《会饮篇》里那个短语的话，说的是："面对美的浩瀚大海"。

——啊！这是一个很美的短语。是的，看来都是些基本的词语，不是吗？

——大海。

——大海，是的，它在葡萄牙文学中如此彰显，在西班牙文学中又如此匮乏，是吗？例如，《堂吉诃德》是一本……

——平原的书。

——是的，相反葡萄牙人，斯堪的纳维亚人，法国人——为什么不呢——自雨果以来，都在感受着大海。而波德莱尔也曾感受过它，显而易见，而《醉舟》的作者，韩波，也感受到了他从未见过的大海。不过，或许看见大海并不是必要的：柯勒律治未见大海就写下了他的《古舟子咏》，而当他看到它时他却感觉失望了。坎西诺斯·阿森斯写过一首令人钦佩的大海的诗。我向他祝贺，他对我说："但愿我有朝一日看到它。"也就是说，坎西诺斯·阿森斯想象的大海和柯勒律治想象的大海都胜过了仅仅是地理学的大海（笑）。

——如您所见，我们这回成功地离开了平原。

——的确如此。

论政治

奥斯瓦尔多·费拉里：不同于卢贡内斯，他在不同阶段总是真诚地改变政治立场；您，博尔赫斯，对于政治似乎始终保持着一种持久的独立或等距离的态度，一直以来，我相信，您只把它当作一项道德义务来加以关注。

豪尔赫·路易斯·博尔赫斯：是的，至少在过去半个世纪里是这样，可以这么说，因为我只可以谈论半个世纪，很遗憾。是的，现在我会把自己定义为一个无害的无政府主义者，也就是说，一个寻求政府最小化和个体最大化的人。但这在目前并不是一个政治立场，当然。

——我在这里看到了您的独立态度的原因，也就是说，它涉及您对于个体在国家面前的重要性的看法。

——是的，当然，现在国家在所有方面包围着我们，不是吗？此外在两个阵营里，可以这么说：极右派，极左派，都同样是国家的支持者，支持国家干预我们生活的每一刻。

——并将有文化的人划归两大政治路线之中的任何一个。

——是的，我已经说过那么多次，一个人的意见是最不重要的东西，因为艺术或文学的实践是如此的神秘，我不知道意见管什么用；我也不知道意图管什么用。重要的是作品，作品本身是神秘的。归根结底诗人是用词语写作的，而在词语里辞典呈现的意义可能是最不重要的。最重要的是词语的氛围，它的隐含之义，然后是词语的韵律，它们被言说的语调……也就是说，诗人是在驾驭难以捉摸的元素，非常神秘的元素。

——当然。

——诗人自己也不知道他可以支配它们到何种程度，被它们载送到何种境地。

——他身为工具会抵达何种境地。

——他身为工具会抵达何种境地，是的。因为现实似乎是无法穷尽的——语言是一系列严格的符号——假设这些符号会被辞典所穷尽是荒谬的。现在我记得怀特海所谓的"完美辞典的谬误"，或者说是假设每一个感觉，每一个想法；或者我们不断变化和发展的生活的每一刻都有一个符号——大概就是福楼拜的"le mot juste（正词）"——的谬误。也就是说，假设每一件事物都有一个符号就是假设存在一部完美的辞典。而按理说辞典仅仅是近似的，对不对？而同义词的理念也是如此，事实上并没有同义词，因为每个同义词的氛围都是不同的。我不知道一种语言可以在何种程度上翻译为另一种语言——尤其是一种诗意的语言译为另一种。或许一种概念性语言是可以的，但一种美学的语言则不然。因为，举例而言，如果我们逐字直译一首诗的话，我们会直接呈现词语的意义，但还有词语的韵律呢？还有词语的氛围呢？或许这会被丢失的吧，而很有可能这才是根本。

——所有这一切都非常之神秘。

——是的，文学的艺术是神秘的。其神秘不逊于音乐的艺术。或许文学是一种比音乐更其复杂的音乐，因为其中蕴含的不单是词语的韵律和声音，更有内涵、氛围和意义——因为一种全然无意义的诗歌是无法接受的：我们必定认为这对于某人意味着什么，尤其是对某人的情感是有意义的。而那是不可译的。

——"像一段音乐一样不可译。"

——像一段音乐一样不可译，是的，那是另一类的音乐。现在我想起一句话来——我不知道是吉卜林的，还是吉卜林引用某个印度诗人的话，但都一样——在他的某一篇故事里，一个人物——故事发生在印度，别的我都忘记了，但我记得这个场景——一个人物说："要不是有人告诉我这是爱，我会以为这是一把赤裸的剑。"

——真是令人惊讶。

——其实，令人惊讶的是形式，因为如果我说"爱像剑一般无可阻挡"，等于什么也没有说；或者如果将爱与一件武器相提并论的话也一样。但这种不可能的混淆，对于想象是可能的。显然没有人会将爱与一把赤裸的剑混为一谈，但在这里它却由短语的句法呈现出来了；因为它开头并没有这样说："起初我以为是一把剑，随后才看到那是爱。"这肯定是荒谬的，但"要不是有人告诉我那是爱，我会以为那是一把赤裸的剑"则是完美的。那句法是完美的，超越了比较，超越了将爱的概念与剑的概念相混淆的隐喻。

——这是一句很美的短语。

——那短语的确很美，很有感染力，我刚才是用卡斯蒂语说的。无疑用英语说也是如此，或许用印地语说的话——那是吉卜林或许听到过的语言——另有一种力量，已经在翻译中失去了。

——是的，话说，我和您说起过，尽管您始终保持着您的独立性，在三十年代末期；由于欧洲发生的事情，我注意到您曾屡次声明反对纳粹主义和法西斯主义。

——是的，当时这里很多人没有这么做。

——一九三七年您写了一篇题为《一种仇恨教育》的文章。

——是的，我指的是玛丽亚·罗莎·奥利弗借给我的一本书——当然，她是共产主义者，并不反对别的仇恨教育——不过，说到底，她认为针对犹太人的那种是邪恶的。

——针对德国犹太人的。

——是的，一本非常奇怪的书。我还记得这本书，记得那些版画，都是给孩子看的。我记得有一个犹太人，看上去更像是阿拉伯人或奇幻的土耳其人一类——我相信他甚至戴了一个鼻环；然后是一个假定的德国人——其实是一个冰岛农民，因为他有斯堪的纳维亚人的体型。多么奇怪：对德国人来说犹太人基本上是棕黑肤色的。重要的是要将他们视为不同，这样才能更方便地仇恨他们。纯粹就是这样。

——您在那篇文章里指出德国文明已经毁于仇恨教育。

——是的，看上去很标新立异，说德国文明已经被毁掉了。但我相信这一切根源在于灾难性的《凡尔赛条约》，我想如果按照威尔逊①的想法，签订一份民主的和约的话……但是那没有成功，法国吞并阿尔萨斯和洛林；意大利也分得了一杯羹；而英格兰，在德国投降以后，将对德国的封锁维持了一两年，非常可怕。我相信我曾经读过某一本卡夫卡的传记，他就是封锁的受害者之一。就是说饥饿仍在继续，而和约早已达成。这是一件可怕的事。

——您在一九三九年的另一篇文章《论公正》里也持同样的态度。

——我不记得这一篇。

——您在文中说憎恶希特勒，因为他不分享他对德国人民的信心。

——是吗？我是这么说的？那么我对曾经写下过这些话并不后悔，因为在那一刻可以这样设想——所谓的亲德派指的并不是德国的支持者，而是那个德国政府的支持者。

---

① Thomas Woodrow Wilson（1856 – 1924），美国政治家，第 28 任美国总统（1913 – 1921）。

——哦是吗？

——是的，亲德派指的就是希特勒的支持者，而不是日耳曼精神的朋友。此外日耳曼精神，呃，是一种属性，涵盖不同类型，可以这么说：德国、英国、瑞典、挪威、丹麦、荷兰、冰岛，等等。我们可以几乎无限地列数下去。苏格兰也是，有何不可。

——但非常明确的是您在一九四五年所表达的概念，论述纳粹主义，说那是出于对自己的国家、自己的语言、自己的宗教的优越性的偏见？

——现在这种观念已经蔓延到了全世界：似乎在所有地方人们都对自己的微小差异如此自豪，不是吗？那就是所有地方都在着重强调的东西：地方色彩。现在，在这里，幸运的是我们没有什么地方色彩，但它不是已经发明出来就是快要发明出来了。无论如何，对加乌乔的褒扬也是民族主义的一种形式。创立了这个国家的人并不赞同这一点，当然，因为在我小时候加乌乔这个词是一个贬义词。

——那么这些都是民族主义的强化形式吗？

——是的，这是这个时代的大恶，最大的恶之一。当然还有其他的，如精神和物质财富的分配不公。我曾经说过，即世界被分割成了各个国家，而这些国家都配备了边境、忠诚、偏见……非常危险，是的，但尽管如此，我相信我们会挺过这一切。我看不到这最后的结果，但我可以肯定……

——这些危险总会被甩掉的。

——是的，我相信是这样，这一切会被甩掉的。但不是马上……当然，我父亲曾经相信——他这代人曾经相信——这改变很快就会发生：我记得我们当时在蒙得维的亚——这大概是在二十世纪的第一个十年期间，大概是一九〇五年前后——我父亲对我说我要注意军服、旗帜、兵营、驻地、海关、教堂（笑），因为所有这一切都快要消失了，这样我就可以把这告诉我的孩子们了。但似乎恰恰相反，不仅这一切没有消失，如今更已变本加厉了。但我父亲有这样的信心：改变即将到来。我相信马塞多尼奥·费尔南德兹当时正在学习法律，告诉他说他的同学们都放弃了学习，因为很快整个地球都将是单独一个国家了，将会有别的法律了，何必去学习很快就要作废的法典呢。但不幸的是这并没有发生，这些法典仍然管辖着我们，更有甚者还增加了不少法律——它不曾被简化，却已变得更加复杂了。

——是的，回到自身种族所谓的优越性的话题，您说这是文学的传统主题之一，另一方面。

——是的，这在所有的地方都看得到，例如在美国黑人都深信

75

黑色人种是优越的。我在柏林参加过一个"关于黑人性"的会议，由我来讲开场白——他们要我来宣布会议开始。当时我说，归根结底，一个种族和另一个之间的差异是极小的，人类总有某些激情和某些能力是超越种族的。然后就来了一个出席会议的非洲民族主义者——我记得他手持一支长矛，身披一张豹皮——对我说我大错特错了，因为无人不知那种文化是非洲特有的。还有其他一些人在鼓掌，这让玛耶阿和我惊讶之极——爱德华多·玛耶阿和我在一起。

——这是哪年的事？

——我不记得确切的日期了，但有两个会议：一个是"关于黑人性"的，我向他们建议"noirceur"①这个词，它很美，不是吗？因为"negrura"比"negritud"②更好，后者是可怕的，是一个新词。然后在柏林还有另一个会议，是拉丁美洲和德国作家的会议。当时，会议开场——由罗阿·巴斯托斯带来的三个角色开场——他们身披朱红色的斗篷，头戴几顶宽边高帽，弹着吉他而来。所有德国人都鼓掌了，玛耶阿和我不得不说这个场面对于我们来说太稀罕了（**两人都笑了**）。那些披朱红色斗篷弹吉他的加乌乔，我们压根就没见过。德国人很着迷，于是玛耶阿和我说，我们并不比他们少些惊讶，因为我们从来没见过这个，而我们来自南美洲。所有这一切都立刻被公认为南美洲的象征了，罗阿·巴斯托斯带来的这三个化妆演员。

---

① 法语"黑"。

② "negrura"和"negritud"均为西班牙语中的"黑"。

——现在，回到我们的国家。您有一句很吉祥的短语：您说过个人主义是阿根廷的一个古老美德。

——是的，我们应该好好利用它，然而恰恰相反，是不是？这并没有发生，相反的却发生了。

——您看它现在适不适用？

——在当下这个时刻大概是荒唐的吧，但为什么不想象在未来它会适用呢，因为未来的可塑性是如此之大。因此是我们在驾驭未来，这未来取决于我们。因此这驾驭可能是有用的，有益的：我们思考未来这件事——每个人想的都是他期望的东西："wishful thinking（一厢情愿）"——但这种一厢情愿可能是有效的。

——无论如何，在我看来我们，尤其从事文化的人，应该强调的是自主性，独立性，并且尽量不要画地为牢，在一个所需恰恰相反的时代。

——是的，我尽力而为，我的很多朋友也是这样做的。但这有点难。

——让我们希望它可以继续下去吧。

——是的，无论如何我们依然会是两个个人主义者，费拉里，您和我，对不对？

——至少是这样。

——当然，就让其他人去分门别类，从而迷失在各自的派别之中吧。悲哀的是我们可以预期到这一点。

马塞多尼奥·费尔南德兹与博尔赫斯

奥斯瓦尔多·费拉里：博尔赫斯，这一次我希望讨论一下，一个阿根廷人无不知晓、而您曾经说过尚未有人为他立传的人——我说的是马塞多尼奥·费尔南德兹。

豪尔赫·路易斯·博尔赫斯：我继承了我父亲与马塞多尼奥·费尔南德兹的友谊。他们一起开始了律师生涯，我记得，在小时候，我们从欧洲回来时——那是在一九二〇年——就是马塞多尼奥·费尔南德兹在码头上迎接我们的。仿佛，是祖国站在那里。话说，我在欧洲的时候，我最后的伟大友谊是拉斐尔·坎西诺斯·阿森斯关怀备至的友谊。当时我心想：现在我要告别欧洲的所有图书馆了。因为坎西诺斯对我说："我可以用十七种古典和现代的语言来问候星星。"多么优美的方式啊，来表达我能够言说、懂得十七种语言，不是吗？"我可以问候星星"，这就已经呈现了些许的永恒和浩瀚了，不是吗？我心想，在我告别坎西诺斯·阿森斯的时候——这事发生在马德里，靠近莫雷里亚街，他的住处，在高架桥上（我曾写过一首有关它的诗）——我心想：好吧，现在我要回国了。但当我遇到了马塞多尼奥时，我想到的是：其实我什么也不曾失去，因为这里有一个在某种意义上可以替代坎西诺斯·阿森斯的人。不是一个可以用多种语言问候星星的人，或是一个博览群书的人，而是一个倾注一生去思考那些名叫——并非没有志向——哲学或形而上学的根本问题的人。马塞多尼奥一生都在思考，就如同苏尔·索拉尔一生重建和改造世界一般。马塞多尼奥告诉我他写作是为了帮助自己思考。也就是说，他从没有想过出版。确实，他一生就出过一本书，《近作集》（*Papeles de Recienvenido*），但这要归因于阿尔丰索·雷耶斯的慷慨，后者曾帮助过那么多的阿根廷作家。而且……也帮助过我，当然。但这也使得马塞多尼奥·费尔南德兹的一本书的首次出版成为可能。我曾经"偷窃"过一点马塞多尼奥的文稿：马塞多尼奥不想发表，对出版没有丝毫兴趣，也没想过读者。他写作以帮助思考，对自己的手稿一点也不重视，它们从一家客栈搬到又一家客栈——为了很容易猜到的原因，不是吗——总是小客栈，或是在法院区①，或是十一日区②，他的出生地，然后把自己的稿件丢弃在那里。所以，我们为此而对他大加责备，因为他逃出一家客栈就留下高高的一堆手稿，然后就找不到了。我们会对他说："可是马塞多尼奥，你

---

① Los Tribunales，阿根廷布宜诺斯艾利斯一非正式地区，位于圣尼古拉斯区（San Nicolas）内。
② Once，布宜诺斯艾利斯非正式郊区巴尔瓦内拉（Balvanera）的一个区域。其名字来源于这地区中心一个名叫九月十一日的车站（1852 年 9 月 11 日为布宜诺斯艾利斯脱离阿根廷其余部分的日期）。

为什么这样做？"随后他便带着真诚的惊讶，对我们说："但是诸位相信我能想到什么新东西吗？诸位应该知道我想的永远都是同样的东西，我什么也没丢。我会在十一日区的某某客栈重新思考我原先在另一家客栈思考过的东西，不是吗？我会在胡胡伊街思考我在使命街思考的东西。"

——但您说过马塞多尼奥的交谈深深打动了您……

——说到重点了，是的，我从来没有听到过一个人谈起话来比他更动人更简洁的。几乎沉默不语，几乎悄无声息。我们每个星期六都聚在一个咖啡馆里听他说话，咖啡馆名叫"珍珠（La Perla）"就在或曾经在里瓦达维亚街和胡胡伊街的转角上。我们大致在午夜前后会面，一直呆到天亮，听马塞多尼奥说话。而马塞多尼奥每晚都讲四到五次，出于礼貌他把自己说的每句话都归到提问者的头上。因此他一开始总是说——他说起话来很有克里奥尔①的做派——"你大概已经注意到了，毫无疑问"，然后提出一个对方从来没想到过的观点（**两人都笑了**）。但在马塞多尼奥看来更加礼貌的是把他自己的想法归到对方的头上，而不说"我想到了某某事"，因为在他看来那是自负或虚荣的一种形式。

——他也会把自己的智慧归于所有阿根廷人的智慧。

---

① Criollo，纯欧洲（通常为西班牙）血统的拉丁美洲人。

——是啊，也会这样，是的。

——我记得您曾经将两个人与亚当相比。

——没错。

——惠特曼和马塞多尼奥。

——没错。

——在马塞多尼奥这方面，是因为他思考和解决根本问题的才能。

——而在惠特曼这方面，则是因为，呃，发现世界，对不对？在惠特曼这方面，人们的印象是他以第一次的眼光目视万物，就是亚当必定有过的那种感觉。以及我们孩提时有过的那种感觉，不是吗？我们一点一点地发现万物。

——您对马塞多尼奥的敬佩，在某种意义上与您对苏尔·索拉尔的敬佩是一样的，这您已经说过多次了，我相信。

——是的，但马塞多尼奥总是对事物感到惊奇，总想要解释它们。相反，苏尔·索拉尔更多是心怀某种激愤，渴望改革一切。也就是说，他是一个全方位的改革者，不是吗？苏尔·索拉尔和马塞多尼奥没有任何相像之处，他们彼此认识——我们对他们的相遇真的期望甚多——我们感到很失望，因为在苏尔·索拉尔看来，马塞多尼奥似乎是一个跟所有阿根廷人一样的阿根廷人。相反，马塞多尼奥·费尔南德兹说——在某种意义上这更加残酷："苏尔·索拉尔是一个配得上所有的尊重和所有的怜悯的人。"因此，他们实际上并没有"相遇"。但我相信后来他们成了朋友，但那第一次相遇不如说是……一次未遇，就好像互相之间都没看见一样。这是两个天才，但，初见之下，却彼此视若无睹。

——真奇怪。您也说马塞多尼奥将梦境、幻梦，与存在的本质视同为一。最近，您也一样，将写作与做梦的行为相提并论。

——说实话我不知道是否有一个本质的区别，我相信"人生如梦"这句话，这是千真万确的。其实，要问的是究竟有没有一个梦者，或者说那只不过是一个……我们能怎么说呢？一场幻梦，对不对？也就是说，是否有一个梦见自己的梦……或许梦是一件无关个人的事物，比如说，就像雨一样，或者像雪一样，或者像四季的变化一样。它是发生的事，但它不发生在任何人身上。那就意味着并没有上帝，有的大概也是这个长梦，我们可以称之为"上帝"，如果我们愿意的话。我猜想区别大概就在这里，不是吗？话说，马塞多尼奥否定自我的存在。休谟也否定了它，还有佛教，很奇怪，对它也是否定的。

真是稀奇，因为佛教徒根本不相信轮回——不相信灵魂的轮回——他们相信，每一个个人，在他的一生之中，都在编织一个精神的有机体即"业报"。然后这个精神的有机体会由另一个继承下来。不过，人们一般不这么想，例如，我相信不信佛教的印度人有不同的想象，他们认为有一个灵魂会经历各种不同的轮回，就是说，会寄居于不同的躯体，会不断地重生和死去。因此，湿婆①神——此地有一个神像就在附近，您可以看见的吧——一个跳舞的神，有六条手臂，是死亡和诞生之神。因为人们会假设两者是相同的，当您死去时，另一个人便诞生了，而如果您生养后代，您就是为了死亡而生养的，不是吗？所以诞生之神也就是死亡之神。

——确实。博尔赫斯，您赋予马塞多尼奥的孤独的意义，对我来说也是意味深长的。那种孤独的高贵品格，在这方面，让您联想到的是收音机、电视，甚至电话出现之前的阿根廷人的性格。

——的确如此，或许那时候的人更习惯孤独。如果是农场主的话，实际上他们一年大部分时间都是独自一人，或是一生的大部分时间，因为，那些雇工会是什么人？没有受过什么教育的人，跟他们交谈基本上是不可能的。每个农场主都有点像是一个平原的鲁滨逊·克鲁索，不是吗？或是丘陵的，或是无论哪里的。不过，或许我们现在已经失去了孤独的习惯，不是吗？

---

① Shiva，印度教中的三大主神之一。

——我相信是这样。

——尤其是，现在的人需要持续不断的陪伴，而且是，收音机的陪伴：我们的陪伴（笑），我们能有什么办法（笑）！

——虚幻的陪伴。

——是，虚幻的陪伴，不过，我希望，就这个节目而言，是愉快的陪伴。

——这收音机的陪伴有一定的真实性。

——不然的话，我们的对话又有什么意义呢，如果它们不是令人愉快的话。

——当然。另外我也留意到，您归于马塞多尼奥的一个信念，就是布宜诺斯艾利斯和它的人民在政治上不可能犯错。

——嗯……绝不可能。但，或许，那是马塞多尼奥的民族主义的一个着重讲法——一句蠢话，真的。例如，他希望——幸运的是并未成功——我们所有人的签名都写成某某，布宜诺斯艾利斯艺术家。但没有人这么做，这是很自然的（两人都笑了）。另一个例子：

如果一本书很流行的话，他就说作者很好，因为布宜诺斯艾利斯不可能犯错。他就这样，一夜之间，真真实实的，就从崇拜伊里戈扬变成了崇拜乌里布鲁将军。从革命被接受的那一刻起，他就再也无法谴责它了。他对受欢迎的演员也是同样的看法：从他们受欢迎的那一刻起，他们就必定是好的。这是一个错误，嗯，我们都可能犯错，我们已经证明了这一点。

——但您说过，您的母亲曾经向马塞多尼奥指出他是共和国所有总统的支持者。

——是的，但他让自己成为他们的支持者，不是为了从他们那里得到什么，而是因为他不愿设想一个总统已经当选而选举是不公正的。这帮助了他照单全收（笑）。最好不要摆出太多例子了，对吗？

——现在，如果这是一个具有形而上学意味的国家，如果布宜诺斯艾利斯是一个在起源上与形而上学有关的城市，呃，我要将马塞多尼奥与呈现在这里的，始于布宜诺斯艾利斯的形而上感觉联系到一起。

——我不知道，这种感觉存在吗？有可能……我从来没有察觉到这个。

——好吧，我是在阅读马塞多尼奥时看到这一点的。

——啊！好吧，就是这样。但我不知道马塞多尼奥是不是一个例外。

——我相信他是一个例外。

——好吧，就像所有的天才一样，不是吗？

——是的，话说您长久以来始终感觉到，大概姑且这么说吧，有义务留下您的证言，对他，对马塞多尼奥。

——是的，我还没有全部完成。恰恰是因为那是如此的个人化，我不知道是否能够传递出来：就像一种味道，或一个颜色。如果别人没有看到过这个颜色，没有感知过这个味道，定义都是无用的。而说到马塞多尼奥，我相信那些没有听见过他说话的人在读他的时候，并没有真正地读。而我非常准确地记得马塞多尼奥·费尔南德兹的声音，我也可以将那个书面的文字回溯到他口头的文字。而别人不行，不能，他们发现它很混乱或者是简直无法理解。

——是的，但请注意，这非常奇怪。我可以说如果一个人理解或曾经审视过马塞多尼奥的话，他就更容易理解我们的社会成员，我们的家庭，我们这一类人的特性。我以某种方式看到……

——有可能，他或许会喜欢这个想法，他或许会赞成的。我不知道是否确实是这样。对我来说马塞多尼奥是如此的独一无二。我可以对您这么说：我们见到他是每星期六，我要过整整一个星期，我本可以去拜访他，他就住在我家附近，他邀请过我……我想还是不了，我不想使用这个特权——最好还是等待整整一星期，并且知道这个星期会以和马塞多尼奥的会面达到顶点。于是我忍住不去见他，我出去散步，我早早上床，读书，读大量的书——尤其是德语书，我不想忘记我为了读叔本华而去日内瓦学习的德语。嗯，我读了大量的书，我早早上床读书，或是独自出去散步——在那个时候，人可以这么做而不会有危险，因为没有袭击，也没有此类的事情，那是一个比现在安静得多的时代——我也知道："今晚发生在我身上的事情又有什么要紧，只要我可以熬到星期六，星期六我将与马塞多尼奥·费尔南德兹交谈。"我们和朋友们说：我们是何等的幸运！和马塞多尼奥出生在同一个城市，同一个时代，处于同一个环境之中。我们原本可能失去他的——这也是一个恋爱中的男人的想法，不是吗？多么走运啊，竟然跟毫无疑问是独一无二的某某（笑）同处于这个时间和空间，对不对？这就是我们这个小团体对马塞多尼奥·费尔南德兹的感觉。我相信在他去世后开始出现了他生前从未见过的亲密友人，但每当一个名人去世的时候这种事情总会发生的，不是吗？一个有名的人。陌生人纷纷出现，全都声称是亲密的友人。我记得有这么一个朋友——没有理由提到他的名字——他听我们说起过马塞多尼奥。我这位朋友很喜欢怀旧，然后就声言并且真的相信了，自己是马塞多尼奥·费尔南德兹的朋友，并怀念起了那些星期六在珍珠咖啡馆的聚会，其实他从未出席过，也不认识马塞多尼奥，甚至从未谋面。但这并不重要，因为他需要怀旧，他就是如此这般的滋养他的怀旧的。他跟我谈论着马塞多尼奥，而我知道他们彼此并不认识。当然，我听任这交谈继续。

——一种创造性的怀旧，可以这么说。

——是的，一种创造性的怀旧，是的。

——我很想继续，博尔赫斯，和您无休止地谈论马塞多尼奥，但是……

——何不用无休止的形式，谈论所有的话题？

——不过今天我们的谈话必须要停止了，那么我们现在就道别，下星期五再见吧？

——好的，当然，我热切等待下个星期五。

博尔赫斯与柏拉图和亚里士多德

奥斯瓦尔多·费拉里：好啦，博尔赫斯，现在您回来了，我想要说回我们前几次播音时涉及过的，有关您最近一次旅行的话题：我们谈到过阿根廷人可能的身份，秩序和时间，布港和布宜诺斯艾利斯的南方在漫长历史中呈现的不同版本，您的意大利、希腊和日本之旅，马塞多尼奥·费尔南德兹，西尔维纳·奥坎坡，比奥伊·卡萨雷斯，威尔考克；以及一个博尔赫斯文本是如何诞生与完成的。当然，现在我们要谈的是您已经实现的这次意大利、希腊和日本之旅中的经历。人们看到您的第一印象是您非常享受此次旅行，以及您散发着已经有了新发现的气息。

豪尔赫·路易斯·博尔赫斯：我不知道是不是发现……还是说确认更好，当然。我是带着一个极好的印象返回的，并且始终很惊讶……我不知道，人们对我是如此尊重，待我如上宾。我不知道我的作品是否配得上这样的关注，我相信是否定的，我相信现在我就像是一种……国际性的迷信一样。但我对此感激万分，从未停止过惊讶；获得了这些嘉奖，这些荣誉：您此刻是在和一个克里特大学的荣誉博士说话呢。所有这一切在我看来是如此的不可思议……在我看来也像在别人看来一样的不可思议，不是吗？也就是说，我为这一切而惊讶。我想或许，他们是通过翻译阅读我的，翻译可能会提升我的文本，抑或是在字里行间有某种我未曾感知，而恰恰就在其中的东西。因为倘非如此，我不知道我为什么配得上这一切。但我是带着对这些国家的最好印象回来的，我原来不了解意大利南部，尽管我知道它属于大希腊。我也到了克里特岛，终于有了机会来说出"大希腊"这个片语，这个片语指的是小亚细亚，意大利南部，某些岛屿，或许可以用来指称整个世界，或者无论如何，至少是整个西方。就是说，我们全体都是大希腊。我在那里说出了这句话，即，我们都是被放逐的希腊人——身处一场未必是哀伤或不幸的放逐，因为它或许让我们得以成为比希腊人更希腊，或比欧洲人更欧洲的人。所以我拥有这些国家最美好的回忆。我原来不了解意大利南部：我很惊讶竟然听到了流行音乐，我听到一个人在弹吉他，一个农民，人们告诉我他在弹奏西西里的主题，我仿佛听见了，那些来自布宜诺斯艾利斯省或东岸共和国的克里奥尔曲调：那些人们用来弹唱埃利亚斯·雷古莱斯的"废屋"或"加乌乔"的曲调。那正是我在西西里听到的音乐类型。然后，在维琴察，人们盛情款待了我，在威尼斯也一样，当然还有日本，我再次确证了我先前几次旅行的绝妙体验。就是说，一个同时实践着它的东方文化与西方文化的国家，并且，在西方文化方面，在科技方面，它似乎正将我们抛在身后。

——确实。我看到在意大利的某个地方您已被任命为生活的大师。

——呃，要是这个可以指的是我自己的生活就好了，它从来都是一系列的失误，唉！不过或许一个人可以传授他不懂的东西，或是他没有实践过的东西，是吗？（笑）

——是的。另外，很奇怪：最近几年在您多次旅行前往美国，可以说，它是西欧（北部）之后，实施最先进的技术统治——更现代化的体系——的国家，现在您似乎已受到了南方、古代西方：克里特岛、希腊和西西里岛的召唤。

——呃，就算并不是克里特岛、希腊和西西里岛，也是那些地方的反映，是那些地方的一个延伸。当我不得不在克里特岛发言的时候，当人们任命我为那所希腊大学的博士的时候，我想到了一件相当奇怪的事：人总是认为北方与南方是相反的，然而，当——我相信是斯诺里·斯图尔卢松①——有机会提到托尔②神，那个把自己的名字交给了英语"Thursday"（星期四）的神，因为托尔之日，

---

① Snorri Sturluson（1179－1241），冰岛历史学家、诗人、政治家。
② Thor，北欧神话中的雷神。

也就是 Jove（朱庇特）之日①，对吧？当斯诺里·斯图尔卢松，在十三世纪，有机会提到托尔的时候，他呈现了这个词源——当然，它是错的——但其中显示的是北方要与南方相结合的欲望。是这样的：他说托尔是普里阿摩斯②的儿子和赫克托尔③的兄弟，就凭发音的相似。显然这是完全错误的，但这无关紧要，它显示了在那里的人们的欲望……他是在冰岛写作的，他们向往以某种方式与南方相连，向往接近《埃涅阿斯纪》，那是他们对南方的所知，因为他们应该不可能知道《荷马史诗》，当然了——但归根结底，那是成为地中海文化的一部分的欲望。这也见于，例如……在德语中，"Vaterland"（父土，祖国）这个词，或英语里的"motherland"，显得很日耳曼式，然而，"Vaterland"如果不是"祖国"的一个翻译的话又是什么呢？这不是一个德国人的想法，因为对于德国人来说重要的是属于这个或那个部落，忠于这个或那个领袖。

——父辈的土地。

——是，父辈的土地。这个想法，"Vaterland"，或是英语的"motherland"，为了不跟似乎专属于德语的"Vaterland"相混淆，这个想法跟拉丁语中的"patria"是翻译过来的同一个想法。奇怪的

①西班牙语中的"星期四"为"jueves"，源自拉丁语"Jovis díes（朱庇特之日）"。
② Príamo，特洛伊战争中的特洛伊国王。
③ Héctor，特洛伊战争中的特洛伊王子。

是，格鲁萨克①曾经提出过"matria"的可能性，但是，当然，有点晚了，这个词大概会很做作，但"matria"大概像英语中的"motherland"吧。或许是"母亲的土地"这个意思，呃，暂时来说它比"父亲的土地"的意思更稳妥，不是吗？（笑）为父之道是一个信仰的行动，如歌德所说，对不对？为母之道则是一个事实，连动物都承认，全世界都承认，是的。

——话说，您提到了斯堪的纳维亚神话和希腊神话，而我一直在读一个法国作家，西蒙娜·维依，她在提到希腊神话以及东方神话时主张柏拉图是西方的第一个神秘主义者，所有东方神秘主义的继承人。

——我不知道他是不是第一个，因为那大概是毕达哥拉斯吧，他更早一些，我相信。而毕达哥拉斯……我相信有一尊毕达哥拉斯的胸像，展现了他戴着一顶弗里吉亚②软帽——也就是说，亚洲的帽子。此外，斯多葛派和毕达哥拉斯学派的轮回和循环时间必定是某种来自东方的理念。而在东方，循环的理念是有道理的，因为人，呃，灵魂，灵魂在不同的循环中的轮回，或是好转，或是恶化，总是在改变。相反，完全一样的循环理念，毕达哥拉斯学派和斯多葛学派所抱有的那一种，这个理念似乎是荒谬的，因为，在现实中，

---

① Paul - François Groussac（1848 - 1929），法国裔阿根廷作家、文学批评家、历史学家，1885 年后担任阿根廷国立图书馆馆长直到去世。
② Frigia，古代小亚细亚西南部一地区。

它绝对没有任何用处：我不知道我们可以对第一个循环、第二个循环和第三个循环谈论到什么程度，因为没有谁能够感知两个完全一样的循环之间的差异。有可能，循环时间的理论是被希腊人误解了的亚洲学说，它是假设了循环的存在，但这些循环是各不相同的。

——希腊人可能误解了这一传统，不过话说回来，西方也可能误解了希腊人。因为如果我们说柏拉图，抑或是毕达哥拉斯，是西方的第一个神秘主义者……

——好吧，我相信第一这个词没有太大的意义，因为没办法知道，但是，无论如何……

——主要是我们的哲学是从那里开始的，但我们并没有将柏拉图当成出发点，而是将亚里士多德当成了出发点，我们总有一天要弄明白哪个对了、哪个错了，因为原本一切或许都是不同的……

——他们代表了……我相信，无论如何，对我们来说代表了两个截然不同的事实。一个人思考的事实，呃，亚里士多德是一个凭借理性思考的人。相反，柏拉图，除此以外，还凭借神话来思考。

——一语中的。

——而这就呈现在苏格拉底的最后对话之中：显然他同时使用

了理性和神话。相反，从亚里士多德开始，人们使用的体系非此即彼，对不对？我们再也没有办法两个都用了。至于我，私下来说，我相信自己几乎没有能力凭借理性来思考；似乎我思考起来——了解这个方法的危险和易于出错——我倾向于凭借神话，或者至少，凭借梦，凭借我自己的发明来思考，对不对？

——或者凭借直觉，就像在东方那样。

——或者凭借直觉，是的。但我知道另外那个体系更为严格，我也尝试去思辨，尽管我不知道我是否能够做到这一点，但人们告诉我说我能够做梦，我也希望如此，不是吗？归根结底，我不是一个思想家，我不过是讲故事的人，一个诗人而已。我顺从于这个命运，当然它未必逊色于别的。

——但您指出不是作为传统的神秘主义和诗歌，而是理性和方法已经成为世人的选择。

——是的，但尽管如此神秘主义和诗歌仍旧统治着我们。

——啊，确实。

——当然了，它们对我们的统治是无知无觉的，但它们统治着我们。

——但是，很奇怪，因为西方哲学家，如维特根斯坦，比方说，最终都谈论起了神秘或神圣之物的可能性，在数个世纪以来理性走过的一大圈之后。

——而且，很可能，如果专心致志地践行理性的话，人就会对它产生怀疑的，不是吗？因为每个人都会对自己的所知产生怀疑的。诗人在语言方面，例如：他们很容易对语言产生怀疑，恰恰是因为他们在驾驭它，因为他们知道自己的极限。我相信歌德的话："交给我的是最坏的材料"，亦即德语——我相信这是他的一个错误——但，归根结底，他，不得不与德语搏斗，他知道它的局限性。如果这么说不算自夸的话……我，我的命运是卡斯蒂语，因此我对它的障碍和它的粗陋非常敏感——恰恰是因为我必须驾驭它。不过，至于其他的语言，我仅仅是接受它们，很简单。不过我是怀着感激接受它们的，我试图怀着感激接受所有的事物，不去注意它们的缺点。但，很有可能，假如我的命运是另一种语言的话，我一定会留意到这种语言的缺陷或弱点的。

——奇怪：您最近每次都说起接受和感激。

——……那是我相信，像切斯特顿一样，人应该对一切心怀感激。切斯特顿说，身在大地之上，立足于大地之上，眼望天空，曾经爱过，这一切就如同一个人无法停止感谢的礼物一样。我试图感受这一点，我曾经试图去感受，比如说，我的失明不仅是一场不幸，尽管它确实就是，它也让我可以，呃，它给了我更多的时间独处，为了思考，为了发明虚构，为了诗歌的构思。就是说，所有这一切是一件好事，不是吗？我记得那个希腊人德谟克利特①的事，他在一个花园里挖掉了双眼以免对外部世界的凝望妨碍了自己。我曾在一首诗里说过："时间就是我的德谟克利特。"这是真的，我现在是个盲人，但或许失明并不仅仅是一份悲伤。尽管我只需想到那些书籍就够了，它们是如此近在咫尺，又离我如此遥远，让我渴望用眼来看。而直到我终于想起，如果我恢复了视力，我一定不再离开这个家，我要安顿下来读遍我这里所有的书，我几乎不认得的书，尽管我凭记忆是认得它们的，但记忆会令事物改头换面。

——在我们最近的一场对话里，我曾经对您说过最近您正在远离柏拉图，但现在我看到您比以往任何时候都更靠近我先前提到的神秘的柏拉图。

——或许远离柏拉图是危险的吧。远离亚里士多德也一样，不是吗？何不对他们两个一并接受？他们是两位行善者。

——或许最好的可能性就在两者的结合之中。

---

① Demócrito de Abdera（约前 460 – 约前 370），古希腊哲学家。

艺术应该将自身从时间里解放出来

奥斯瓦尔多·费拉里：今天的播音时间我们要和博尔赫斯谈一谈美。在有关美的对话开始之前，先转录一下博尔赫斯对先前一场谈话中提出的，有关艺术和文学在我们的时代应该占据的位置这一问题的回答。

豪尔赫·路易斯·博尔赫斯：艺术和文学……或许应该尝试从时间里解脱出来。有很多次我曾经被告知艺术取决于政治，或是历史。不，我相信这是大错特错的。

——很显然。

——美国著名画家惠斯勒曾经参加过一个会议，会上对艺术作品的状况进行了讨论。例如，生物学的影响，环境的，当代史的影响……这时惠斯勒说道："Art happens." 艺术自然而生，艺术自会出现，就是说，艺术……是一个小小的奇迹。

——千真万确。

——它总会逃脱历史，以某种方式，那种组织化的因果律。是的，艺术自然而生——或不发生；那同样不取决于艺术家。

——另外一件不常被人说起或思考的事情，博尔赫斯，除了精神以外，是美。很奇怪无论是艺术家还是作家，最近以来，都不怎么谈论那个据说一直是他们的灵感和目标的东西了，也就是说，不再谈论美了。

——呃，也许这个词已经被用滥了，但这个概念则不然，因为如果不是美的话，艺术又有什么目的呢？现在，或许美这个词已经不美了，但这个事物是美的，当然。

——没错。但在您的写作，您的诗篇，您的故事里……

——我尽量避免所谓的"丑陋主义"，在我看来那很恐怖，不是吗？但已经出现过太多有恐怖名字的文学运动了。例如，在墨西哥有过一个文学运动是用一种可怕的方式命名的：嘶哑主义[①]。但它最后闭嘴了，那是它能够做到的最好的一件事。渴望变得嘶哑

[①] Estridentismo，20世纪20年代在墨西哥城发起的前卫艺术运动。

刺耳，多难受啊，不是吗？那是我的一个朋友：曼努埃尔·马普莱斯·阿尔塞[①]，他领导这个运动来反对一个伟大的诗人：拉蒙·洛佩兹·维拉尔德[②]。他领导了这场嘶哑主义运动，我记得他的第一本书，当然，其中并无丝毫美的痕迹，书名叫《内心的断头台》，非常难受，不是吗？（笑）内心里架着断头台。我记得唯一的一句诗，我不确定那是不是一句诗，是这么写的："而在所有的报纸上一个肺痨自杀了。"我记得的唯一一句诗，或许，这健忘是仁慈的，因为如果这是书中最好的诗句的话，或许不应该对作者抱以太多期望。多年以后我在日本见到了他——我相信他是墨西哥驻日本大使——这令他遗忘了，不是文学，而是他自己的文学。不过，他已经留在文学史上了——后者采集一切——作为嘶哑主义的创始人（**两人都笑了**），文学最难受的形式之一，是渴望变得嘶哑刺耳。

——是的，话说，既然我们谈论的是美，我想要请教您一件始终令我很在意的事情：柏拉图说在所有原型的、超自然的实体中，唯一在大地之上可见的，唯一显现的，就是美。

——嗯，但它是经由其他事物显现的。

——能够通过感官获取的。

---

① Manuel Maples Arce（1898－1981），墨西哥诗人、作家、艺术批评家、外交官。
② Ramón López Velarde（1888－1921），墨西哥诗人。

——我不知道是不是通过感官。

——柏拉图是这么说的。

——当然，我猜想一句诗的美必须通过听觉来传递，一尊雕像的美必须通过触觉和视觉来传递。但这些都是媒介，仅此而已。我不知道是我们看到美还是美通过各种形式抵达我们，那形式可以是词语的或是形体的，或在音乐的情形下可以是听觉的。华尔特·帕特①说所有的艺术都向往音乐的状态。现在，我相信这话可以有这样的解释，因为在音乐之中内容和形式是混和在一起的。就是说，您可以讲述一个故事的情节，比如说——可能是将它透露出来——或是一部小说的情节，但却无法讲述一段旋律的情节，无论它多么简单。史蒂文森说过——但我相信这是一个错误——一个文学人物无非是一串词语而已。确实是这样，但与此同时，我们必须将它感受为某种不止是一串词语的事物，我们必须相信它，在我看来。

——在某种意义上它必须是真实的。

——是的，因为我相信如果我们感受一个人物就仿佛在感受一串词语一样的话，这个人物就创造得不恰当或是不正确了。例如，如果是一部小说，我们必须相信其中人物的生活远远超出了作者告

① Walter Horatio Pater（1839 - 1894），英国散文家、批评家、小说家。

诉我们的一切。例如，如果我们想到随便哪个人物，一部小说或一出戏中的一个人物，我们必须认为这个人物——在我们看不到他的时候——会睡觉，做梦，进行各种活动。因为，不然的话，他对我们来说就将是完全不真实的。

——当然。陀思妥耶夫斯基有一句话像柏拉图的话一样令我印象深刻。他对于美的观点是："在美之中，上帝与恶魔交战，战场是人心。"

——这很像易卜生的话："生活是在大脑的孔穴或洞窟里与魔鬼交战，诗歌是庆祝对自己的最后审判"，颇有相似之处，对不对？

——颇有相似之处。话说，柏拉图将美归结为一个目标，一个使命。而在我们中间，穆雷纳曾经说过他认为美可以传递一个超凡脱俗的真理。

——我猜想如果它不传递的话，就是毫无用处的。如果我们不把它当作一个启示来接受，超乎感官给予我们的事物的话。但，我相信这种感觉是常有的。我注意到人们始终能够说出他们并不欣赏的诗意短语。例如，我母亲（我用这个短语的字面意思），我母亲和科尔多瓦来的厨师说起我们一个非常年轻的表弟的去世。厨师对她说，并未意识到这是一句文学的短语："可是夫人，想要死去，只需活着即可。"只需……而她并没有意识到这是一句令人难忘的短语。后来我把它用在了一个故事里。"除了活着不需要别的",不需要，死亡无须其他条件，只要提供这件独一无二的东西即可。我相信人们不断地说出难忘的短语而毫不留意。或许艺术家的作用就是收集这些句子并将它们保留下来。无论如何，萧伯纳说他几乎所有的机智短语都是偶然听来的。但这可能是萧的又一句机智短语，或是一句谦逊之辞。

——在这方面，作家或许正是他人才智的伟大调度者。

——是的，可以这么说，一个他人的誊写员，那么多大师的誊写员，或许重要的是要做短语的誊写员而不是发想者。

——一份有关集体的个体记忆。

——确实，应该是这样，没错。

老虎、迷宫、镜子与武器

奥斯瓦尔多·费拉里：博尔赫斯，一段时间以来，我都想提一下您曾表达过多次的一个想法。

豪尔赫·路易斯·博尔赫斯：我的想法不多，而且总是表达多次（笑）。

——这样才确定啊（两人都笑了）。您曾经说过每一个作家——特别是每一个诗人——都拥有，命中注定的，一个私人的宇宙。他以某种方式身处它的制约之下，既已获赠了这个私人的宇宙，他就必须忠实于它。

——我不知道他是否必须忠实，但的确是这样的。这或许会是一种穷困，但人总要活下去……人在其中写作的这个世界限制就够多的了，不是吗？尽管不这样的话会更好一些，但事实就是如此。

——话说，就您而言，除了别的东西以外，我始终记得，老虎，刀剑，镜子，迷宫。

——的确是这样。我很容易变得单调，是吗？好吧，我是否需要说明它们的理由？首先，并不是我选择了这些主题，是这些主题选择了我。

——当然。

——但我相信这话可以适用于所有的主题。我相信寻找一个主题是一个错误。这是一个错误，更多是记者而不是作家犯下的。一个作家应该让主题来寻找他，应该从拒绝它们开始。然后，听天由命了，他才能写下它们以便转移到别的主题，对不对？

——正因为这样它们才命中注定地为他所有。

——是的，因为它们总会回来的。现在，很奇怪，我知道如果我写下"老虎"这个词，那是一个我曾经写过几百次的词；但我也知道，与此同时，我写下"豹子"的话就是在作弊：读者会发现这是一只略加装扮的老虎——一只有斑点而不是条纹的老虎。人对于这些事情只有认命。

——是的，但尽管如此，在《豹子》这首诗里您却成功地建立了某种真的不同于老虎的东西。

——嗯，也许在十四句诗里吧，仅此而已，不是吗？（**两人都笑了**）我相信你感觉得到那是老虎的一个变体，或者读者感觉得到。

——如果您同意的话，我想要读一读《豹子》这首诗，这样听众也可以了解一下它跟老虎真的不一样。

——……我相信是完全一样的。

——"在坚不可摧的铁栅后面这头豹子
将无尽地重复那单调的路径
这就是（它却一无所知）它的命运
身为黑色的珍宝，噩运与囚徒。"

——哎呀，还不错啊！继续。

——"千万只走过去，又有千万只
走回来，但独一无二而永恒的
是这要命的豹子，它在洞穴里划着
直线，那是一个永恒的阿基里斯
在一个希腊人的梦里所划的线……"

——当然，阿基里斯和乌龟：爱利亚①的悖论里的，没错。

——"它不知道世上有草原和山脉

在那里麋鹿们微微颤动的脏腑

原本可以愉悦它盲目的胃口。"

确实在这里，博尔赫斯，西尔维纳·奥坎坡的说法很有道理，她说您有的时候笔调也很残酷。

——很有道理。呃，这首诗——我刚刚才意识到——或许可以是一首诗的反面，那首当然要高超得多了，那就是卢贡内斯的十四行诗：《被囚的狮子》。因为那被囚的狮子正在想着下河的鹿。诗里说到瞪羚惊骇地奔跑，我不相信事情是这样的。我想象，不如说，那野兽是活在当下的。相反，卢贡内斯想象那头狮子拥有自己是一个囚徒的意识；拥有其他时代的记忆——可能不是个体的而是继承的——瞪羚惊骇地奔跑……然后说到了帝国的衰落，或帝国的腐朽之类。也就是说，恰恰相反。这首诗里不是这样的，在这首诗里那野兽被构思为纯粹地活在当下。我说，并没有记忆，并没有对未来的预见。诗中的豹子在笼子里来回走动，这就是它的命运，豹子对此一无所知而读者知道。

① Elea，位于今意大利境内，古希腊哲学家巴门尼德斯和芝诺的家乡，其哲学流派也以此为名。

——那是猫带给您的灵感，它活在瞬间的永恒之中。

——是的，是同一个想法：就是动物没有时间，时间专属于人类而不属于动物。话说，这个想法曾被威廉·巴特勒·叶芝在那首非凡绝伦的诗中升华了，它的结尾是：

"He knows death to the bone
Man has created death" [1]

人了解死亡到骨子里，深入骨髓。是人创造了死亡。也就是说，人拥有死亡的意识——这就意味着：对未来的意识和对过去的记忆——当然，就是这样。

——这首诗（"豹子"）是以最后这两句结尾的：

"星球的变化尽是徒劳。无论哪一个
最终走完的全部里程都早已注定。"

——是啊，在这里这个想法扩展到了人身上。因为他最终抵达了宿命的理念，也就是伊斯兰教的理念，加尔文主义的理念：一切

---

[1]英语 "他对死亡懂到骨子里 / 是人创造了死亡"。出自叶芝的诗《死亡》（*Death*）。

都是预先注定的。就是说，不仅豹子在笼子里的线性生命是注定的，而且我们的生命，以及这一场与您，费拉里的对话也是如此，毫无疑问。一切都早已确定。

——就让我们如此期望吧。

——话说，这并不是指有谁确定了它。因为人们时常混淆这两个概念：我相信一个人可以相信命中注定却不假设有谁知道这命中注定——某种由因果的宿命游戏带来的东西。

——在这种情况下，这场对话，像您说的那样，将是宇宙的或安排好的。

——确实。另外，还有一台机器在操纵，我相信（**两人都笑了**）。

——至于迷官，我在想不久前您曾经置身于，或许，所有迷官里最著名的那个……

——在克里特岛，是的。很奇怪，不知道克诺索斯①那个最初是不是一个迷宫。我相信不是的，它看起来像是一个宫殿，希罗多德的迷宫这个想法是后来传过去的。他谈论的是埃及的迷宫，我相

---

① Knossos，希腊克里特岛上的古城。在希腊神话中克里特岛国王米诺斯（Minos）令工匠代达路斯（Dédalo）在此建造迷宫来囚禁他的儿子，牛首人身的怪物米诺滔（Minotauro）。

信。我不知道他有没有说到克里特岛的迷宫，我相信没有。那大概是后来出现的……我不确定，太容易出错了。

——在这次旅行回来之后，您也向我展示了美丽的刀剑：从希腊带来的小刀，其中一把有一个令人惊讶的山羊角手柄。

——那是人们，凭借我的文学——姑且这么称呼吧，把这个词放在引号里使用——将我与刀剑联系到了一起：他们送我匕首，对此我很开心，非常开心。尽管我从来没有学会"vistear"①，我很笨拙。或是"barajar"，在乌拉圭是这么说的。这里不是，这里称作"vistear"，更加准确。当然，要盯住对手的视线，不是握着武器的手，要看着对方的眼睛来猜测他的意图。然后再出手。就这样人们都赠送给我匕首，是的，在许多地方。

——还应该把剑送给您。因为我觉得在您的作品里提到剑的地方比匕首多。

——是这样的，不过剑很麻烦吧？（笑）旅行的话带匕首更好。

——镜子，嗯……

---

①阿根廷草原上加乌乔的击剑形式，不用刀剑而用烧焦的木棍进行，击中对方要害部位为胜，用以解决纠纷或诉讼等。

——它对应的是复体的理念，另一个自我的理念。也就是说，它必须用一个截然不同的概念来看。那就是时间的理念，因为时间的理念是这样的：就是自我长存，而别的一切都变化的理念。然而，有某种事物，某种神秘的事物，先是演员，后是观众，在记忆之中。这就是镜子的理念，对了，有某种可怕的东西在镜子里。现在，我记得：在埃德加·爱伦·坡的《阿瑟·戈登·皮姆历险记》里，众人来到南极洲的一个地方，在这个南极洲的地方有土著只要在镜子里看到自己就会晕倒。就是说，他们意识到镜子是可怕的。毫无疑问，爱伦·坡感觉到了这一点，因为他有一篇文章，他在文中谈论如何装饰一个房间，说镜子的放置方式应该是让一个人坐着看不到自己的反影。那么，这就意味着他也已经感觉到了镜子的恐怖，倘非如此，又如何解释这样的谨慎，不可以让镜子照见一个坐着的人呢。他无疑感到了那种恐怖，因为那就在他的两个文本里面。奇怪的是他没有继续写下去。但这两个典故确切无误是把镜子当作了某种可怕的东西。

——就像我们前面谈梦的时候提到的那样，在镜子面前总会呈现一种令人不安的分裂。

——在镜子面前，当然。无疑，那个短语"第二自我"，另一个我，人们归到毕达哥拉斯头上的话，正是这个理念，它必定是从反影中诞生的。尽管后来它被用来形容友谊了。这是错的，我相信，因为朋友不是另一个我。如果他是另一个我，大概会非常单调的吧。他应该是一个有自己独特性格的人。

——那是自然。

——是的，但总是有人说一个朋友是另一个我，不是那样的，他不是另一个我。

——现在哲学所谓的"异质性关系"，大概是与他者，有别于自身的人的亲近吧。

——当然，那不会是另一个我。重点大概在"自我"而不是"另一个"上面。

——除了老虎、刀剑、镜子、迷宫，您还记得在您的私人宇宙里有别的什么元素在最近时间里不断呈现呢？

——在梦里？

——或醒着的时候。

——……呃，现在有死亡的主题了。因为……我现在感到了某种不耐烦，我觉得我应该死去了，应该快点死去。我已经活得太久了。另外，我还有一种强烈的好奇心。我相信，但我不能确定，死亡必定有某种味道；它必定是某种特有的，一个人从来没有感受过的东西。证据是……我见过很多回临终的苦痛，人们知道自己将会死去。而最近有人告诉我——阿尔贝托·希里告诉我说，他曾在穆希卡·拉伊内斯去世前陪伴了他一个月。穆希卡·拉伊内斯告诉他说自己快要死了，他并不感觉恐惧，只是拥有那确信。其实，那种确信不可能是基于理性的，而是基于死亡那特有的味道，人会感觉到它，知道那是他从来不曾感觉过的东西。它是无法传递的，当然，因为一个人只能传递他与别人共有的东西。词语以共同的经历为前提，在死亡这件事上还不行。

——不过，您此次旅行归来所呈现的面貌，所呈现的气氛，恰恰否定了您所指的那种临近感。

——嗯，这种临近感会以任何一种形式到来的。另外，我说的不是直接的临近感。我说的是某种不耐烦。但，或许，当死亡的那一刻到来时，我会显得非常怯懦吧。尽管，大体而言，我已见过了种种苦痛——人经过八十四年总会看到很多苦痛的——而即将死去的人也总是感到非常的不耐烦，他渴望的是彻彻底底地死去。

——无论怎样，在每一次旅行之后，您总是带来一副全新的面貌。这也许表明，您抱有的大概不是对死亡的渴望，更多是对旅行的渴望（笑）。

——（笑）嗯……死亡将会是……将会是一场旅行，当然比辛巴达的七次航行更胜一筹：那会是一场更远大的旅行，不是吗？

"卡夫卡可能是人类记忆的一部分"

奥斯瓦尔多·费拉里：在您再次启程之前，博尔赫斯，我希望您能跟我讲一讲新旅行的行程：这次是从法国开始，随后是英国，接下去是美国。那就先就说说法国吧。

豪尔赫·路易斯·博尔赫斯：第一站法国，要出席一场讨论一个人的会议，他会震惊于竟然有人举行一场会议来讨论他：卡夫卡。也就是说，一个极好的主题——一个无限的主题——就像，卡夫卡的作品一样。以爱利亚的芝诺的悖论为范本的作品（这是卡洛斯·马斯托纳蒂[①]告诉我的），例如，无尽奔跑的乌龟——永远不会抵达目标的运动——这个想法。呃，就这样，马斯托纳蒂对我说——很有道理——卡夫卡以一种悲悯的方式调用了它。那是卡夫卡的伟大发明。我当时必须在某个机构前面发言，它初看上去很是沉闷，

———————————
① Carlos Mastronardi（1901－1976），阿根廷诗人、翻译家。

但却并非如此："科学与文学院"。不过，他们告诉我说我可以选择话题，看看我是否能找到我喜欢的题目，那是一次公开对话——但愿和这次和您的对话一样——也就是说，一次轻松的对话。然后我要接受我的剑桥大学荣誉博士学位。我已经接受过牛津大学的荣誉学位了，还缺少另一所伟大学府——世界上最古老的大学之一。第一所是博洛尼亚的，我相信，随后是英格兰的，随后是法国的，以及，更晚一点——很让人诧异——是德国的海德堡大学，然后才是其他的。在那之后我还将接受一个荣誉（是由里奇侯爵组织的，在纽约）。我不确切知道它包括什么，但我有理由感到惊讶和感激。另外，这是一个机会，去漫游或是置身于这三个国家，法国，英国和……我想要花上几天来淘书，尤其是在伦敦。在书店里，是的。然后是纽约。因此这是一场不那么多样的旅行，跟我刚刚结束的那次相比，那一次去了……西西里、威尼托、维琴察，然后是希腊的克里特岛——都是很不同的地区：当然，克里特人认为自己比希腊人早得多，他们看希腊人都有点贫嘴。总之，在所有地方民族主义都在兴起。如果一个人生在右边两米，左边两米，就已经犯下了一个错误，没有生在中间……这也出现在了，很不幸，西西里岛。在那里他们坚称自己是诺曼人。我不知道他们为什么选择了诺曼人，而不是……好吧，有何不可，我也有些诺曼血统呢。在这最后一次旅行中，当然，我也去了日本，并两次飞越了北极。这是一次难得的经历，纯粹就是感觉自己飞在北极上空，因为什么也觉察不到，对不对？（笑）尽管玛丽亚·儿玉告诉我说，似乎看得见几座冰山，但仅此而已。然后，就是知道自己飞在北极上空（它也不知道自己就是北极），很自然（笑）。

——既然，这么说，这次旅行是从法国开始的，博尔赫斯，也是从卡夫卡开始的；我想我们就谈论一下他吧。我不知道您是否已经有了一个想法，在那里以何种形式展开这个主题；当然，您已经多次写过有关卡夫卡的……

——是的，但我会尽可能不去自我抄袭（笑），因为最好还是抄袭别人而不抄袭自己。无论如何，这是我一直在做的，我宁愿抄袭别人……但有时，在八十四岁以后——因为我从来不重读我写的东西——我一直在抄袭，有时是糟糕的，我曾经说的多少还算不错的东西。我一直在糟糕地复述它们。总之，这事经常会发生。不，关于卡夫卡我要指出的是如果一个人阅读别的伟大作家的话，他必须不断地进行英语中所谓的"make allowances（让步）"——我不知道用卡斯蒂语究竟怎么讲——他必须这么想：这是在那样的时代写的，一个人必须考虑那么多东西。例如，我们拿最好的例子来说，那大概就是莎士比亚了吧。在莎士比亚这里，您必须要想到他是为了一群永远不是由他选择的公众写作的。他必须要延续长达——我们现在称之为五幕，尽管当时是持续的一整段——总之，是一定的时间长度，另外，他也再现，他必须以传统的，他人的情节作为出发点。然后，他必须让自己的人物契合这些情节，有时不一致是显而易见的。例如，我相信哈姆雷特，但我不是很肯定地相信……我可能要做出一番努力才能相信，哈姆雷特的鬼魂。但我不是很肯定

117

地相信丹麦的宫廷、相信那些诡计，我不相信。说到麦克白，我相信麦克白，我相信麦克白夫人；我愿意相信那些帕西——她们也是女巫——但我不知道我是否相信那个寓言。这大概是一个例子吧。而至于所有的作家，一个人必须这么想：他们是在那样的时代，在那种状态下写作的。他必须把他们放到文学史里面。这样他就可以原谅或者容忍某些事情了。然而，在卡夫卡这方面，我相信卡夫卡是可以超越他的历史环境来阅读的。我们看到非常重要的两点：卡夫卡的大部分作品是在一九一四年战争期间完成的。曾经发生过的最可怕的战争之一——肯定令他饱受了折磨。而且，他又是犹太人，那时反犹主义已经成形。他住在奥地利，在波希米亚，当时还是奥地利的一部分。他死于柏林，我相信。所有这些情况，生活在一个被围困的国家，一个起初获胜而最终战败的国家。这一切应该都回响在他的作品里，然而，如果读者对此不了解的话是注意不到的，因为这一切全都被卡夫卡改头换面了。然后是另一件事，更稀奇的事，就是卡夫卡是表现主义者的私人朋友。那些表现主义者主导了二十世纪最重要的美学运动，比超现实主义，或立体主义，或是区区未来主义，区区意象主义要有趣得多。呃，那可以算是文学艺术的某种全面革新。也是绘画的：我们可以想到恩斯特·巴拉赫或科科施卡，或其他人。卡夫卡是他们的朋友，他们写作，他们在持续不断地更新语言，编织隐喻。或许可以说表现主义最伟大的作品是乔伊斯的著作，尽管他不属于这场运动，他写作也不用德语而用英语，或者说用他的英语，那是一种非同凡响的英语——一种独一无二地以复合词语构成的英语。也就是说，我们掌握了这两件事：表现主义，伟大的文学运动，卡夫卡曾在两本刊物之一上发表过，我不知道是在 *Die Aktion*[①]还是在 *Sturm*[②]上，那是两本表现主义刊物。我当时订阅过它们，我说的是一九一六、一九一七年。当时我第一次读到卡夫卡的文字：我是如此麻木，它在我看来纯粹是很温驯的样子，有点平淡，因为它周围是表现主义者们各式各样的词语华彩（笑）。嗯，其中没有任何迹象表明，也就是说，卡夫卡会成为我们这个备受折磨的世纪的经典伟大作家。很可能在未来他还会被人阅读，人们那时不会特别清楚他是在二十世纪初写作的，他是表现主义的同时代人，是第一次世界大战的同时代人。所有这一切都可能被遗忘：他的作品可能是匿名的，或许，随着时间的流逝，会配得上是这样。那是一个作品能够要求的最高奖赏，不是吗？嗯，只有不多几本书能达此境界。

当人们阅读《一千零一夜》的时候，人们便接受了伊斯兰教。人们接受那些世代编织的寓言，仿佛它们是出自单独一个作者，或者不如说，仿佛它们没有作者一样。事实上，它们既有又没有作者：因为某件由世世代代如此雕琢，如此打磨的东西已经不归属于任何一个个人了。现在，在卡夫卡这方面，很可能卡夫卡的这些寓言已经成为人类记忆的一部分了。很可能发生在《堂吉诃德》身上的事也会发生在它们身上，不妨这么说：人们可以失去《堂吉诃德》的

---

①德语"行动"，1911 年至 1932 年出版的德国文学与政治刊物，推行表现主义文学与左翼政治观点。
②德语"风暴"，1910 年至 1932 年出版的德国文学与艺术刊物，推行表现主义、立体主义、达达与超现实主义。

所有版本，无论是卡斯蒂语的还是翻译的，全都可以失去，但堂吉诃德的形象已是人类记忆的一部分。我相信这个想法，即一个可怕的程序，不断延长，直至无限，大概就是那几部小说的根基，当然，卡夫卡不愿出版它们，因为他知道它们是无结局的，它们有责任成为无限的……《城堡》《诉讼》，可能是人类记忆的一部分，会以不同的名字，在不同的环境下被改写，但卡夫卡的作品已是人类记忆的一部分。我相信我会在法国这么说的，我会指出它们的经典地位，以及我们可以阅读它们而忘记它们的环境——发生在很少作家身上的事情，据我所知——是的。

——吊诡的是卡夫卡既已拥有这经典地位，我们却永远被告知由卡夫卡在先前时代和我们时代之间建起的桥梁是躲不开的，连同乔伊斯、普鲁斯特，还有亨利·詹姆斯一起。

——嗯，或许亨利·詹姆斯更接近于他吧。普鲁斯特我不相信会对他有兴趣，乔伊斯绝对不会，因为乔伊斯对应于表现主义，也就是说，艺术是激情的，但也是词语的这一理念。我要说：对于乔伊斯而言重要的是他写下的每一行。当时卡夫卡周围全是那些充当或想要充当乔伊斯的人，他们对此一无所知。然而，卡夫卡写的东西……他是以一种十分简单的德语写作的。简单到让当时还在学习德语的我，也可以理解。其他人则给了我很多麻烦；那些表现主义者，例如：我非常敬佩的约翰内斯·比彻①变成了，最大的表现主义者。我不理解比彻，而更糟糕的是，我根本无法领悟我正在透过这些文字游戏阅读的东西。

——但是，我们也被告知，要对我们时代做出一个可靠的解释，我们不可以缺少卡夫卡的帮助。

——是的，但卡夫卡比我们的时代更重要，当然。是够可悲的：卡夫卡必须挺过这个时代，以及这个时代的简单化。二十世纪，当然，我们挺过去了但并没有太多的骄傲。带着某种对十九世纪的怀旧，感觉上像是对十八世纪的怀旧。好吧，或许斯宾格勒是对的：我们正在衰落，我们感到怀旧是对……当然，说到 mon vieux temps[1]，是的，或许我们是对的。在豪尔赫·曼里克[2]的《对句集》(Coplas)里有一处就涉及这一点。但那是反讽的，他说："恰如我们眼中所见，一切过去的时光 / 都是更好的。""恰如我们眼中所见"，然后是 "一切过去的时光 / 都是更好的"，没错。叔本华所说的：我们把过去看成更好的，但我们也把它看成某种停滞之物，我们不是演员，我们仅仅是观众。相反，在所谓的当下，我们是观众但也是演员，并有一个责任的观念，一个危险的观念与之关联在一起。至于过去则不然：过去，尽管可怕……我们甚至可以，带着某种怀旧想到罗萨斯的时代，因为它尽管可怕，但已经过去了。因此它在时间之中是固定的，它的可怕意象也是如此。相反，当下可以威胁我们，就像生命在我们活着的每一个瞬间威胁我们一样。

---

① 法语 "我的旧时光"。
② Jorge Manrique（约 1440 - 1479），西班牙诗人。

——确实。我想要提到的另一件与卡夫卡有关的事是这样的：一位您认识的作家，写了一篇非常重要的论卡夫卡的文章，我最近刚刚看过。我指的是卡门·甘达拉。

——我认识她，保留着跟她一起最美好的回忆，是的。我曾经读过她的一篇故事，题为《有人居住》，对不对？我不记得了，看起来很像科塔萨尔的《被占的房子》，或者主题是不一样的？

——不同的涵盖面吧。

——嗯，涵盖面，是的。

——她提到卡夫卡，说了一句打动了我的话：她说，终其一生，卡夫卡都在追寻"缺席"于我们这个时代的上帝。

——是啊，人们问过我很多次。我不理解这个问题。

——也就是说，据她所说，卡夫卡始终是一个宗教精神，无论如何。

——是的，但一个宗教精神可以不信仰一个人格化的神。例如，佛教神秘主义者不信仰一个人格化的神，但这并不重要：信仰一个人格化的神的理念不是宗教精神的必要部分。还有泛神论者，例如，或斯宾诺莎，根本上是一个神秘主义者，说"deus sive natura"，上帝或自然——这两个概念对于他来说是一样的。然而，对于一个基督徒来说则不然，因为基督教需要信仰一个人格化的神，一个对他的行为做出判决的神。例如，在爱默生的《代表人物》这本书里，神秘主义者的典型是斯威登堡，而斯威登堡信仰自己而不是一个人格化的神，并且相信天堂或地狱都是人自己选择的。也就是说，在死后——他明确地说——一个人会在一个陌生的领域找到自己，碰到各种各样的陌生人，有的很吸引他，有的不然。他与吸引他的人走在一起。那些吸引他的人，如果他是一个恶人的话，就是魔鬼。但他跟魔鬼在一起比跟天使在一起更自在。如果他是一个正直的人，他跟天使在一起就很自在。但这伴侣是他自己选的。而一旦他置身于天堂或地狱了，便不愿去到另外的地方，因为他会遭受极大的苦痛。斯威登堡相信一个人格化的神，他自己，理所当然。但泛神论者，一般来说，并非如此。重要的是在宇宙中要有一个道德的命题。如果有一个道德命题能让一个人感觉得到的话，他便已经有一个宗教的头脑了。而且我相信我们应该试着去信仰一个道德的命题，尽管实际上，它并不存在。但归根结底，这并不取决于我们，不是吗？无论如何，我们的行动应该遵循我们的道德本能。

现代主义与鲁文·达里奥

奥斯瓦尔多·费拉里：博尔赫斯，我们已经多次谈论过，我们语言里最重要的文学运动……

豪尔赫·路易斯·博尔赫斯：……现代主义。

——是的，还有它对于大洋彼岸的影响。但我们虽已谈过了现代主义，也谈到过它的某些人物，却没有特别提及那个伟大的中心人物，显然公认或默认就是……

——鲁文·达里奥。

——是的，没错。

——我记得在我的一生中曾经与卢贡内斯交谈过四五次。每一次他都把交谈岔到谈论"我的朋友和导师鲁文·达里奥"上去，他乐于强调这种师承关系。他，一个那么骄傲，那么专制的人，感到了承认这种关系的乐趣。我听说达里奥曾为卢贡内斯《感伤的太阴历》的随心所欲——在他看来是过度的——而震惊。然而，这本《太阴历》，其确切日期我不记得了，但肯定是在一九〇〇至一九一〇年之间，是献给鲁文·达里奥和其他"同谋"的（笑）。"同谋"这个词很奇怪，是吗？

——是那场运动的……

——是的，但在达里奥看来，卢贡内斯已经走得太远了。似乎卢贡内斯之前对哈伊梅斯·弗莱列也是同样的看法，但之后他把哈伊梅斯·弗莱列的随心所欲抛在了身后，恰恰就是在《感伤的太阴历》之中。不过，在达里奥这方面，我觉得他的作品是如此参差不齐……但我会说达里奥最好的是纯粹基于诗行韵律的部分，不是吗？

——基于音乐，您说的是……

——基于音乐，是的，我相信这是毫无疑问的，因为到最后，当他宣扬起政治见解的时候，就完全不值一提了。例如，那首"罗斯福的颂歌"，开头很好：

"带着《圣经》的声音或惠特曼的诗句，我将抵达你的身边，猎手。"

但接着，到最后，他说："西班牙狮子有一千只幼崽走散。"在我看来这似乎不是很有说服力，对吧？然后还有："而你虽算尽了一切，却少了一样：上帝！"修辞是好的，但……我相信一个诗人应该通过他最好的作品来评判，当然，我要说鲁文·达里奥最弱的作品——我想要开诚布公地说——是米特雷去世时他写的那首挽歌。看得出，它不是由丝毫感情的激发而生的，他写这首诗为的是讨好《民族》[①]日报。而《致阿根廷的颂歌》在我看来也是很弱的，那句"你所拯救的出埃及记，大地之上有一个阿根廷！"没有很大的诗学价值，而在致米特雷的诗里，有着一个人私下里真正觉羞耻的诗句：

> "你如此成就的伟绩，
> 国民对灵魂的胜利，
> 满载着棕榈的前进，
> 商陆之上的自由！"

……是的，最好把它忘掉。

——有一点刻意了。

---

① *La Nación*，阿根廷主要的保守派日报，1870 年由米特雷及其同僚创办。

——是的，完全是刻意。相反，卢贡内斯写的诗《致牲口和谷物的颂歌》，大概是同一个主题，却是出于他的真情实感。当然，达里奥是不需要感受它的，他就是这样的。

——太勉强了……

——我要说如果必须要选择一首达里奥的诗的话，当然并没有理由这么做，因为我们有这么多，这么优秀的，我相信是这句对魏尔伦逝世的回应：

"父亲和魔法的导师，天上的吟诵者。"

然后是一首诗，"我曾是一个睡在克娄巴特拉女王床上的奴隶"，美极了，这是一八九几年写的，就是说，在他那些著名的诗篇之前。而最著名的也许是最弱的，《小奏鸣曲》：

"公主很伤心……公主有什么烦恼？"

随后糟粕源源而来：

"叹息逃出它的草莓之口。"

大概不是很令人钦佩，对不对？

"她已经失了欢笑，已经失了颜色。"

也难以恭维，然后是一行魔法的诗句：

"公主苍白在她的金椅之上。"

那是非常优美的，因为它在声音里强加了一种舒缓……然后：

"清亮的琴键无声，
瓶中，一朵被遗忘的花昏厥。"

不是非常好，然后就是那可怕的一行，写的是：

"一条不眠的猎狗和一条巨龙。"

那条巨龙使得所有的一切都像谎言一般，不是吗？因为众所周知根本没有一条巨龙，此外"巨"字似乎贬低了它。

——那条龙。

——是的，或是把它变成纸板做的了。不过，这无疑是最令人惊叹的诗句之一。

——话说，您知道许多作家都深受他们必须在学校里完成的强制性学习之害。

——是的，我有一个相当奇怪的例子。我曾与一位意大利绅士交谈，他告诉我说他在学校里必须背下《神曲》的两三个诗章。那时候，他讨厌但丁和《神曲》，但多年以后他重读它的时候，却发现它好得很啊（**两人都笑了**），即使强制阅读在他心里铭刻了那样的仇恨。阅读不应该是强制性的。

——当他可以自由地阅读它们时，就喜欢上了。

——是的，我相信强制性阅读的结果跟街道的名字是一样的，它们都被打上了人物的名字，这暗示了某种东西，仿佛是一个倒霉的轮回，也就是说，意味着那个人变成了一条街，对不对？

——显然是这样。

——五十年后拉瓦耶[①]会成为拉瓦耶街，或拉瓦耶广场……除非他被另一位伟人取代了。随着时间的推移这种事是会发生的，例如，我们每天都在谈论埃斯梅拉达街，呃，我很惭愧地说我对埃斯

---

① Juan Lavalle（1797 – 1841），阿根廷军人、政治家。

梅拉达的了解相当模糊，我猜想它跟智利有关②，但我不太清楚它为什么叫做这个名字。佛罗里达大街也是，我不相信它指的是美国的那个州，必定有什么理由。

——我说过强制性阅读是有害的，在鲁文·达里奥这里尤其是如此，因为新的一代可能不会太接近他，只因他们觉得他像一尊雕像的名字，很难在它面前伫足，可以这么说。

——是啊，或许一个作家最糟糕的下场就是成为一个经典，不是吗？到这地步他就真的死了（**两人都笑了**）这正是马里内蒂在意大利的遭遇。嗯，最好是这样，因为那里有一个未来主义博物馆，他想要摧毁所有的博物馆，如今他和他的作品却是博物馆中的展品。我不知道他对此是欣喜还是愤怒，对吗？

——我们不知道，但与您对达里奥诗中音乐的有效性的感知同样重要的，是您对他更新了韵律和隐喻的评价……

——还有主题、语言……

——以及感性。

_____

② Esmeralda，在智利有以此为名的岛屿和城镇。

——感性，当然，是的：在达里奥之后人们感受事物用的是一种不同的方式，一种更细腻的方式。这一切显然归功于雨果和魏尔伦的作品。但，多么奇怪啊，因为雨果和魏尔伦的名字在法国似乎，可以这么说，是对立的；而在这里，反过来，西班牙语文学贫乏得将两者一并接纳过来，如同两位恩客一般，而不曾想到他们彼此之间是……我不认为魏尔伦很喜欢雨果。不过，雨果本人倒很赞赏魏尔伦，因为雨果对于自己极其肯定。此外他也有一个如此慷慨的灵魂，他赞扬所有人，包括波德莱尔，说他为诗歌的苍穹带来了"un frisson nouveau"。

——是的，"一场新的震撼"。

——是的，雨果这么说非常的慷慨，而且十分正确。真可惜雨果和惠特曼从未相识，很可能雨果到死都没有听到过惠特曼的名字——尽管我相信他是一八八几年逝世的，我不确定日期，而惠特曼的作品是一八八五年开始流行的。在那个时代雨果已经很有名了，但他们互不相识，我相信两人应该会非常欣赏彼此。

——肯定是这样。

——是的，因为他们在某种意义上是互补的。

——同时鲁文·达里奥对魏尔伦的挚爱也非常感人，就像我们在"回应"中见到的那样，比如说。

——是啊，对于魏尔伦是这样的，如果不以一种亲密的方式感受他，就根本感受不到他，对不对？

——是的……

——只要魏尔伦的一行诗就够了：

"Le vent de l'autre nuit a jeté bas l'amour."（*昨夜的风已将爱抛下。*）

它说的是爱，也意味着一个意象，一尊爱的雕像，是的，可以用两种方式来读这行诗，因为它们不是互相排斥的。但丁，据他致坎格兰德·德拉·斯卡拉的信中所说，确凿无疑地相信他的作品可以，用四种不同的方式来阅读；这大概也适用于《圣经》，它也可以用四种方式来阅读。而现在很多人用一种十分无知的方式来批评但丁，认定他相信彼世完全就是那个样子的。很奇怪，其中就有，保罗·克洛岱尔，他说："毫无疑问我们期待彼世是另一番景象，不同于但丁所写的。"然而但丁早就知道了。他并未假定每个人都会碰见所有这些人物，个个都说着意大利语，三行一节，这是荒谬的。

——当然，博尔赫斯，另一个让我感兴趣的方面，是您似乎将现代主义视为一场以自由为目标的运动……

——是的，我相信是这样，我相信此后发生的一切，没有现代主义是不会发生的。这里面，在某些情况下，当然，把极端主义（那是一件蠢事）或神创论的错算到现代主义头上大概是非常不公平的。但无论如何，这一切没有达里奥也根本不会发生。

——但是，说到底，这一切与自由何干？是因为它与原来的形式决裂了吗？

——……不，因为说实话我相信自黄金世纪①以来，或许包括黄金世纪，西班牙语诗歌一直在衰落。在我看来，概念主义、文化主义都已是腐朽的形式了。某种事物……到最后，一切僵化了。然而，在民谣里，在弗赖·路易斯·德·莱昂②，在十字若望③，在最初的曼里克之中，形式并不是僵硬的，一切都在流动。后来，尤其是在克维多④那里，在贡戈拉那里，在巴尔塔萨·格拉西昂⑤那里，一切都僵硬了。然后我们迎来了非常贫乏的十八世纪，十九世纪也一样。随后达里奥出场，一切便都更新了。更新先是在美洲，随后来到西班牙，启迪了马恰多兄弟⑥、胡安·拉蒙·希梅内斯这样伟大的诗人，这里只提两个，无疑还有更多的。

①指 16－17 世纪西班牙文学与艺术的黄金时期。
② Fray Luis de León（1527－1591），西班牙抒情诗人、神学家。
③ San Juan de la Cruz（1542－1591），西班牙神秘主义者、罗马天主教圣徒。
④ Francisco Quevedo（1580－1645），西班牙贵族、政治家、作家。
⑤ Baltasar Gracián（1601－1658），西班牙耶稣会信徒、巴洛克散文作家。
⑥ Manuel Machado（1874－1947）和 Antonio Machado（1875－1939），均为西班牙诗人。

——总之，我们可以认为达里奥、卢贡内斯和哈伊梅斯·弗莱列都是诗歌内部的解放者，可以这么说。

——是的，我相信是这样，而据卢贡内斯说，第一个必定是达里奥。

——确实如此。

——我相信现在无人怀疑这一点，对吗？也正是因此他显得有些陈腐了；正因为他是第一个革新者……在埃德加·爱伦·坡的影响之下，当然。真是奇怪，坡是美国人，生于波士顿，死于巴尔的摩，但他抵达我们的诗歌却是因为波德莱尔翻译了他。

——的确是这样。

——因为否则的话，事情就不会是那样了。所以这三个影响，在某种意义上都是法国的影响。

博尔赫斯不相信一个人格化的神性

奥斯瓦尔多·费拉里：很多人到现在依然在问——因为大家对此的印象有时是肯定的，有时是否定的——博尔赫斯信不信上帝。

豪尔赫·路易斯·博尔赫斯：如果上帝指的是我们中间某种向善的事物，是的；如果人们所想的是一个个体的存在，不，我不相信。但我相信一个道德的命题，我不知道是不是属于宇宙的，但是属于我们每一个人的。但愿我们也可以像威廉·布莱克那样，加上一个审美的命题和智性的命题。但这就涉及个体了，我不知道是否关乎宇宙，是吗？我记得丁尼生的那句诗："自然，血红的獠牙和利爪"——因为人们总在谈论仁慈的自然，丁尼生才这么写的。

——您刚才说的，博尔赫斯，证实了我对于您在信还是不信上帝这方面可能是矛盾的印象，它必定与上帝是正义还是非正义的可能性有关。

——我相信只需要向宇宙投去一瞥就能看到，确凿无疑，正义并未统治。在这里我想起阿尔玛富埃尔式的一首诗：

"我用精美的艺术向每一条

爬虫播撒爱抚，我不信正义必行

当痛苦统辖四方。"

然后，在另一首诗里，他说："只要正义／但最好什么也别要。"因为要求正义即是要求很多，是要求太多。

——然而您也承认，在世界上存在着图书馆的幸福和别的许多幸福。

——是的，当然。我要说幸福，呃，可以是一时的，但常常会有，比如说，连我们的对话之中都会发生，我相信。

——还有一个深层次的印象，姑且说，大体而言，每个诗人都有此世以外的彼世的概念，因为在诗人所写的文字之内似乎总有某种事物，将我们送往一个超越这写作偶然提及之物的所在。

——是的，但那超越也许是由写作，或是由引发写作的情感投射出来的。也就是说，那个彼世，或许是人类的一个美丽的发明。

——但我们可以说在所有的诗歌里都有一种向着另一事物的接近，超越了用以写作的词语，也超越了它所涉及的事物。

——另外，语言和万物的复杂性相比是十分贫乏的。我相信哲学家怀特海说到完美辞典的悖论，即，假设辞典中记录的所有单词可以穷尽现实这一理念。对此切斯特顿也曾写过，说认为人类意识的所有细微差异，其浩瀚远胜于一座森林，可以装进一个叽哩呱啦的机械体系，这种假设是荒谬的——它们大概会成为一个股票经纪人口中的词语。那是荒谬的，然而，人们仍在谈论完美的语言，这些语言被设想为非常之丰富，而所有的语言都是十分贫乏的，如果跟我们的意识相比较的话。我相信在史蒂文森的某一页里，他说十分钟里发生的事就超出了莎士比亚的全部词汇（笑），我相信那是同一个理念。

——是的，话说，在您漫长的写作生涯中，您曾经提到过，神圣的以及超自然的事物。在我们的一次对话里，您也曾经赞同过，穆雷纳有关美可以传递一个超凡真理的话。也就是说，您似乎承认超然的存在，却没有冠之以上帝的名字，没有称之为上帝。

——我相信不把它称为上帝更妥当一点。如果我们把它称为上帝的话，思考的就是一个个体了，而那个个体会神秘地成为三个，根据三位一体的学说——对我来说是不可思议的。相反，如果我们用别的词语——也许不那么精确，或者不那么生动——便可以更接近真相，前提是假如这种对真相的接近是可能的话，对此我们也同样一无所知。

——正因为如此，博尔赫斯，人们可能会认为您虽不称呼上帝的名字，但在日常现实以外仍对另一种现实拥有一种信仰，一种感知。

——问题是我不知道这现实是不是日常的。我们不知道宇宙是属于现实主义的类别还是幻想的，因为如果像唯心主义者所相信的那样，一切都是一个梦，那么，我们所说的现实本质上就是梦幻的……叔本华曾谈到过"本质"（梦幻的显得很迂腐，对吗），我们可以说："生命如梦的本质"。是的，因为"梦幻的"已经暗示了某种悲伤的事物，比如心理分析（笑）。

——另一个问题，除了信仰或信仰的缺失以外，从广义的角度是您把爱视为一种能力还是一种实现人生的必要力量。

——我不知道它是不是必要的，但它是不可避免的。

——我指的不是人们可以交付给彼此的爱，而是人们接受或不接受的爱，如同接纳空气或光一样，一种，归根结底，超自然的爱。

——我有时候，可以这么说，神秘地心怀感激。尤其是当我得到某个最初的念头的时候，它随后会成为一个故事或一首诗，我会有收获了什么东西的激动之感。但我不知道这样"东西"是由什么或谁给我的，或者它是不是出于我自己，对吗？叶芝秉持大记忆的学说，他认为一个诗人拥有很多经验并无必要，既然他早已继承了父辈、祖辈、曾祖一辈的记忆。就是说，它会以几何级数倍增，将人类的记忆继承下来，它必将被揭示给他。话说，德·昆西[1]相信记忆是完美的，就是说，我本已拥有我感受过的一切，我从儿时起想到过的一切；但必须要有一个合适的刺激才能找到这记忆。我们是这样的……比如说，突然间一个人听到一段音乐，吸入一阵香气，于是他便得到了一份记忆。他心想那或许就是，呃——他原来是基督徒——那可能是最后审判所用的那本书，可能是每一个人的记忆之书。这本书或许可以领我们上天堂或下地狱。但无论如何，这种神话对于我是格格不入的。

——真奇怪，博尔赫斯，看来我们永远都是通过记忆来说话的。我们的交谈有时让我想到两段记忆之间的交谈。

——事实上正是这样，因为，假如我们是某种事物……我们的过去，那是什么？我们的过去不是一本传记可以记载的，或几份报纸可以提供的东西。我们的过去是我们的记忆。而这记忆可能是一

---

[1] Thomas Penson De Quincey（1785 - 1859），英国散文家。

段隐藏的记忆，或是错误的，但这并不重要：它就在那里，不是吗？它可能会说谎，但这谎言，说到底，也已是记忆的一部分了，是我们的一部分。

——既然我们已经谈到了信仰或信仰的缺失，在我们这个时代有一件事在我看来是十分奇怪的：您知道多少个世纪以来，人们始终在苦恼着——无论是在新教的西方还是天主教的西方——为他的救赎还是非救赎的两难之境，为灵魂救赎的问题。我要说的是，新的世代甚至不思考这个，甚至不把它当作两难之境。

——在我看来这是相当严重的，对吗？问题是一个人……可以这么说，这意味着人们没有道德的本能或意识，不是吗？此外，还有一个倾向——不止是倾向，是习惯——就是以结果来评判一个行为。在我看来这是不道德的，因为当一个人做一件事的时候，他明知自己的行为是善还是恶。至于一个行为的后果，它们分岔，倍增，到最后或许会互相抵消。我不知道，比如说，发现美洲的结果是坏还是好，因为有那么多的……此外，就在我们对话的同时它们仍在增长，仍在倍增。因此以结果来判断一个行为，是荒谬的。但人们往往是这么做的；例如，一场比赛，一场战争，所有这一切都是以成败来评判的，而不是依照它在伦理上是否正义。至于那些结果，正如我说的，它们不断倍增以至于，或许随着时间的推移，会互相抵消，然后再一次回归不平衡，因为这个过程是持续不断的。

——随着救赎或非救赎的理念的丧失而来的，是善与恶，罪与非罪的理念的丧失。就是说，对事物有一种不同的看法，不包含先前的世界观。

——人们思考的，可以这么说，全都是当下之事，不是吗？都在想着某件事是不是有利。人们这样思考，大致而言，就仿佛不存在未来一般，或是仿佛除了极近的未来，不存在别的未来一般。他们根据那一刻的好处来行事。

——这极端的即时性也即时化了我们，甚至可以说卑微化了我们——它令我们卑微无用。

——是的，我完全同意您的观点，费拉里。

论爱

奥斯瓦尔多·费拉里：在您的各种诗篇和故事里，博尔赫斯，尤其是在《阿莱夫》之中，爱是主题，或者说是故事的驱动因素，可以这么说。值得注意的是对女性的爱在您的作品中占据了极大的空间。

豪尔赫·路易斯·博尔赫斯：是的，但在这篇故事里并非如此，这篇故事里会出现一件不可思议的事物：阿莱夫，随即留下了它或许是一个幻觉的可能性——因此那个看到阿莱夫的人才会动情——又有什么主题能够胜过一个他曾经爱过，却不曾回应这份爱的女人的死呢。此外，在我写这篇故事的时候，故事中名叫贝亚特丽斯·维特尔博的人刚刚死去。

——实有其人。

——是的，实有其人，这对我写故事很有帮助，因为我当时也感受到了这份情绪，她也……从来没有留意过我。我当时可以说爱上了她，这对故事很有用。仿佛一个人要讲述某件不可思议的事，他原本就必须有一次情感经历似的。就是说，阿莱夫的观者不可能是随便哪个人，不可能是一个随便的观者，他必须是某个动情的人。这样我们才会接受这份情感，然后才会接受阿莱夫的奇迹。于是我就这么做了。另外，我也记得威尔斯说过的话，威尔斯说假如有一件奇幻的事的话，它最好是故事里唯一一件奇幻的事，因为读者的想象——尤其是现在——一次接受不了很多的奇幻之事。例如他的那本书《世界之战》，讲的是火星人的一次入侵。这本书写于十九世纪末，在那段时间里又写了另一本书《隐形人》。话说，在这些书里，所有的情节，除了外星生物的入侵这一主要事件——当时没有任何人想到过的一件事，现在我们看来是可能的——和一个隐形人以外，全都是平凡而琐碎的情节，以帮助读者的想象，因为读者现在总是心怀疑虑。但尽管已经把它发明出来了，威尔斯肯定否决了——认为难以执行——隐形火星人入侵本星球的想法，因为这实在过于离奇了。当今的科幻小说就犯了这个错误，奇思异想堆得再多，我们依然一个都不相信。于是，我想到：在这个故事里一切都必须是……琐碎平常的，我选择了布宜诺斯艾利斯最灰暗的街道之一：加拉伊街，安置了一个可笑的人物：卡洛斯·阿根蒂诺·达耐利；我以一个姑娘之死的情节开始，然后引入那个中心事物即阿莱夫，那才是保留在记忆中的东西。人们相信这件事物是因为之前陈述了一系列可能的事物，一个证据是我在马德里的时候，有人问我见没见过阿莱夫。那一刻我惊呆了，跟我讲话的那个人——肯定不是一个非常敏锐的人——对我说：怎么回事，您都告诉我们街道和门牌号码了。好吧，我说，还有什么事情比写上一条街的名字加一个号码更容易的？（笑）这时他看着我，对我说："啊，所以您从来没见过。"立刻对我鄙视起来。他意识到了，嗯，我不过是个骗子，是一个文人而已，那就不必在意我说的话了（两人都笑了）。

——是您杜撰出来的。

——是啊，几天前相似的事情又发生在我身上了：有人问我有没有特隆、乌克巴尔、奥比斯·忒底乌斯百科全书[1]的第七卷。当时，我应该说有的，或是借出去了，但我却犯了错说没有。啊，他说："那么这全是骗人的喽。"嗯，骗人的，我对他说，您或许可以用一个客气一点的词，或许可以说虚构吧。

——如果我们继续这样下去，想象和幻想随时会被取缔的。

——的确如此。但您刚才正要说什么事情被我打断了。

——我对您说的是所写之初下面的那份情感，这里指的是我们在柏拉图式传统中发现的东西，本身是创造性的，尽管在这个时代

---

[1] La enciclopedia de Tlon, Uqbar, Orbis Tertius，见博尔赫斯小说《特隆、乌克巴尔、奥比斯·忒底乌斯》。

人们并不这么看：也就是说，爱已经被降格——不同于那种通过爱情让人升华的柏拉图式传统——而成为一种两性彼此相遇的一个景象，几乎纯粹是仅此而已，两性。

——是的，已经降格到这个地步了。

——诗歌已被移除了。

——是的，人们试图从所有地方移除诗歌，上星期我在不同的地方被问到……两个人问了我同一个问题。那个问题是：诗歌有什么用？我对他们说，死亡有什么用？咖啡的味道有什么用？宇宙有什么用？我有什么用？我们有什么用？这种问题问得太奇怪了，不是吗？

——从功利的角度看待一切。

——是的，但我觉得在诗歌这方面，一个人读一首诗，如果它值得的话，他定会接受它，激赏它，受到感动。这一点非同小可：被一首诗所感动不是小事，那是我们应该感激的事。但似乎这些人并非如此，似乎他们读了也是白读。这是说如果他们读过的话，这我也不知道。

——倡导的不再是生活的诗歌意识，而是社会学的意识，心理学的……

——还有政治的。

——还有政治的。

——是的，当然，于是人人都认为诗只有起到一定作用才是好的。

——功利。

——是的，功利，没用的话就不要。似乎一首十四行诗的存在，或一朵玫瑰的存在是不可理解的。

——不可理解，但它们仍会长存下去，无论这场去圣化和去诗化的时尚多么流行，可以这么说。

——但即便如此我也相信诗歌不会有任何风险，不是吗？

——确定无疑。

——假设有风险的话大概是荒谬的吧。在这个时代另一个很平常的想法，是身为一个诗人现在意味着某种特殊的东西，因为人们会提问：诗人在这个社会和这个时代有什么功能？嗯，永久的功能就是：作诗。这不可能改变，它与政治或经济的环境没有任何关系，绝对没有。但人们并不理解。

——我们回到功利主义的问题。

——是的，人们总是从功利的角度来看。

——这就是您不久前对我说的：一切都是从成败这方面，从获取所求之物与否这方面来看的。

——是的，似乎所有人都忘记了吉卜林在一首诗里说成功和失败是两个骗局。

——当然。

——他说人必须认识和面对它们。显然是这样，因为没有人像他以为的那么失败，也没有人像他以为的那么成功。实际上失败和成功都是骗局。

——确实。现在，说回爱这个话题：在诗人之间爱仍然是一条进入诗歌的途径，或一条道路。

——它理应是如此，它愈是延伸到更多的人或更多的事物就愈是如此，当然。它不是必须的：只要我们相信一个人——这信仰维护我们，升华我们，也可以引领我们抵达诗歌。

——我记得奥克塔维奥·帕斯曾经说过与各种时尚相对，与它在社会上造成的各种风险相对，诗人始终捍卫着爱。我相信这是真实的。但将我们分离的另一个传统，在柏拉图式传统以外，是犹太基督教的传统；它将爱设想成为家庭或社会本身的形态或结构。

——看来这个时代已经背弃了爱的所有版本，对吗？看来爱是某种必须辩护的东西，这非常奇怪，因为没有人会想到为大海或一次日落，或一座山辩护，这些根本不需要辩护。但是爱，它是某种比这些事物私密得多的东西，依赖的仅仅是感官而已，爱似乎是这样的：很奇怪，它现在竟然需要辩护了。

——是的，但我在提到爱的时候，想到的是它对您的作品的影响，作为灵感的来源，也作为贯穿您很多故事和诗歌的线索。

——我相信我一生中始终在爱着，从我记事起，永远在爱着。但是，当然，借口或主题（**两人都笑了**）从来不是同一个。一直是，可以这么说，不同的女人，她们每一个都是独一无二的。这是理所当然的，对不对？

——当然。

——因此她们改变容貌或名字是无关紧要的，重要的是我感觉她们都是独一无二的。我曾经想过也许一个恋爱的人看着那另一个人就像上帝看着她一样，就是说，以可能的最好方式看着她。一个人恋爱就是在他意识到另一个人是独一无二的时候。不过，或许对于上帝来说所有人都是独一无二的。我们可以扩展这个理论，我们可以实行某种"归谬法"：为什么不假设，以同样的方式，我们每个人都是无可否认地独一无二的，或者相信他是无可否认地独一无二的。为什么不假设对于上帝来说每只蚂蚁，比方说，都是一个个体呢。我们感知不到这些差异，但上帝感知得到。

——每一个的个体性。

——是的，哪怕是一只蚂蚁的个体性，又为什么不可以是一棵植物，一朵花的呢；或许也可以是一块石头，一块巨岩的。为什么不假设每一件事物都是独一无二的——我有意选择了最不起眼的例子：每一只蚂蚁都是独一无二的，每一只蚂蚁都参与到了这浩瀚而不可分解的冒险，即宇宙的进程，即天地万象之中了。为什么不假设每一个都在为其目的服务呢。我大概写过某一首诗就是表达这个意思的，但在八十五岁上我除了重复自己还能做什么呢，对不对？或者是尝试一些变体，其实也是一样。

——当然，可贵的变体。但如果这样来看，博尔赫斯，正像您说的，爱可以成为启示的一种形式。

——是的，那是一个人向另一个人表露自我的时刻。马塞多尼奥·费尔南德兹说过他……怎样说得正经些呢……说性行为是两个灵魂在互致问候。

——多精彩啊。

——华丽的短语。

——显然他已经达到了一种对爱的深刻领悟。

——是的，他对我说这是一个问候，是一个灵魂对另一个的问候。

——自然在这种情况下，理所当然的，爱在性之前。

——当然，很对，是这样，因为性大概只是媒介之一。别的可能是，我不知道，词语，或一个眼神，或者某件共有的东西——比如说一阵沉默，一次共同看见的日落，是吗？它们也可以是爱的形式，或是友情的形式，当然那其实是爱的另一种表达。

——所有这一切都是非同凡响的。

——是的，另外也可能是真实的，有着可能是真实的美好危险。

——苏格拉底主张要成为爱的专家，作为智慧的一种形式。自然，他指的是从爱中升华的洞见，柏拉图式的洞见。

——是的，理解。

与阿尔丰索·雷耶斯的友谊

奥斯瓦尔多·费拉里：一段时间以来，我很想与您，博尔赫斯，谈谈两个墨西哥作家。其中之一非常亲近阿根廷，还有您，我相信，是阿尔丰索·雷耶斯，另一个是奥克塔维奥·帕斯。

豪尔赫·路易斯·博尔赫斯：说奥克塔维奥·帕斯的话我没有多少权威性，我没有读过他的任何作品，我对他有极好的私人记忆。我们来谈谈阿尔丰索·雷耶斯吧。

——非常好。

——我是在维多利亚·奥坎坡①的庄宅里认识他的，我相信是在圣伊西德罗。我见到阿尔丰索·雷耶斯，立刻想到了另外一个墨

---

① Victoria Ocampo（1890–1979），阿根廷作家，西尔维纳·奥坎坡的姐姐。

西哥诗人，想到了奥东①，我记得他那句诗："我望着你的背影，就忘了你的容颜"，然后是"去他的记忆和遗忘"②。这像是阿尔玛富埃尔忒式的，不是吗？这时，阿尔丰索·雷耶斯告诉我说他认识奥东，奥东经常去他父亲雷耶斯将军家，后者是在墨西哥革命期间被杀的。一场和我的祖父，弗朗西斯科·博尔赫斯十分相似的死亡，他是在米特雷投降后被杀的，一八七四年。在拉维尔德，阿尔丰索·雷耶斯告诉我说他见过很多次奥东，当时我很惊讶，因为一般人想到作家时想到的是书。一般人不会想到那些书的作者也是人，竟然有人可以认识他们。我对他说：但您是怎么认识奥东的呢？雷耶斯立刻给出了恰当的引文，那是布朗宁的几行诗，对我说："Ah, did you once see Shelley plain?"③这是同样的情形：一个人惊讶于竟然有人认识雪莱，而我惊讶于他竟然认识奥东。但这一引文的发现，呃，是他的一个私人发现，多奇怪啊！在日本小说中，宫廷里的人有一个习惯，当他们想要说什么的时候，他们并不直说出来，而是引用一句诗——中国或日本的——置于他们想说的话之前。这样他们就间接地说出了那些事情。另一个优点是立刻就能分辨出对方引述的是哪首诗。于是雷耶斯，在我们交谈的最初几个词语里，从我的"但您是怎么认识奥东的呢"，跑到了"ah, did you once see Shelley plain?"布朗宁的"Memorabilia"（"纪念"）。随后，从那一刻起，

① Manuel José Othón（1858 – 1906），墨西哥诗人、剧作家、政治家。
②奥东《十四行诗之六》(*Sonetos VI*)，原句为："去它的记忆与遗忘！／仍依稀看得见你，却已忘了你的容颜；／只是，唉，我望着你的背影／望见的是那远遁而永久逝去之物。"
③英语："啊，你是否亲眼见过雪莱一面？"

我们便成了朋友，并且……他真把我当回事。我还不习惯别人把我当回事。我相信把我当回事或许是一个错误。无论如何，错误从此蔓延开来了，但在那个时候这对我来说很是新鲜。我们成了朋友——此外，布朗宁这个伟大的名字，还有那句恰到好处的引文，已经把我们连在了一起——他请我到坡萨达斯街的墨西哥大使馆吃饭（他每个星期天都请我吃饭）。他就在那里，他的妻子，他的儿子和我。我们一直聊到深夜，"till the small hours"，就像英语里说的那样，"直到凌晨时分"，对吗？我们谈论文学，最好是英语文学，我们也谈论贡戈拉。我不同意，完全不同意，他所宣扬的贡戈拉崇拜，但背过贡戈拉的很多诗文。我们谈论文学……我带他去见里卡尔多·莫利纳利，他想要见雷耶斯。我们离开的时候，莫利纳利对我说："这是我一生最快乐的一夜。"当然，这是一句老生常谈，但在那一刻是真的，"我见到了阿尔丰索·雷耶斯"。确实，他见到了他。后来我也跟弗朗西斯·路易斯·贝纳尔德兹一起去看他。但我是那个带他们去见别人的人。随后雷耶斯创办了一份刊物名叫《普拉塔手册》（*Cuadernos del Plata*），他请我合作，我回绝了他，后来他回复我，为我对他说的话而遗憾：莱奥波尔多·马雷夏尔和弗朗西斯·路易斯·贝纳尔德兹在这份刊物上合作了。我是贝纳尔德兹的好友，跟马雷夏尔认识很浅，但我知道他们是民族主义者，我不想在一本民族主义者发表东西的刊物上发表东西，因为人们很容易混淆一切，可能还会说我已经皈依民族主义了。雷耶斯对我说他很遗憾我就这样缺席了，但是——当然，他的原话并非如此——这（我不在这份刊物上发表东西）丝毫不曾影响到我们的友谊。后来，他出版了我的一本书，一本他原本应该拒绝，而我现在努力去忘记的书。它名叫《圣马丁札记簿》，西尔维纳·奥坎坡为它画的插图，我相信。

——献给沃利·泽纳[1]的？

——不，有一首献给她的诗，仅此而已。不，这本书不是献给任何人的，不是的。有一首诗是献给沃利·泽纳的，一首相当差劲的诗，我后来把它删掉了，因为它真的并没有给她带来尊崇，可能还让我蒙羞了，不是吗？非常，非常差劲。

——（笑）但是您告诉我说阿尔丰索·雷耶斯不但关心您和支持您，在一定程度上，对别的作家也很关心。

——当然。

——包括马塞多尼奥·费尔南德兹。

——关于马塞多尼奥·费尔南德兹，我带去了文本。雷耶斯对马塞多尼奥一无所知，但他为《普拉塔手册》而接受了它们。就这样他出版了马塞多尼奥的这本书，这本马塞多尼奥并不希望出版，

---

① Wally Zenner（1905－1996），阿根廷诗人。

而被我，呃，"偷"来的书。我跟阿尔丰索·雷耶斯一起检查了校样。那本书就是《近作集》，是马塞多尼奥出版的第一本书。他并不想出版，告诉我说他写作是为了帮助思考，但他不认为他写的东西有任何文学价值。他把这事当作自己思维的辅助。其中很多都是信件，是他的戏笔之作。他不喜欢公开发表这样一个理念，认为那是一个错误。后来，在马塞多尼奥去世多年以后，我读了一部艾米莉·狄金森的传记。在这本传记里，她说出版不是一种文学命运中必要的部分，一个作家不出版亦无不可。好吧，也许她是对的。我记得一个类似的例子，英国最伟大的诗人之一的例子，非常说明问题：约翰·多恩，我相信他几乎什么都没有发表过。他写诗或是讲经布道，这些都以手稿的形式四处流传。但我相信他没有发表过任何东西，不过我可能是错的。在狄金森这方面，她一生中发表过，我相信是四五首诗，其余的一切都是在她住所的抽屉里找到的。而赫尔曼·梅尔维尔最好的故事之一，"比利·巴德"，我相信您曾经告诉过我是在他办公桌的一个抽屉里找到的。梅尔维尔没有想过把它发表出来，尽管他出版过很多书，当然。不过，现在，我注意到人们总想要发表，或者不如说，想要把写作当成一种达到公众地位，晋阶的手段。事情就是这样；似乎很不可思议——在别的时代这大概是无法理解的——但现在事情就是这样：人们觉得嘴说的或手写的都不真实，但印出来就是真实的。真相是印刷出来的东西赋予了事物某种确定性，不是吗？阿尔丰索·雷耶斯曾对我说："我们出版是为了不用花一辈子修改草稿。"也就是说，出版一本书是为了摆脱它；这就是发生在我身上的事。证据是，我的书一旦出版了，我不知道评论是否定的，还是肯定的，我不知道书是否有销路。这一切都是……书商的事，抑或是编辑的事，但不是作者的事了。

——您抛弃了成功的念头，通过印刷文字传播名声的念头。

——是的，另外这是很自然的事，因为一个作家几乎是无关紧要的，或者说无关宏旨。我记得阿尔图罗·坎塞拉曾经对我父亲说过："我的对头说我卖了很多自己的书，目的是诋毁我；因为这样我就沦为流行作家，也就是坏作家了。但事实是卖得很差。"事实是卖得很好，但他不喜欢说卖得很好。因为一个作家，理所当然是应该为少数人而写的。那些斯特凡·乔治的诗——我知道雷耶斯的一位好友，恩里克·迭亚兹·斯·卡奈多的卡斯蒂语译本——写道：诗篇，"属于稀有之精英的稀有奖赏"。斯特凡·乔治取的是亨利·詹姆斯的一个意象，那意象来自詹姆斯的一本书，书名是 *The Figure in the Carpet*，《地毯上的图画》。说的是一个作家将自己的作品与一块波斯地毯相比较。这块地毯，乍看像是一团混乱；随后，细看之下才看得出其中有一个图案，由此便知在他的所有作品里也有一个图案——自然，亨利·詹姆斯并未揭示那是什么——而在最后一幕里，故事的讲述者，一个批评家，在一个房间里，地板上有一块波斯地毯，前后左右都是那位大师的书籍，他心想马上就要发现那个被作者故意隐藏的图案是什么了。我曾经跟雷耶斯讲过这个故事。我跟雷耶斯讲过那么多事情！有一件他或许渴望的事，是结识里卡尔多·圭拉尔德斯，而他们始终未曾相识。他写了一首有关这场

157

困局的诗，在一种理想的意义上，那正是一种相遇。在这首诗里，雷耶斯有一个非常优美的短语来说那道栅门，就在原野的中央。他说原野是如此辽阔，指的是平原——作家们将它翻译成为"潘帕斯草原"——在两边就是在外面。很优美，还有点魔幻，不是吗？在栅门两边，在平原上，一个人就是在外面了。雷耶斯在这首献给圭拉尔德斯的诗里调用了这个意象。

——有一个非常重要的特征，博尔赫斯，是您跟阿尔丰索·雷耶斯共有的。如果我们回想"日晷"，或是"阿纳瓦克的景象"，或是他的那首诗，"库埃纳瓦卡的荷马"的话。

——我不知道这首诗，但知道"日晷"。我记得题铭是："日晷，谦逊地呈现时辰。"这很不错，是吧？没有钟声，没有任何种类的噪音。"谦逊地呈现时辰"……还有一本选集……我不知道是否提到了，或者说多萝西·塞耶斯是否提到了，日晷上的铭文。有一行经典诗句，是："我只列数清晰的时辰。"美极了，因为它指的是幸福的时间。还有另外一句题词，是这么说的："It is later than you think."——时间比你想的更晚——刻在英格兰一座花园的日晷上。其中有着些许的威胁，不是吗？"更晚"，仿佛死亡在威胁读者一样。"时间比你想的更晚"，就是说，你离死亡更近了，我猜想，对不对？

——有另一首跟这一切有关的诗：《太阳石》，但那首属于奥克塔维奥·帕斯。

——我不知道那一首，但我相信《太阳石》指的是一架日晷，对不对？

——当然，是阿兹台克的太阳钟。

——是那个，显而易见。"太阳石"，一个极好的题目，是吗？

——您与阿尔丰索·雷耶斯的共同之处，是全都……

——我们都有对文学的热爱，一切文学的热爱。

——显而易见。

——话说，当然了，他读过的书远比我多，他教了我……多不胜数的事情，是的。他心怀对荷马的崇拜。对我来说要欣赏《伊利亚特》是很费劲的，除了最后几个诗章以外。然而，我把《奥德赛》读了又读，而由于我不懂希腊语，这一点，在某种意义上是一个优势，因为这让我阅读了《奥德赛》现有的许多译本。同样我对阿拉伯语的无知让我阅读了《一千零一夜》的六七个译本。因此既然在这种情况下，不妨将语言忽略，一本书有好几个译本可读。忽略语言，我就是这种情况，指的是希腊语、阿拉伯语，或许是世界上几乎所有的语言，因为一个人能够知道的是非常少的。

——只是由于时间的因素，博尔赫斯，我们必须停止这次播音了。

——我想要补充一句阿尔丰索·雷耶斯对维多利亚·奥坎坡的称赞，他说"有朝一日人们会谈论维多利亚时代的"，指的是她。

——太妙了。

——是的，好得很，没错。这是一个玩笑，但却是一个礼貌的玩笑，一种致敬。

东方、《易经》与佛教

奥斯瓦尔多·费拉里：有一个人，一本书，您或许会记得，博尔赫斯，还有一首您的诗，那个人将它呈现在了他从中文经由德文转译成卡斯蒂语的那本巨著的第一页上。我指的是《易经》，大卫·沃格尔曼，和您的诗"为一册《易经》的译本而作"。

豪尔赫·路易斯·博尔赫斯：是的，沃格尔曼翻译了威廉[①]的德语译本。我在英国汉学家阿瑟·韦利的一部著作里读到，威廉曾受到指责说没有译出确切的意义，尽管他译出的是孔子的同时代人赋予《易经》的意义。但韦利说这是威廉有意为之的。显然，他并没有翻译卦象，那些完整的或断开的线，只译了释义。事实上，正是释义构成了此书，而非图象。尽管人们也将释义用于占卜的目的。在一部庄子的译本里，那些释义被称作（中文的）"翼"，它并非——

---

① Richard Wilhelm（1873-1930），德国汉学家、神学家、传教士，汉名"卫礼贤"。

在这种情况下——置于页末或卷尾，而是以不同的字体穿插在文本之中的。在"变化之书"[①]里有一段威廉的注解，他说，据中国人说，一切过程或一切事物有可能以六十四种不同的形式发生。我要说这是一个相当节制的计算，那数字必定大于六十四。因此，一个人，比如说，想要启程去旅行，一个人开始一段友情或爱情，一个皇帝打算发起一场战役，都会将《易经》这本书随便翻开，看自己碰上了六十四种形式中的哪一个。显然六十四对应了那些卦象可能呈现的形式的总数，并且不可能超过六十四。有一些卦是六条完整的线构成的，另一些是六条断开的线，还有一些是由断开的或完整的线以各种样式互相穿插构成的。每一卦都有一个相当武断的道德诠释；例如，我相信有一段起首是这么说的："此线暗示一个人走在一只老虎身后。"[②]呃，这是不可能的，不是吗？（笑）另外，在其他释义中就不说一个人走在老虎之后或之前了。

——就如同在希腊似乎始终是柏拉图和亚里士多德两者择一那样，在中国似乎始终是在孔子和老子之间，他们象征着两个完全不同的世界观的路向。

——是的，尽管人们总是想要调和他们，例如，我相信某本道家的书里讲过孔子和老子谈话，他在离开时说"吾乃今于是乎见

① *Libro de las Transformaciones*，即《易经》。
②或指《易经》履卦。

龙"①，并说唯有此言方能解释此次会面。然而，在我看来这明显是假的，这是庄子的书里说的。

——但这非常有趣。

——是的，但一定是假的。另外，孔子这么说是非常奇怪的，身为一个与老子完全相反的思想家。我们甚至不知道他们是不是同一时代的。

——是庄子想把他们联系起来。

——我相信是这样，并且想要让这种联系有利于老子而不是孔子。"Confucio"这个词我相信是耶稣会士发明的。应该是"el maestro Kong"或"Kung"，但他们赋予了它这个拉丁语的形式：Confucio，并且一直沿用至今，对不对？

——近年来——或许与您赴日本的旅行有关——您似乎与东方的文化和信仰更亲近了。

——呃，其实一直是这样的。我相信我们所谓的"西方文化"，并不完全是西方的，因为，归根结底，我们在毕达哥拉斯和斯多

①见《庄子·外篇·天运》。

葛学派方面就有东方的影响。然后，一个事实，我们的文化在某种意义上，就是希腊人（姑且这么称呼他们吧）的对话和《圣经》的对话——后者的多元性并不逊于希腊人，因此那些书是由不同的人在不同的时代写的，彼此之间差异极大。例如，《传道书》显然不可能是《约伯记》的作者写的，更不可能出自《创世纪》的作者之手。

——很奇怪：就在我们谈话的同一个电台，沃格尔曼和穆雷纳在他们生命——两人的生命——的最后阶段，也开展过或许可以被读到的人称为秘传之语的对话，因为那些对话组成一本书出版了。

——我从来不知道穆雷纳对这些主题也感兴趣。我以为他是一个十分现实主义的小说家。

——他非常感兴趣，并且已经变成了一个专家，就像沃格尔曼一样。

——我也不知道沃格尔曼这方面。

——在那些对话中他们谈论了律法书[①]、道、《易经》、印度教、哈西德派等等。

---

① Torá，即《旧约全书》的首五卷。

——是的，我没听说过，但是，当然了，我知道的也是——就像他们一样——二手或三手的，但不管怎样人必须要知道那些事情。知道第三手的东西总好过一无所知，不是吗？

——如果您同意的话，博尔赫斯，我想要读一下，您的这首短诗："为一册《易经》的译本而作"。

——可以，这首诗曾由沃格尔曼阅读并修改过。我记得他曾经向我指出其中一行诗比较差，而我对这行诗已经无能为力了，但他敦促我去修改它，我相信他也参与了修改，颇有效果。我必须为此而向他致谢。

——而他则将其呈现在了他的《易经》的第一页，您知道它是世界这一边我们所有的最佳版本：沃格尔曼的翻译。

——他取自威廉，是不是？

——是的。

——当然，是这样。

—— 如果可以的话，我要读您的诗了。

——好，有何不可，但我不确定我理解得了（*两人都笑了*）。当然，我受邀来作一篇序章，我就勉强写了这个主题。但我不知道我究竟在说什么，看看吧……

——"未来之无可挽回恰如那／坚硬的昨天……"

——呃，这是宿命论的理念，我相信。

——"恰如那／坚硬的昨天。没有一件事物／不是一个无声无息的字母／写在不可破解的永恒经文里／时间是它的书卷……"

——这是卡莱尔的理念，据他说宇宙的历史是一本书，我们被迫要无尽无休地阅读与书写。然后他又补充说——这就已经很可怕了——"我们也在其中书写自己"。就是说，我们不仅在书写和阅读，而且我们就是这文本里的字母，因为我们每一个人，无论多么低微，都是这个名叫宇宙历史的浩瀚密码系统的一部分。总之，我用宿命论的教条开始了这首诗，是吗？现在，我不知道，我要说或许将来是不可挽回的，但过去则不然，因为每一次我们回想起某件事我们就改变了它——凭借我们记忆的贫乏或是丰富，依看法不同而定。所以我不知道。

——在遗忘和记忆的游戏之中。

——是的。为什么不从头开始呢，再来一次？

——干吗不呢。"未来之无可挽回恰如那 / 坚硬的昨天。没有一件事物 / 不是一个无声无息的字母 / 写在不可破解的永恒经文里 / 时间是它的书卷……"

——卡莱尔，显而易见，是的。

——"时间是它的书卷。离家的人 / 早已回返……"

——嗯，说得很不错，不是吗？

——不仅如此，或许，很自然地，还能得到一个佛教徒的赞赏。

——而且，这话是用一种略微有点惊人的方式说的，对不对？因为它不说"他知道自己将要回返"，不，它说的是他离开时已经回返，就像是一个魔法的举动。而这魔法的暗示并不让人困扰，而且还有一个其他诗句没有的美学上的优点。

——这一句后面是一个理念，反过来表达同一个意思……"我们的生命 / 是未至的也是行过的路径。"

——"是未至的也是行过的路径"。现在我要提一提我最喜爱的作家之一，就是奥斯卡·王尔德。奥斯卡·王尔德说，而且他很可能是相信的——无论如何，他在那一刻是相信的——每一个人，在他生命中的每一刻，都是他曾是的和他将是的一切。话说，这对于王尔德来说是可怕的：这就意味着他，在他的得意之时，幸福之时，就已经是那个身陷囹圄的人了。而与此同时，这也意味着，当他身陷囹圄时，他仍是先前那个幸运的人。

——《道连·格雷的肖像》的作者早已是《瑞丁监狱之歌》和 *De Profundis* [①]的作者了。

——是的，这个可以说声名狼藉的人，原就是那个被热爱与喝彩的人。而且，我们每一个人都是那个曾经的早已被遗忘的孩子，不是吗？又是那个长者，或许，也是他死后的名声——如果有的话。

——继续读您的诗："无物向我们道别。无物离我们而去。/ 不要放弃。感化院[②]一片黑暗，/ 坚实的牢笼由无尽的铁铸成……"

——这一行就是沃格尔曼让我修改或改进的。因为"无尽"很好，

①拉丁语"出自深处"。《出自深处》为王尔德 1897 年入狱时写给友人，英国作家、诗人道格拉斯（Lord Alfred Douglas，1870 - 1945）的书信集。
② Ergástula，古罗马囚禁危险奴隶或惩戒奴隶的机构。

是吗？如果说"坚强"，或"坚固"大概就无力了。但"无尽"很有力，因为它呈现出铁是某种持久的东西，某种活的东西。仿佛铁就是，呃，时间就像是铁的长河。

——"但在你囚房里的某个转角／也许有一个疏忽，一道裂缝，／这条路像箭一样致人死命／但在那些缝隙中是神在潜藏。"

——现在我想起来了沃格尔曼作出贡献的地方是感化院，因为我从来没有见过"感化院"这个词，我一直在寻找它，结果它恰恰正是我想要的。话说，据福楼拜说——但这是他的一个私人理论——悦耳的词语永远是最恰当的。不过我允许自己去怀疑，或许它看起来最恰当是因为它是悦耳的。不然的话就会很奇怪，不是吗？

——我不知道您是否留意，博尔赫斯，在别的任何诗歌里您都没有像这首诗里那样把神说得那么具体。而且，您还说神在潜藏着。

——是的，不过……也还是有作一首十四行诗的需要嘛（笑），需要用一种有效的方式来结束它，"神"这个词毋庸置疑是有效的。也有这原因，是的。

——或许您记得汤因比曾经说过，二十世纪最重要的事件之一是佛教抵达了西方；佛教为西方人所知。

——嗯，这是正在发生的事了。在美国，在巴西有佛教寺院；在许多西方国家有退隐的，佛教禅修的地方。我记得有一本书——但只记得书名——是《中国人发现西方》，或《中国人发现欧洲》，大概是反向的吧，是吗？人们总认为是欧洲在不断地发现东方——人们总想起马可·波罗，想起十字军东征，想起《一千零一夜》这本书，想起十九世纪发现了印度和中国的哲学，如今仍在继续。最近刚刚发现了日本文学。这一切都是一个游戏的一部分，要让我们忘记自己是东方人还是西方人，要将我们合为一体。或许我们文化的来源有好几个。

——或许最终，抑或是划时代的，到二〇〇〇年，会实现东西方世界观的当代结合，归入将两者合为一体的第三者之中。

——是的，它或许已经从基督教开始了，在那里，当然了……呃，中世纪应该就是亚里士多德和《圣经》的众多作者的一场和解，不是吗？

——是。博尔赫斯，我们刚才回忆了，沃格尔曼，《易经》，东方与西方，您近年来对东方世界的亲近。

——是的，我愿意对它了解得更多一些，当然。在我的藏书里有一种是论罗摩衍那的，是两卷本；我想找个懂德语的人把这本书读给我听。是的，我一直对东方很感兴趣——源于《一千零一夜》，也源于读到阿诺德①的一首有关佛陀传说的诗。

---

① Matthew Arnold（1822－1888），英国诗人、文化批评家。

论梦

奥斯瓦尔多·费拉里：今天我想要说回一个主题，博尔赫斯，是您早已在书籍、诗歌和谈话里涉猎过的：梦的主题。我记得您的《梦之书》，还有您的诗篇"梦"，我想要朗读一下。我也记得您，就在最近，已将写作的行为与做梦等量齐观了。

豪尔赫·路易斯·博尔赫斯：是的，还有活着与做梦的行为也是。是唯心主义的哲学，当然。现在，说到写作的行为，我记得阿迪逊[1]的一篇文章，载于 *Spectator*[2]，大致是在十八世纪中叶，他在文中说当我们做梦的时候，我们在同时是剧院，演员，戏剧和作者；我们在同一刻是所有的一切。而这个意象也见于贡戈拉，他说：

---

[1] Joseph Addison（1672－1719），英国散文家、诗人、剧作家、政治家。（原文作 Allison，疑误。）
[2]《旁观者》，阿迪逊与爱尔兰作家、政治家斯蒂尔（Richard Steele，1672－1729）创立的日报或日刊。

"梦，表演的作者，它风筑的剧场里，时常披着影子，身形曼妙。"
这"时常披着影子"被何塞·比安科[1]用作了他一本书的书名。那
么，假如说做梦这件事是一种戏剧的创造，那么梦大概就是最古老
的文学类别了吧。甚至在人类之前，因为——像一个拉丁诗人提到
的那样——动物也会做梦。而且它会成为一个戏剧性的事实；成为
一出戏，人在其中是作者，是演员，也是建筑——是剧场。也就是说，
一到夜里，所有人在某种意义上就都成了戏剧家。

——我们同时既是作者也是演员，因为做梦者会分裂成梦景中
的表演者。

——是的，我们每天晚上都会成为这一切，就是说，每个人都
拥有这种审美的才能，特别是戏剧性的才能，也就是做梦的才能。
现在，这就是我身上发生的事：显然——因为我已经，很不幸，过
了八十四岁——我已经对我的梦了如指掌。因此，很久以来，当
我做梦的时候，我就知道我在做梦。这有时是很可怕的，因为我总
担心发生可怕的事情。但我也学会了识别以及，用某种方式，驯服
我的噩梦。例如，最常见的噩梦，对我来说，是迷宫的噩梦。迷宫
有不同的场景：可能是我们对话的这个房间，可能是——很多次都
是——墨西哥街的国立图书馆大楼，一个我非常喜爱的地方，我曾
经担任过很长时间的图书馆长。而无论我身在世界上哪个地方，我

---

[1] José Bianco（1908 – 1986），阿根廷翻译家、作家。

总会梦见我在蒙塞拉特区，特别是梦见那所坐落在墨西哥街上的图书馆，在秘鲁街和玻利瓦尔街之间。我的梦总是发生在那里。于是，我梦见我在任何一个地方，然后，出于某种动机，我想要离开那个地方。我设法逃走并再次发现自己在一个一模一样的地方，或是同一个地方。就这样，如此反复多次，于是我就知道这是迷宫的梦了。我知道它会永无止境地重复下去：那个房间将永远是一样的，隔壁的房间也一样，隔壁的隔壁也是。于是我说：嗯，这是迷宫的噩梦，我要做的就是尽力去触碰墙壁，我试图去触碰它，我做不到。实际发生的是我其实动不了胳膊，但我梦见自己动了。经过一段时间我才醒来，花费了一番努力。或者如果没醒的话——这种情形也很常有——就是梦见我醒了，但却是在另一个地方醒来的，那也是一个虚幻之地，一个梦的所在（笑）。

——我猜想您也会辨认出老虎、刀剑和镜子的梦吧。

——镜子认得出，但对于刀剑和老虎，不行。这我梦见了很多年，不再梦见了，那些事物已经失去了它们的力量，已经失去了它们的恐怖。

——但它们却在您的"私人宇宙"里反复重现。

——是的，在我的文学里面，但不在噩梦里，噩梦是……迷宫。确切而言，说到迷宫，我不久前刚去过克诺索斯的宫殿，它应该就是克里特岛的迷宫，因为若是有两座几乎是无限的建筑，彼此靠在一起，迷宫和宫殿，而迷宫却已经消失了，这大概是非常奇怪的吧。

——如果您同意的话，我想要读一读您的诗"梦"，让我们来评析一下。

——好吧。我完全不记得这一首了。

——没关系，我会背诵给您听的。

——嗯，很好，我肯定会后悔写下了它，毫无疑问。

——（笑）"当午夜的时钟挥霍着／一种慷慨的时间，／我将比尤利西斯的桨橹行得更远／

去到梦的国度，人类的记忆／无法企及的所在。／从那被湮没的国度我救回／我仍未领悟的残余……"

——当然，人类的记忆无法企及是因为，有可能，在回想一个梦的时候人已经在修改它了。就是说，或许梦的世界是完全不同的。一个英国作家认为梦并不是连续的。但因为人有这个习惯，因为人活在时间里——它是连续的——在回想它时人便赋予了它一种叙事的，连续的形式。或许梦并非如此，或许人在做梦的时候，一切都以某种方式是内在的，或同时的。我们继续吧。

——继续念下去："简化植物学的草，/ 略有些异样的动物，/ 和死者的对话……"

——"简化植物学的草"，因为我想象我梦见的植物都是相当模糊的，对不对？（笑）

——"实际上是面具的脸，/ 极为古老的语言的文字"……

——当然，"实际上是面具的脸"因为他们仅仅是表面，既然在这些面孔背后根本就没有谁；他们只是面孔而已。因此，在我的另一首诗里，我说到"只有一个侧面的鹿"，因为那是我看到的一侧，在另一侧什么也没有。

——"有时是一种恐怖 / 与白昼可能带给我们的无法相比"……

——是的，我相信噩梦有一种特别的味道，跟人醒时感觉到的那种恐怖不太像。这可能是，地狱存在的一个证据，证明人会瞥见某种事物，超乎人类的所有经验。

——这理论似乎有点道理。

——是的。

——在您诗的最后一部分，您说："我将是众人或无人。我将是那个 / 是我而不自知的另一个人，他见过 / 那另一个梦，我的醒觉。他细察， / 看淡并微笑。"我被那不可思议的分裂打动了，它就发生在做梦者与梦中表演者之间。也就是说，同一个人梦见了自己。

——确实如此，是的。我写过这首诗么？看起来是的，不是吗？因为我已经完全忘记了。

——毫无疑问，是您的诗。

——好吧，就算是吧，为什么不呢。而且也还不坏。

——绝对不坏，是棒极了。您可能还认为美——我们前几次已经谈过了——在梦中比醒时更易为人的感性所企及。如果我们思考的是原型的完美，柏拉图也设想它们在梦中更为清晰。

——呃，我会说美和恐怖也是，因为梦包括了噩梦。

——确实。

——但它们会是两种完美，或两种强度。尽管也有倦怠的梦。

——现在我想起西尔维纳·奥坎坡的一首诗，诗中有一句是这么写的："以美和恐怖为指引"。

——很好：美和恐怖，两者皆有。

——两者合而为一。

——是的，两者都可以是刺激物——对于诗人来说万物都应该是刺激物。他所有的经验都应该是刺激物。在《奥德赛》里有一段写道众神降灾祸于人类，为的是让后世有东西可以颂唱。这大概是一种诗意的说法，说的正是马拉美用一种较散文式的方式讲述的东西："一切为了写进一本书"。但在我看来荷马的意象更胜一筹："人的世代"，然后是"颂唱的事物"。相比之下，"一切为了写进一本书"似乎是一个纯粹文学的想法，对吗？而且有点散文化。但想法是同一个，就是一切都是因一个美学的理由而发生的。现在，我们或许可以将这个想法扩展到众神，或上帝；我们或许可以假设，一切发生不是为了让我们痛苦或是快乐，而是因为一切都有一份美学的价值——由此我们或许就有了一种新的神学，基于美学之上。总之，可能会有很多东西从这一思考中产生出来。

——当然。现在，我想到我们所做的思考的另外一个延伸：如果我们阿根廷人——像我们在其他几次播音中对这一可能性思考的那样——是"欧美人"的话，因为我们都来自欧洲……

178

——我相信这是毫无疑问的，无论怎样，我都很少想到潘帕斯草原，想到瓜拉尼人①（尽管据说我有一丁点瓜拉尼血统）。但，归根结底，我根本不在乎这点，对不对？

——如果一个阿根廷人祖先有，比方说，三十代在欧洲，有两三代或四五代在阿根廷，在他的记忆里……

——嗯，我祖先有很多世代——一方面我有很多世代在这个国家——但是，当然，这些世代并不特指美洲人，他们是被放逐的欧洲人。就像我们所有人一样，我相信。

——无论怎样，美洲的世代应该比欧洲的世代要少一些，很自然，因为全都来自欧洲。

——嗯，当然，要少得多。

——总之，我的猜想是在阿根廷人的记忆里，在他的梦里，他可能以一种特定的方式在梦想着欧洲，就是说，通过一份祖辈的记忆，其中或许铭记着欧洲所有时代的梦。

---

① Guaraní，巴拉圭的印第安部族。

——另外，还有我们始终在想着欧洲这个事实；我们阅读着欧洲的书籍，就是说，我们的想象更欧化，相比阿劳坎人①而言，比如说，后者一点都不欧化，对不对？（笑）

——是的，不去管源自北美洲或日本的创新……

——其实北美洲也是我们这样的情况。北美洲也可以说是被放逐的欧洲。只有很少数北美人是"红皮人"，甚至连这些红皮人也不怎么保有自己的文化了……他们所有的是一种欧洲的文化，不是一种自有的文化。

——我的意思是如果欧洲长存于我们之中，必定是以某种方式长存于祖辈的记忆之中，因此而长存于梦中。

——在梦中，在祖辈的记忆里，也在我们的日常经验里，因为我们的日常经验更像是欧洲，相比于，呃，平桑②或卡特里埃尔③可能有过的经验，对不对？

——是的，因为即使我们将美洲世界联合起来——如果我们可以定义一个美洲世界的话，在这样那样的意义上它也是一个综合的

① Araucana，智利和阿根廷的印第安部族。
② Pincén，阿根廷科尔多瓦省（Córdoba）一地区。
③ Catriel，阿根廷里奥内格罗省（Río Negro）一城镇。

欧美世界，因为有一个不可否认的欧洲部分汇入了美洲土地之中。

——我会走得更远。我要说的是美洲这个理念不是印第安人的理念，它是一个欧洲的理念。一个证据是这样的：例如，一旦美国完成了所谓的"The Winning of the West"（赢得西部），在这里则是对沙漠的征服，便有了友好的印第安人这种印第安部落。也就是说，他们没有了两个种族之间的战争这种意识。科里奎奥的印第安人，卡特里埃尔的印第安人都是友好的印第安人，他们与其他的印第安人交战。他们也没有将这当成——像日后我们所见的那样——两个种族的战争。不，这些印第安人必定是效忠于某一个领袖的，这个领袖是基督徒的朋友。

——除了墨西哥或秘鲁这类国家，在那里两个种族之间的战争在两个种族的结合中消解了，逐渐形成了第三个种族也就是如今这个。在秘鲁或墨西哥。

——是的，我猜想事情就是这样。但我不知道墨西哥文化或阿兹台克文化，或是秘鲁的印加文化，会延续多久。作为古董延续下去，仅此而已。无论如何，比这里更长久一些。

——比这里更长久一些，然而……

——但也长不了多少，是吧？

——但在那里大概有一种实在的，不是想象的种族共生，在西班牙人与印第安人之间。

——是的，大概是吧。

——跟阿根廷有所不同。

——当然了。但这是他们的事。

有关里卡尔多·圭拉尔德斯

奥斯瓦尔多·费拉里：博尔赫斯，近日来，我总是将五月二十五日跟一个人的回忆联想到一起，一个我们大家都十分敬爱的人。我说的是里卡尔多·圭拉尔德斯。

豪尔赫·路易斯·博尔赫斯：是的，很容易联想到。

——非常宝贵，记忆犹新，甚至是官方的记忆，因为他的著作在学校里几乎是强制阅读的。

——我不相信这对于一个作家来说是合适的。我曾经跟一个意大利人交谈过，他对我说他在学校里被强迫去学习但丁，很自然，所有的强制阅读都是劳而无功的，他很不喜欢。多年以后，他重读了但丁，发现好得很啊。所以我不知道强制阅读是否合适，无论如何，我不喜欢我的书是被强制阅读的，强制和阅读是两个互相矛盾的词，因为阅读应该是一种乐趣，而一种乐趣不应该是强制的；它必须是某种自发地追求的东西，没错。

——确实。话说，您始终是怀着愉悦回忆圭拉尔德斯的，但您提到他更多是作为朋友而不是一个作家？

——这是因为我拥有的私人记忆比阅读他的回忆更加鲜明。

——这是圭拉尔德斯这方面。

——在圭拉尔德斯这方面，是的，当然。话说，我曾在某一首易于遗忘也已被遗忘的十四行诗里指出，他的礼仪是他的仁厚最直接可见的表征。呃，我现在要补充一点，恰恰是这个词，"礼仪"，让我想起了《堂塞贡多·松布拉》[1]。因为在以往几乎所有曾经涉猎过加乌乔的作家，选择的都是萨米安托[2]称之为，呃，坏的加乌乔，匪徒，那一类型里的一种。固然阿斯卡苏比曾经歌颂加乌乔说："阿根廷和东岸乌拉圭共和国的加乌乔，歌唱与战斗着，直到推翻暴君罗萨斯和他的党羽。"呃，阿斯卡苏比大概是把他们当作统一派军队里的士兵来回忆的吧，或是属于东岸共和国的红党[3]，在他歌唱

---

① *Don Segundo Sombra*，圭拉尔德斯 1926 年发表的小说。

② Domingo Faustino Sarmiento（1811－1888），阿根廷作家，政治家，阿根廷第七任总统（1868－1874）。

③ Partido Colorado，乌拉圭一政党。

卡甘查①的胜利的时候。但阿斯卡苏比随后，在《两生花》里，却把他们写成了匪徒并且很奇怪地，使用了"恶人"这个词——在人们期待"匪徒"时用了恶人这个词。在《马丁·菲耶罗》②之中，当然，他是一个匪徒，此外又是一个逃兵，一个杀人犯。呃，印第安人大都是如此……在爱德华多·古铁雷斯的小说里，他选择的人物：黑蚂蚁，巴里恩托斯兄弟，莫雷拉，也是各式各样的匪徒。相反，圭拉尔德斯，他想要强调加乌乔是和平的人，是安静的人，是有礼貌的人。他选择了堂塞贡多·拉米雷斯·松布拉，监工，圣塔菲人，有自己的"布省"农庄，在布宜诺斯艾利斯省。呃，这是新鲜事物。现在我留意到另外一件事：当我结识圭拉尔德斯的时候，他问我——这几乎是他向我提出的第一个问题——我懂不懂英语。话说，在那个时候，懂英语是一件有点稀罕的事情。现在不是了，现在全世界多少都懂一点，猜也猜得出来，这是以前发生在法语身上的事。他问我是否懂得英语，我对他说多少懂点。"多么幸运啊——他对我说——可以阅读吉卜林的原文。"现在，我相信在他说到吉卜林的时候——他读过他的法语译本，因为他不懂英语——他想到的是吉姆③。很奇怪，因为吉姆和堂塞贡多·松布拉的设定大致来说是一样的。就是说，是透过两个朋友的眼睛窥看到的一个社会，一个国家，在两人之中，其一是一个上了年纪的人，一个老人，可以是《吉

---

① Cagancha，乌拉圭圣何塞区（San José）一小河，1839 年 12 月 29 日，乌拉圭军队在此战胜入侵的阿根廷军队。
② *Martín Fierro*，阿根廷作家埃尔南德兹（José Hernández，1834 – 1886）的长诗。
③ Kim，吉卜林的同名小说的主人公，全名叫吉姆博·奥哈拉（Kimball O'Hara）。

姆》里的喇嘛，在圭拉尔德斯的小说里是牧牛人堂塞贡多·松布拉；另一个则是一个男孩。那也是之前在马克·吐温的《哈克贝利·费恩》中出现过的同一个模式。现在，当然，透过《堂塞贡多·松布拉》我们看到了布宜诺斯艾利斯省，我要说不是圭拉尔德斯写这本书那时候的，而是圭拉尔德斯童年的布宜诺斯艾利斯省，因为人人都理解这一切发生的时间，我不会说非常久远，我会说是在很久以前。所以在《吉姆》里我们有喇嘛和男孩（吉姆博），在《堂塞贡多·松布拉》里有叙述者，一个来自圣安东尼奥德阿莱科的男孩和牧牛人堂塞贡多。所以说情节都是一样的。话说，显然在《堂塞贡多·松布拉》背后是布宜诺斯艾利斯省那种相当平静的生活：农庄，畜群，穿插着几段克里奥尔的轶事。而相比之下，在《吉姆》背后则是辽阔而丰饶的印度，对不对？（笑）但在两者之中都有一个社会是透过年岁相差很远的两个朋友的眼睛窥看到的。

——但是，既然您提到了辽阔，我倒想起从来没有人用里卡尔多·圭拉尔德斯那种神秘感谈论过潘帕斯草原。

——我曾问过圭拉尔德斯为什么用"潘帕斯"这个词，在平原上从来不是这么说的，还有加乌乔这个词。他说："因为我是写给布省人看的。"显然，他知道在平原上没人会讲"潘帕斯"，而"加乌乔"是一个，呃，相当轻蔑的词，不是吗？

——但是，您是否同意他赋予平原的维度是绝对原创性的，相对于以往其他作家所采用的维度？他从一个神秘的视角来观照它，一个对于这个国家的人来说是净化的视角。一种新生的领域，可以这么说。

——是的，但我不知道是不是这么回事。布宜诺斯艾利斯省现在的居住者是，呃，西班牙或意大利的种植者……我不知道他们是否因平原而特别地净化了。

——他（圭拉尔德斯）说平原……

——平原在所有国家都是一样的。例如，我曾经到过俄克拉荷马州和布宜诺斯艾利斯省，毫无疑问，呃，如果我去过潘帕斯草原的话也应该是一样的。相反，山区则不然：每座山都是不同的，对不对？例如，比利牛斯山脉不像阿尔卑斯山脉，阿尔卑斯山脉不像落基山脉。落基山脉是有点像山脊①。不，但它们也是不同的。相比之下，所有地方的平原都是一样的。

——然而，圭拉尔德斯特别强调了这些话：在这种平坦土地的表象之中，在无物突起之处，有过一千个意外，第一眼是看不见的。但既已知晓，便可以开始欣赏，和珍视了。

_____

① Cordillera，指南美洲安第斯山脉的山脊。

——这就是向导知道的事情，是的。话说，一目了然的景观是平原上的人感觉不到的东西，因为，当然了……这就是《马丁·菲耶罗》的优点之一：它从不描述平原，然而，人们感觉得到，不是吗？

——确实。

——"来时总是睡意朦胧 / 无论谁从沙漠里归来 / 看我是否解释得清 / 面对这般古怪的人群 / 是否在感受吉他之际 / 我可以从梦中苏醒。"

"当他们越过边境 / 在一个清亮早晨 / 克鲁兹叫他回望 / 那些最后的村庄 / 菲耶罗两行热泪 / 顺着脸颊流下。"

最后的村庄，最后的定居所，再后面就是荒野，游牧的印第安人在其中四处巡猎，不同于加乌乔，后者是定居的。不过，我们应该再多谈谈圭拉尔德斯；圭拉尔德斯待我非常之好。此外，令我如此惊讶的是他对我很重视，我不知道我对此是否已经习惯，我相信还没有。我最近在克里特岛被授予了博士学位，我很惊讶，心想："真奇怪，我来到一个国家，在这里有一所大学的人给我学位，哎呀，真是慷慨之极而又错误透顶的人啊。"圭拉尔德斯也是这样，当我通过布朗丹·卡拉法结识他的时候。他住在圣马丁街的一家酒店里。我不记得酒店的名字了，它位于科尔多瓦街和弗蒙特街之间，不知道叫什么名字，我在那里认识了圭拉尔德斯。我是通过布朗丹·卡拉法使的一个花招认识他的。是这么回事，布朗丹·卡拉法来找我，

188

告诉我说他一直在跟巴勃罗·罗哈斯·帕斯还有圭拉尔德斯谈论办一本刊物的可能性，它应该成为那个时代文学青年的代表：我说的是……我不知道，一九二五或二六年，我的日期是非常模糊的。他说他们三人达成了共识，说："不，那本刊物不可以没有博尔赫斯。"我实在是受宠若惊。随后，他就带我去了圭拉尔德斯住的酒店。我认识了圭拉尔德斯，圭拉尔德斯对我说："我真是受宠若惊，我知道您一直在跟布朗丹·卡拉法商量，认为一份青年的刊物不能没有我。"

——《船艏》①就这样创刊了。

——《船艏》就这样创刊了。随后，很快巴勃罗·罗哈斯·帕斯也来了。他对我说："我真是受宠若惊。"于是我看着布朗丹，对他说："是的，我们一直在跟布朗丹，跟里卡尔多·圭拉尔德斯商量，我们认为一份青年的刊物不能没有您。"（笑）总之，凭借着这个……布朗丹·卡拉法的善意谎言，我们四个人成了朋友，创办了《船艏》这份刊物。不过，显然也付出了一点小小的代价：我们一共四个人，我们每个人都必须掏出五十比索。刊物就这样诞生了，花费了两百比索，印了两百份。所以说生活在那时候是有一点不同的。我跟圭拉尔德斯很相投，他跟我一家人关系都很好，我记得有一次，他到我家来吃午饭，我母亲提醒他说他走时忘了拿他的吉他——他弹得很好，而且唱起来就跟乡民一样。这时，圭拉尔德斯说："呃，

① *Proa*，创办于 1922 年的文学期刊。

这遗忘是有意为之的。我告诉过你们，我很快就要去欧洲了，我希望我有一样东西可以留在这所房子里。"随后，他轻轻地留下了吉他。我们家里一直珍藏着里卡尔多·圭拉尔德斯的吉他，前来看我们的人常会拿它来弹，因为那时候有很多人会弹吉他，现在没有这样的事了。

——现在我更了解您谈论他时所说的那种礼仪的风貌了。

——是啊，这是一种非常微妙的特质。

——确实。

——话说，我记得曾经见识过圭拉尔德斯的书房，我记得那两间屋子：一间是法国和比利时象征主义者的著作，还有卢贡内斯的全部著作。因为圭拉尔德斯崇拜卢贡内斯，我们这代人都是这样的。我们对他略有抨击是为了捍卫这种崇拜，好让别人不那么注意卢贡内斯施加于我们的吸引力。而在书房的另一间里，所有的书都是神智学的。比如说，有布拉瓦茨基夫人的书。全都是法语书。我跟圭拉尔德斯谈起一件有关德国人的事，但圭拉尔德斯怀有……保留着一九一四年战争中的那些偏见，认为："当然，德国人，方脑袋，他们理解得了什么。"苏尔·索拉尔和我一再告诉他说，例如，在佛教方面几乎所有的研究都是德国作家完成的，都是白费口舌。他不承认德国人。这样一种概念，这种概念对应的是这第一场欧洲内战，如今叫做世界大战，正是一九一四年到一九一八年那场。话说，我记得圭拉尔德斯的礼仪，还有他的反讽。然后，是对友谊的崇拜。例如：他是一个如今差不多已经被遗忘的法国作家瓦莱里·拉尔博[①]的好友。那时候，一说起保罗·瓦莱里，他就假装以为大家讲的是——如果只说瓦莱里的话——瓦莱里·拉尔博（笑）。于是就必须跟他解释说那是保罗·瓦莱里，而他就说："啊，那个俗气的人。"但那并不是出于对保罗·瓦莱里的敌视，而是出于对瓦莱里·拉尔博的忠诚。因此《堂塞贡多·松布拉》里有一个雇工就名叫瓦莱里奥，因为它就仿佛是圭拉尔德斯对瓦莱里·拉尔博的一个问候。

——现在听您谈论圭拉尔德斯在诸如神智学和神秘主义这类主题的涉猎很是有趣。

——他对神智学很感兴趣。

——因为在某种意义上，他最终将它应用到了我们的风景之上。

——的确是这样。

——您看，在他的《小径》（*El sendero*）这本书里显而易见应

---

① Valery Larbaud（1881－1957），法国作家。

用了它。因此我前面谈到了他赋予潘帕斯草原的维度，他很可能是把这些神智学和神秘主义的知识应用在我们的风景之上了。

——是的，这是一个合理的解释。现在我知道他对此很有兴趣，在《堂塞贡多·松布拉》里有一章，我相信他告诉我说这章讲的是堂塞贡多为一个被鬼附身的人驱邪，是吗？他又补充说："呃，在堂塞贡多微不足道的可能性之内我不能走得更远了。但我相信恶灵附身这事。"他对此深信不疑。当然，他不是天主教徒，但对于神秘性，尤其是印度的神秘性，他的兴趣非常之大。这事的一个证明是他的遗孀，阿德里娜·德尔·卡里尔，曾经移居孟加拉并在那里生活了十年，还领养了一个从印度带来的男孩。

——在他的另一本书里，您大概记得的吧，一本他年轻时写的书：《拉乌乔》（*Raucho*）里，他……

——我相信《拉乌乔》有点自传性质，是吗？

——是的，里面有一种对抗——大概可以这么看——在美洲风尚和欧洲风尚之间：《拉乌乔》发现了欧洲，随后又重新发现了——但是在发现欧洲之后——自己的大陆。

——是的，"被和平钉上了十字架"，我相信这本书最后是这么说的，对吧？

——"在他永远的故土。"

——"在他永远的故土"，对，我记得这本书，话说，圭拉尔德斯坚持要以一种有点激进的方式，使用高卢风格。有的地方甚至相当丑陋：例如，"孵化"①我相信并不是太美。他使用了它们，但他这么做差不多是作为一个挑战，因为他不希望像他说的那样——他和他妻子都说："啊，某某人是加里西亚化的②。"这话被用在了奥约拉，抑或里卡尔多·罗哈斯这样的作家身上；也就是说，他们使用西班牙语辞，而他不想使用它们。尽管，当然了，他们也不用，呃，专业地说是属于南美的词语。但我相信如果一个阿根廷人自发地写作的话，他是不会写得像西班牙人一样的，因为……我们离他们如此遥远，根本没必要刻意去当阿根廷人，因为本来就是，不是吗？如果一个人刻意去当的话——就像我起初想做的那样——那种做作立刻就会显现出来的。

——重要的应该是自然。

——我相信是这样。我相信理所当然地，我们跟西班牙人并不相像，因为西班牙人总爱用强调和感叹语。而阿根廷人或乌拉圭人则倾向于英语中所谓的"understatement"，也就是说，与其过多宁

---

① Eclosionar，源自法语"éclore"。
② Galleguizante，加里西亚（Galicia）为西班牙西南部沿海地区。

可不足，对不对？

——的确，以一种清醒的形式……

——还有另一件事：我相信西班牙人总想要感叹，想要惊呼。相比之下阿根廷人则倾向于叙述或解释，而不是感叹。

——尽管会突然陷入中性，但却是冷静的中性。

——是的，冷静的中性，没错。我相信感叹，它也呈现在音乐里：西班牙音乐——尤其是安达卢西亚的音乐——是一种哀诉的，感叹的，呼喊的音乐。相比之下，呃，我曾经和路易斯·加西亚这样的民间歌手交过朋友，那种唱歌的方式更像是单调的吟唱：英语中所谓的"sing song"，不拉高音的唱法。

——话说，在认识圭拉尔德斯这方面始终存在着一种不公正的拖延，因为如果您记得《死亡与鲜血的故事》（*Cuentos de muerte y de sangre*）的话……

——不过，《死亡与鲜血的故事》我相信并不值得被提起。

——但这些故事是非常有价值的，很精彩。或许您不喜欢这标题，但请回想一下，也许您还记得这些故事？

——不，我不记得了。我曾经试着去阅读《牙买加》(*Xaimaca*)，也失败了。圭拉尔德斯还认为《牙买加》是他最好的一本书呢。我记得他送书给我母亲，我不知道是《堂塞贡多·松布拉》的手稿还是校样，第二天早上，我母亲给他打电话。"您觉得这本书怎么样？"里卡尔多问我母亲。我母亲对他说："我讨厌克里奥尔的故事，不过，昨天晚上我一直读到了凌晨两点。""这么说的话，"圭拉尔德斯说，"它必定是'好的'。""是的，我相信是这样。"我母亲对他说。随后这本书出版了，并大获褒奖：卢贡内斯的文章对这本书颇为赞赏，对吧？

——但那时圭拉尔德斯就快要去世了，是不是这样？

——嗯……圭拉尔德斯没过多久就走了。真是奇怪，就像是一种戏剧效果一样，不是吗？我说：突如其来的荣誉——此前圭拉尔德斯一直是，呃，失败的典型——随后那本书付梓出版，被卢贡内斯捧上神坛。圭拉尔德斯去巴黎，做了一个肿瘤手术（他患有咽喉癌）就死去了。我不记得他死于哪一年，我相信是一九二七年。

——二七和二八年之间，我相信。

——我相信那是二七年，因为《堂塞贡多·松布拉》出版于一九二六年，是圣安东尼德阿莱科的科伦坡书局发行的，后来它搬迁到奥尔蒂古埃拉街去了。

——但里卡尔多·圭拉尔德斯身上似乎有一种特质，我们也曾在卢西奥·曼西利亚①这样的人身上看到过。那就是：平原，巴黎的沙龙，伟大的探戈舞者，您告诉过我他很可能是……

——我相信是的。而另一位，肯定也十分重要，是《拉莫洛恰》（*La Morocha*）的作者，萨波里多——恩里克·萨波里多。我是萨波里多的朋友，他不是痞子，他是一位绅士。他是蒙得维的亚人，但在海关工作，在这里，在布宜诺斯艾利斯，他留下了两首著名的探戈：《拉莫洛恰》——卡列戈曾经提到过——和《费利西亚》（*Felicia*）。

---

① Lucio Victorio Mansilla（1831－1913），阿根廷将军、政治家、作家。

论幽默

奥斯瓦尔多·费拉里：曾经有过各种各样的猜测，博尔赫斯，有关您的幽默的来源：您文学中的幽默和您在各类事物中的幽默是从哪儿来的。比如说，有人认为是萧伯纳，有人认为是塞缪尔·约翰逊①或其他人。

豪尔赫·路易斯·博尔赫斯：我从不知道我有幽默，但似乎是有的吧。我相信这是一个非常迷信的国度，足够让一个开口反对这些迷信——迷信多得是——的人被当成一个玩笑了。我相信人们为了不严肃对待我说的话，便指称我为幽默。但我相信我并不幽默，我相信我是一个简单的人，想什么就说什么——这往往和很多偏见相冲突——人们便设想我是在开玩笑。于是，我的名声就安全了……而我抨击的东西也安全了。例如，不久前我发表了一篇文章：《我们

①Samuel Johnson（1709－1784），英国作家、诗人、文学批评家、词典编纂者。

的伪善》，我在文中所说的话完全是严肃的，但却被认为是在开一系列机智的玩笑，因此对我大加赞扬的恰恰正是我刚刚抨击过的人们。

——它们通过幽默而被转变成毫无攻击性的东西了。

——是的，我相信是这样。不过，同时幽默又是我钦佩的品质——尤其是别人的。现在，就我而言，我已经不记得自己的任何玩笑了。

——不过，遵循约翰逊博士的传统，比如说。

——这我记得，幽默以及尤其是机智。但似乎很难……很难界定那些东西，最显而易见的东西恰恰正是不可能定义的，因为定义就是用别的词语表达某样东西：那些别的词语可能没有被定义的东西那么有表现力。此外，根本性的事物是不能定义的，因为您该如何定义，比如说，咖啡的味道，日落那愉悦的忧伤，或是一个人可能在早晨感受到的那种，肯定是虚幻的希望呢。这些事物是无法定义的。

——它们无法被定义。

——话说，如果是某种抽象事物的话，的确是可以定义的。您可以给出一个多边形的确切定义，比如说，或是一个会议的，这些事物都可以被定义。但我不知道您可以将一场牙痛定义到何种程度。

——但您却可以定义幽默的缺乏。在我们这个国家，比如说。

——啊，那倒是，幽默的缺乏以及庄重，这是我们的一种恶，对不对？它表现在这么多事情上面。例如，很少有哪国的历史会像阿根廷的历史那么简短——不过才两个世纪——然而，也很少有哪国的人民会如此疲于应付纪念日，国定节日，骑马的雕像，对已故名人的平反。

——还有积怨。

——还有积怨，没错。很可怕，显然这一直在变本加厉，当然。

——您有时将阿根廷的历史描述为非常残酷的。在那些基本特征之中您着重指出的是残酷性。

——我相信是这样。我今天在读警方公布的一份对近年杀人犯罪的统计，看来，从一个相当晚近的日期开始，每年都有更多的罪案发生。但这是与，当然……贫穷相对应的，越穷的人越是容易成为罪犯。

——而且这也是一个时代特征。

——暴力，是的。

——很不幸……

——是的，但我相信这种道德上的罪行有一个经济上的根源。

——是。至于幽默，我曾经对您说过我相信您始终钦佩的，如果不是幽默，也是一个像萧伯纳或约翰逊那样的人的反讽。

——是啊，当然，这是毫无疑问的。

——两者身上都有的那些特质又如何定义呢？因为它们都很特别，也非常典型是出自英国人的才智。

——嗯，对于两人来说，这种反讽都植根于理性之中，我相信，对不对？也就是说，它不是任意的。对我个人而言，格拉西昂①所谓的机智是令我生厌的，因为它尽是文字游戏，而文字游戏玩的仅仅是词语，也就是惯例。相反，幽默却可以施加于真正的事实之上，而不仅仅在一个音节跟另一个之间的相似性之上。

---

① Baltasar Gracián（1601－1658），西班牙教士，巴洛克作家、哲学家。

——确实。英国人的幽默，没错，的确是非常合乎理性的。

——非常合乎理性，但，尽管如此，却有某种幻想的东西……我相信在机智和幽默之间，尽管幽默批评的是真实的事物，却总有某种幻想的东西在幽默之中，在我看来，不是吗？总有一个幻想的、想象的元素，它在反讽之中，或者在机智之中是不存在的。

——啊，当然。

——是的，所以有一种寓言的成分，一种梦幻的成分；某种非理性的东西在幽默里面。而且又是某种略近于魔法的东西。大概差别就在这里吧。可惜此时此刻我想不到一个例子，不过，因为我思考过这个主题，我希望我现在主张的结论是成立的。

——其实，在某种意义上，您就是例子。因为不同于卢贡内斯，玛耶阿和其他很多阿根廷作家，人们在他们身上感知的，很不幸，是一种幽默的缺乏，相反您却营造了幽默。

——卢贡内斯曾经偶尔尝试过，但结果并不如意，可以这么说。例如："那个家庭教师，一个完全等腰的苏格兰瘦女人，靠着肥胖的婆婆。"显然有一个幽默的企图，但结果却相当令人沮丧。

——不会有太多的怀疑……

——等腰这个词是有趣的，对不对？这更契合一幅漫画而不是一个真实的形象，后者是卢贡内斯想要勾勒出来的，顺便说一句。我不记得卢贡内斯有其他什么机智的尝试，然而，格鲁萨克倒是有过，那反讽是显而易见的。例如，我们看到他在那场论辩中说道："出售一本某某……呃，博士写的小册子，对它的传播可能是一个严重的阻碍。"（笑）显而易见，不是吗？谁会买啊？

——既然我已经着重提到了塞缪尔·约翰逊，我记得您曾经说过在英格兰，要选一个全民族的作家，那选择大概应该落在他身上。

——嗯，我会说是约翰逊，华兹华斯……不过，我可以提一本奇异的外国的书，有名得多的书；可以说如果有一个规定要求每个国家都由一本书来代表的话，在这种情况下，这本书大概就是《圣经》了吧。《圣经》，无人不知，合并了希伯来语、希腊语的文本，它们都注入了英语之中。但现在这些文本构成了英语的一部分。一段《圣经》的引文在卡斯蒂语或法语中可能是迂腐的，或者可能无法立刻被辨别出来。相反，英语口语却充满了《圣经》的句子。而我，当然，我的祖母——她的家族出自卫理会的传教士——把《圣经》全背下来了。无论您引用《圣经》里的哪一条短语，她都会告诉您"《约伯记》，某章，某行"等等，或是《列王纪》或《雅歌》。

——谨记来源，可以这么说。

——是的，她每天都读《圣经》。另外，您知不知道在英国每个家庭都有一本《圣经》，而空白的页面，就是最后几页，记载着这一家的编年史。比如婚姻、生育、洗礼、死亡等等。这些家里的《圣经》还具有法律上的价值，可以在诉讼中使用。比如说，法律承认它们是正式的文件：例如，family Bible（家庭圣经）里记有此事。而在德国，另一个总体上的新教国家，有一个形容词：bibelfest，意思是"牢记圣经"，就是说背得出《圣经》。同样的事，像您记忆的那样，也发生在伊斯兰教之中，教中的人们都会背诵《古兰经》。我相信著名的波斯诗人哈菲兹的名字意思就是"记忆之人"，就是能够背诵《古兰经》的人。

——某种意义上的记忆大师。

——是的，某种意义上就是弱版的富内斯①（两人都笑了）。

——或是您自己。

——怎么会？

_____

① Funes，博尔赫斯的小说《记忆大师富内斯》（ *Funes el memorioso* ）的主人公。

——您在布宜诺斯艾利斯的一份报纸上就被称为"记忆大师"。

——说起富内斯，我不是一次而是好多次被人问起过认不认识这个人，富内斯到底存不存在。但这跟一位西班牙记者问我是否还保存着特隆、乌克巴尔、奥比斯·忒底乌斯百科全书第七卷这事比起来就算不了什么了。

——它对应的是您的一篇故事。

——是的，我的一篇故事，当我告诉他整个都是一个杜撰的时候，他看我的眼光充满了蔑视——他说他以为那是历史呢——原来并不是，这一切不过是我个人的幻想而已，根本不值一提。在马德里我又碰上了同样的事情，跟我的故事《阿莱夫》有关。话说，"阿莱夫"，我不知道您是否记得，是一个点，容纳着空间里所有的点，就如同在永恒之中有着时间的所有瞬间一样。我把永恒当作"阿莱夫"的一个模型。总之，是一篇享有不应有的名声的故事，讲述阿莱夫，并以此为题。一个记者问我是否真的有一个阿莱夫在布宜诺斯艾利斯。我说："呃，如果有的话，它大概会是世界上最著名的客体，而不是仅仅出现在一个南美作家的一本幻想故事集里了。"然后他对我说，带着几乎打动了我的一派天真："是的，但您怎么提到了街道和门牌号呢——说加雷街几号？"还有什么事情能比提到一条街和一个门牌号更容易的？

——他以为这条街和这个门牌号不是杜撰的。

——不是，确实街道和门牌号并不是杜撰的，但发生了某件那样的事情这件事……他对我说有很多人，来自不同地区——尤其是南美洲的——都跑到这儿来看科里安特斯街上的某某门牌号，因为有一支探戈说了科里安特斯街一二一四号或诸如此类的东西。

——三四八。

——啊！您还记得。反正总有人会去寻找这个，有一个类似的例子，在那里传说或文学被当真了：似乎有很多人跑到伦敦，想要去看看福尔摩斯的家。他们去到 Baker Street（贝克街），寻找那个门牌号。于是，为了满足这些人，或是作为一个玩笑，现在有了一个福尔摩斯博物馆，游客们可以在那里找到他们期望的东西，那里有衣架、实验室、小提琴、放大镜、烟斗。

——依照游客的幻想定制。

——是的，所有这些行头，所有这些福尔摩斯的标志物现在都可以在那里找到。王尔德早就用那个短语说过了，"自然模仿艺术"。

——确实。

——奥斯卡·王尔德举出的一个例子是一位女士不愿到阳台上看日落,因为那个日落就在这里,在透纳①的一幅画里。他补充说"透纳最差劲的日落之一"（笑），因为自然没有很好地模仿画家。

——我看到不经意之间，博尔赫斯，在播音结束的时候幽默又再一次找到了我们。

——确实如此，您说对了。

———————————

① Joseph Mallord William Turner（1775－1851），英国风景画家。

论亨利·詹姆斯

奥斯瓦尔多·费拉里：博尔赫斯，吉耶尔莫·德·托雷[1]提醒我们说，一个来自北美洲的作家，归化的英国人，随着时间的推移而营造了他所谓的"一场回归"。就是说，在或许是一段明显的遗忘之后，新的世代又接纳了他：他获得出版，又被饶有兴趣地重新阅读。我说的是亨利·詹姆斯。

豪尔赫·路易斯·博尔赫斯：当然，是的。

——另外，吉耶尔莫·德·托雷又补充了某个方面，我们在谈论卡夫卡时也曾经提到过，他说亨利·詹姆斯，在某种意义上，是一座连结十九世纪末和二十世纪初的桥梁。

---

[1] Guillermo de Torre（1900-1971），西班牙散文家、诗人、文学批评家，博尔赫斯的妹夫。

——也就是说，亨利·詹姆斯是颓废、堕落的一员，对不对？当然，我说，因为总有人推想，我相信是有道理的，二十世纪逊于十九世纪，他大概是第一道下降的斜坡。但我不这么认为，我相信他是一个杰出的作家，没有必要把他跟二十世纪混到一起。

——或许最好将他与两个世纪间的过渡联系到一起。

——我基本上不相信所有的历史标准。约翰·济慈说："A thing of beauty is a joy for ever."（一件美的事物永远是一份愉悦。）而对詹姆斯而言，我相信我们尽可以对文学史置之不理。

——或许我们可以，在这个问题上，对历史置之不理，但我们或许应该对地理略加关注：詹姆斯生于美国，而在第一次世界大战期间，大约在一九一五年……

——他成了英国公民。呃，他这么做是因为他相信美国负有道义上的责任，有参战的道德义务。因此，为了着重地表达这一点，他成了英国公民。我相信他就是为了这个。此外，他对英格兰非常认同，他父亲对他和他兄弟，心理学家威廉·詹姆斯的教育——他担心他们会变成乡巴佬——有意地采取一种世界性的氛围，以免他们，呃，姑且说是过度地或是狭隘地成为美国人。他们接受的是一种欧式的教育，的确不可用狭义的"本国"这个词来形容。他们非常，非常的宽厚……话说，亨利·詹姆斯相信，一般而言，美国人与欧洲人相比道德稍胜而智力略逊。这也表现在他的所有著作里面：美国人就像是一个天真的人，周围都是心思非常复杂，有时是恶魔一般的人。我相信他有这样的印象。他有一部非常好的小说——一部早期作品——他将它写好后又重写了一遍，名字叫 *The American*（《美国人》），情节大致是这样的：一个美国人爱上了一个法国贵族小姐，而她的家人想要阻止这场婚姻，于是就对那个女孩施以可怕的迫害。他知道这一切，但不可以报复，不过，他总想要做点什么——我相信那个女孩已经死去了，我不能确定，这本书是很多年以前读的。但我记得最后那一章，在最后一章里，男主角已经知道了，就说是某某伯爵夫人吧——他爱上的那个女孩的母亲——所做的一切，他认识了一位法国贵族女士——我相信是一位公爵夫人——心想："嗯，我知道这个女人爱搬弄是非，要是我告诉她发生了什么事，她一定会把它传遍整个巴黎，这样那些罪人就无所遁形了。"于是，他便写信给她要求会面。她住在巴黎附近的一座城堡里，略有点吃惊，因为他们只见过两次。但与此同时，因为她爱搬弄是非，她怀疑在这次来访背后可能另有隐情。于是她便邀请了他。还有一位客人：一个相当讨厌的意大利亲王，执意要留下。夫人总算赶走了他，而请这位先生，一个美国百万富翁，来与她共进晚餐。两人一起吃饭，他一言不发，她想道："嗯，进餐的时候他不会说的。"之后他们走进隔壁一个房间喝咖啡，她等待着他必定要告诉她的事情，那或许是这场不寻常的访问的唯一理由。时间不断流逝，而他还是一言不发，随后到了一个时刻，将要把他带回巴黎的最后一班列车就快开了。他站起身来，告别这位女士，谢过她的盛情款待，就回到了他的酒店。第二天或是过了两天，他启程去往美国，决心再也不回欧洲了，这里满是极不愉快的回忆。随后，到了车上，他自问："可为什么对公爵夫人什么也不说呢？"他是自己这么做的，却不知道为什么。但随后他便得到了启示，非常精彩；启示是这样的：他是如此憎恨那个他想要谴责的妇人，憎恨得都不想再报复她了，因为那样会在两人之间建立又一个联系——就是说，复仇是将他与她绑得更紧的一样东西。所以他沉默了，但在当时他并不知道为什么沉默。

——确实很原创。

——这是很棒的想法，呃，看来亨利·詹姆斯——一般都会把自己的书重写一遍——在小说的第一版里并没有让他的人物故意这样做，因为他喜欢宽恕胜于报复。但第二版，也就是我读过的那一版的想法更其出色，后来我才知道前面还有一版。就是不去复仇，因为复仇是复仇者与被复仇者之间的又一种联系这个想法。

——毫无疑问，两者当中这个更有原创性。

——这个更有原创性，是我读过的第二版，我母亲也读了，她非常喜欢这一版。话说，那是一部很长的小说，呈现了欧洲人的，呃，邪恶行为，这是詹姆斯对欧洲人的总体想法。而小说里的人物，那个美国人，在这个意义上是一个天真的人，尽管，当然了，他是一个百万富翁，他以往发财就是用一种……无情的方式，反正财就是这样发的——但在这件事里则不然，在这件事里他是一个正义的人。这个人彰显了詹姆斯对于美国人所持有的这种一般概念——他想的或许主要是……可能他想的不是芝加哥或旧金山的人，他想的大概是新英格兰人，也就是说，继承了最好的英国传统的人。

——但他的一生，詹姆斯一生都在这场美国主义和欧洲主义之间的精神冲突里挣扎，后来又创造性地回归其中了。

——是的，但我相信他首先是看到了这一区别：他把美国人视为非常简单的人，把欧洲人视为非常复杂同时又非常邪恶的人，不是吗？也就是说，相比美国人胜在智力而输在道德。

——这一切，随着时间的推移，变成了那种被认为是亨利·詹姆斯的典型特征的东西，大概就是暧昧性吧。

——暧昧性，是的。在写《南方》这个故事的时候，我心想："我要尝试，在我的可能性——都是不值一提的——之内，写一篇亨利·詹姆斯式的故事。"只是，我对自己说，我要寻找一个截然不同的环境，于是我便找到了这个环境：布宜诺斯艾利斯省，并写下了《南方》这个故事。其实，这个故事可以有好几种读法：可以读成现实主义的，可以读成空想的，也可以读成象征性的，因为王尔德说："Each man kills that thing he loves."（每个人都会杀死自己的所爱。）

而我认为实际上恰恰相反：不如说人会被自己的所爱杀死——在这个故事里杀死主人公的应该是南方。但我写这个故事的时候想的是詹姆斯的故事，它们故意地容纳各种各样的诠释——或是故意地暧昧不明。因此，有很多人向亨利·詹姆斯询问他最有名的一篇故事："The Turn of the Screw"——何塞·比安科有一个令人钦佩的卡斯蒂语译本，题为"螺丝的又一转"——也就是说，比安科把它又转了一圈，是吗？（笑）应该是"The Turn of the Screw"（螺丝的旋转），他却写成了"螺丝的又一转"。

——现在人人都知道的就是这个题目。

——是的，这样也不错，因为他所做的都在亨利·詹姆斯的精神之内。

——确实，他是作为"another"（另一个人）翻译的。

——显然是这样。

——话说，我们提到詹姆斯的这种暧昧性，他承担并接受了它，因为他说北美人完全无法确定该不该把他看作一个写美国的英国人，而英国人也说不准他是不是一个写英国的美国作家；这种暧昧性在他看来……

——但对我们来说现在都一样了，对不对？当然，因为我们思考的是亨利·詹姆斯，而不是他到底是美国人还是英国人，既然对我们来说最根本的是亨利·詹姆斯。

——但在他看来这种暧昧性是一个文明人的特征。他的原文就是这么说的：大洋两岸的人们对他大加指责的这种暧昧性恰恰是一个文明人的特征。

——当然，意思是说他更丰富，他具有多样性，这样很好。

——完全正确。

——嗯，他必定是一个非常不幸福的人，因为我相信一件美学作品总是对应于……情感，而情感，必定是不幸福的。因为幸福是一个自在的目的，对不对？

——对。

——所以幸福并不需要被转化为美，但不幸则需要。我们说回我们在另外一次对话里说过的那句话，在《奥德赛》里找到的那句困惑的话："众神降灾祸于人类，为让后世有东西可以颂唱。"就是说，众神降下灾祸为的是一个美学的目的。相反，幸福本已是一个目的，无需转变成美。亨利·詹姆斯必定经历过很多痛苦，为了写下这些如此令人钦佩的著作——而与此同时，它们在任何时刻都不是白白。事实上，詹姆斯有一个特征，毫无疑问，很多人都指出过：在我的印象中，詹姆斯总是想象处境而非人物。这一点或许，姑妄言之，和狄更斯恰恰相反，比方说。在狄更斯的书中情节无关紧要，情节是表现人物的一个借口；在《堂吉诃德》里也一样，在《堂吉诃德》里所有的冒险都是同一场冒险——重要的是我们始终不断地看到阿隆索·吉哈诺[①]，他梦见自己是堂吉诃德：有时做到了，有时没有。归根结底，重要的是他。胡安·拉蒙·希梅内斯说可以想象《堂吉诃德》进行其他的冒险，我相信他说得完全正确。我们可以想象，呃，《堂吉诃德》有第三部——可能，就像我们曾经谈论另一本书时说的那样，哪怕《堂吉诃德》的所有书籍都不见了，还有阿隆索·吉哈诺作为人类记忆的一部分，他们会发明其他的冒险，或许比塞万提斯发现的更好——因为重要的是它的人物。这也正是在莎士比亚的角色身上发生的事：人们相信他们而不相信故事。现在，在亨利·詹姆斯这方面，我相信他想象的是处境，然后为了那些处境创造人物，这与塞万提斯和莎士比亚的情况正好相反。或许也跟陀思妥耶夫斯基相反，他更多想象的是人。相比之下，亨利·詹姆斯不是这样，他想象处境，然后创造相应的人物。

——给这些处境。

---

① Alonso Quijano，《堂吉诃德》的主人公的原名。

——给这些处境，是的。他也没有任何种类的视觉想象力，例如，呃，当然，一个极端的例子应该是切斯特顿，在他的书里当一个新的人物出现的时候，就好像是一个演员上场了一样。相反，亨利·詹姆斯的世界不是这样：似乎那是一个没有色彩、没有形体的世界，呃，他从根本上说是一个作家，一个着迷于处境，然后才是人物的作家。

——不过请注意，艾略特将他称为他那一代最聪明的作家，而朱里安·本达①对他的联想则是，就他个人而言，"一个晦暗作家的光辉境界"……

——那很好。

——就是说，在他的生活和他的作品里他都被不解之谜包围着。还有另外一个方面，也许我们应该试着了解一下：詹姆斯营造的是某种如今大致已被忽略的东西，他营造了，我要说，那种不同，那种优雅，在写作中，在生活里，在他的人物之中——他所有的肖像都呈现出一种极大的与众不同——我不认为那是他身上浅表的东西。

——不，因为我相信他毫无疑问是一个非同一般的人。不过，奇怪的是他涉猎过戏剧并且竟然失败了。因为，比如说，当整个欧

---

① Julien Benda（1867－1956），法国哲学家、小说家。

洲都为易卜生而震惊的时候，在詹姆斯看来他却是一个 primaire，原始的作家，像法国人说的那样。他相信他的作品全都是非常初级的，然而并非如此，当然。他涉足戏剧完全是一个失败，对不对？

——就像他不理解易卜生一样，他起初也不理解惠特曼。

——他就是理解不了他，他们是如此不同。

——然而，到最后他似乎改变了对惠特曼的评价。

——这我不知道，甚至不知道他有没有读过他。不过，他应该是了解的，因为惠特曼在英国得到了拉斐尔前派的传播，传播者是但忒·加布里埃尔·罗塞蒂和罗塞蒂的一个兄弟，他们出版了一个早期的版本——一个删节的版本——但也只有如此了，以免遭到查没，对不对？（笑）

论猜想

奥斯瓦尔多·费拉里：有一个类别，博尔赫斯，是您凭空创造出来的。那是一个同时既有文学性又有哲学性的类别，我相信您把它看作那种可以允许人类思考，而不可以走得很远的一类东西。这个类别就是猜想。我们在您的诗篇、您的思想、您的故事里都看得到，您说的永远是也许、大概，或是用其他方式来表达猜想。

豪尔赫·路易斯·博尔赫斯：是的，确实如此，我没有把握，甚至连没有把握都没有把握。因此我相信一切思考都是……呃，猜想性的。尤其是讲故事这方面，可以这么说。我曾经在另一次对话中说过，被揭示出来让我看到的是故事的开头和末尾，起始点和结局。但随后，在这两端之间发生的一切都是猜想性的，我必须探究它应该是什么时代，应该是什么风格，我相信最好的做法是尽量少介入自己写的东西。我尽力不让我的意见介入其中，我尽力……呃，我没有什么美学理论，我也尽力不让我的理论介入其中。因为我相信每一个主题都需要有自己的修辞学，所以我对"圆形废墟"的风格相当不满，不过有些朋友告诉我说这种巴洛克风格正是这个主题所需要的。我要说的是每个主题都需要它自己的修辞学，并且希望以第一人称讲述出来，它必须发生在这个时代，在这个国家，所有这一切都是由主题设定的。最好就是期待，在第一个启示交给我一个寓言的开头和结尾之后，会有另外的启示前来告诉我这是发生在十九世纪末，比如说，还是在一个朦胧的《一千零一夜》的东方。现在，我一般比较偏好十九世纪末年，偏好稍微偏远一些的所在，不仅在时间上而且也在空间上，因为这样我就可以杜撰，可以自由想象了。相比之下，当代的束缚太多。此外，文学的古老传统也正是这样的：没有人会设想荷马曾经参加过特洛伊之围，人人都理解一切都是后来发生的。因为过去是如此多变，与人们所说的过去无法改变正相反，我相信我们每次回忆过去都在修改它，因为我们的记忆是易于出错的。而这种改变可以是有益的。

——那么，过去就会是……

——过去是可塑的，我相信，未来也是。然而，当下则遗憾地并非如此；如果我感觉到身体的一阵疼痛，再努力去想我感觉不到它都是没用的，因为疼痛就在那里，对不对？或者如果我感觉到对一个人的思念，我也是在当下感觉到的。但人又如何能够了解过去，了解他自己的过去呢？我可以想象，或许，我在欧洲的青春岁月是痛苦的。证据是像所有的年轻人一样，我曾经有时候想过自杀——

我相信所有的年轻人都曾经在某个时候想过这个，是吗？都曾经朗诵过哈姆雷特的独白"to be or not to be（存在还是不存在）"——不过，无论如何，我回想那些岁月就仿佛它们是非常快乐的岁月一样，尽管我肯定它们并不是。但这并不重要：已经过去了这么长时间——过去是可塑的——我可以修改它。历史除了是我们的意象之外还会是什么？这意象永远在美化，也就是企图变成神话、传奇。另外，每一个国家都有自己独有的神话，每一个国家的历史都是一个深情的神话，或许和现实毫无相似之处。当下则很难永远令人愉快。

——因此过去和未来应该都是猜想性的。

——是的，我相信是这样，但改变过去或许比改变未来更容易些，因为对于未来人们往往会想……"嗯，这样的事情很可能发生""不，有这样互相反对的因素"。但过去的，尤其是一个稍远一点的过去，是一种非常、非常温驯的材料。说到底一切都是艺术的材料。尤其是痛苦。幸福不是，幸福的目的在于其自身，因此几乎没有什么幸福的诗人。尽管，豪尔赫·纪廉，我相信他是一个幸福的诗人。惠特曼是较低程度的，因为人们总感觉惠特曼把幸福当作一个美国人的使命强加到自己身上，而幸福并非如此，幸福必定是自发的，对不对？然而，在纪廉这方面，我相信人们会在他的诗句中感觉到幸福："空气中一切都是飞鸟。"这可能是一场噩梦："空气中一切都是飞鸟"，但从他嘴里说出来就不是了，它看起来就是一种幸福。反过来，不幸、悲伤，都给人很容易的、自然的印象。

——话说，除了猜想，还有另外一个很有意味的元素……

——猜想是大致上的，例如，在逻辑上唯我论是对的也不无可能：在逻辑上，或许我是唯一的梦者，是我梦见了所有的世界历史——所有的过去，我自己的所有过去。或许我就是在这一刻开始存在的。但在这一刻我却已回想起我们已经会面一刻钟了，现在被我创造出来的一刻钟——嗯，这是可能的：可能我和我的当下是存在的，这在逻辑上是可能的，并无其他。在想象上则不然，如此想象将是可怕的。另外，人人都知道在感官资料之外自己仍感觉得到别人的在场。因此洛克①的哲学是错的，它说我们拥有我们的知识是由于感官的原因。不，我相信在感官以外人依然感觉得到还有别人在，还有别的事物——人尤其会感觉到，敌视、冷漠、爱情、友情、不幸——这些事物是在感官以外被感觉到的，我相信。

——确实。猜想是正当的，根据您的思考，但还有另一个特征，我不知道是近几年发展起来的，还是比我想的为时更久，就是您相信诗篇，或故事，或思想，都是被赠予我们的……

——我相信这是毫无疑问的。另外，那是原初的理念，是缪斯的理念，比如说。缪斯将她的诗篇口授给诗人，诗人是缪斯的抄录者。希伯来人相信是灵体将《圣经》里的各部书口授给了不同时代，

---

① John Locke（1632–1704），英国哲学家。

世界不同地区的各位抄录者。但这一切全都是灵体的作品。

——当然，但奇怪的是，您有关那件被赠予我们来创造的事物的思想，始终是一种神秘的思想——我知道对您来说这个词显得言过其实了。

——应该说它必须是神秘的，因为它不可能是物质的，也不会是逻辑的。爱伦·坡有关美学的作品是一件智力的作品这个理念，是坡的一句诙谐之语，是一句玩笑。他不可能相信这话，没有哪个坐下来写一首诗的人是出于理性的强迫才这么做的。总有什么东西是他想不到的。呃，坡提出了一系列的理由，据他说，是它们引他去写下《乌鸦》的。但始终，在每一环之间总有某种阴影的空隙，或是某一件需要其他环节的事物。因此，他说的话什么也解释不了：他可以将《乌鸦》贬为一系列的理由，但在这推理的每一环之间总有某样不明的事物，要归于……灵感，比如说，归于秘密。其实，这个秘密可能是外部的，也可能是来自于我们的记忆。叶芝相信"大记忆"，他相信所有人都继承了自己祖辈的记忆。他的祖辈，当然，是呈几何级数增长的，两个父母，四个祖父母，相应更多的曾祖父母，依此类推直到囊括全人类。他认为在每个人身上都汇聚着，这些几乎是无限的先祖，所以一个作家没有必要拥有很多的亲身经历，因为全都在那里；每个人都配备有这记忆的秘密宝藏，这对于文学的创造已经绰绰有余了。

——也就是说，有时候当我们听人说起，比如说，伊丽莎白·布朗宁是一个有神秘灵感的诗人的时候，这种讲法可能是正当的。

——是啊！毫无疑问，或许这话适用于所有的诗人，顺便一提，因为我无法设想诗人仅仅是一个知识分子。

——当然。

——其实，显然也有作家是以一种审美的方式来感受智性事物的。对我来说，智性诗人的最好例子大概是爱默生吧，因为爱默生不仅是智性的，而且他始终在不停地思考。相比之下，其他的智性诗人……我不知道他们是不是真的智性，罗伯特·弗罗斯特大概是的，爱默生也是的。

——瓦莱里或许也是。

——说到瓦莱里，可以看到他为外在的世界所深深打动，而理念则不然，理念是庸俗的，是意象多过理念。但这一点，归根结底，每一个读者都必须靠自己去解决。对我来说瓦莱里从来不曾给过我一个智性诗人的印象，但他是一个诗人，毫无疑问。他有一首诗精确地定义了一枚水果的味道是什么，以及这水果在愉悦中融化感觉如何。

——或许人们总把瓦莱里与一种智性的观照联想到一起是因为

他与数学的关系。

——是的，没错。

——但是，总之，我们一方面有了猜想，一方面有了神秘，还有第三个方面也是我感兴趣的……

——而且不仅会有第三个，而是几千个方面，我猜想。但此时此刻您对哪个感兴趣，费拉里？

——您通过旅行反映出来的东西——在返回之际与出发之前——那就是，无论什么时候，您对生活的热爱都从不削减，这是诗人最内在的东西，据我所见。

——是的，我相信如果一个人是诗人的话，他应该会将每一刻都感受为诗意的。就是说，人活着就应该热爱生活，而说到热爱生活，人也必须要热爱不幸，失败，孤独。这一切都是为诗人准备的材料，没有这个他便无法构思，也感觉不到自己是有理的。因为……我不喜欢我写的东西，但如果我不写，或者如果我没有构思任何东西的话，我便会感觉到我对自己的命运不忠实。我的命运恰恰正是猜想者的，梦想者的，然后是写作者的命运，最终是出版者的命运，这是最不重要的。但我必须活在不断的行动之中，或是必须相信我活在不断的想象行动之中，如果可能的话也是理性的，但首先是想象的行动。也就是说，我必须自始至终都在做梦，必须活着投入到未来之中。我觉得思考过去是令人作呕的，尽管过去也可能提供给我们挽歌——这并不是一个可鄙的类别。但总的来说，我要尽力忘掉我已经写过它，因为如果我重读我写过的东西的话我大概会灰心的吧。相反，如果我活着一路向前，如果我忘记我写过的东西，当然，我可能会重复自己，但我依然活着，我会感觉到自己是正当的。否则，我就会感觉迷惘（笑）。

——我相信如果您重读您写过的东西，这大概就不会发生了吧……

——是的，但它是一个危险的实验，最好不要尝试，是吧？结果可能是一个沉默的誓约，对不对？一个沉默的召唤。

——无论如何，或许您会发现您对生活的热爱也是始终不变的，尽管您可能没有注意到。

——嗯，这是一个猜想，是您的一个慷慨的猜想。

——最后，今天这次对话的最后一个猜想。

——啊！很好，我们将继续谈论其他主题。

——下回继续。

西部片，或电影中的史诗

奥斯瓦尔多·费拉里：博尔赫斯，我们已经谈过了各种文化，各种文学，各种宗教。今天我打算探讨一件比较简单但同样有趣，而且我相信，您始终沉浸于其中的东西——作为观众，有时是作为作者——我说的是您长久以来对电影的兴趣。

豪尔赫·路易斯·博尔赫斯：是的，我相信好莱坞——自然是出于商业的原因——保留了史诗，在一个诗人们早已忘记诗歌始于史诗的时代。不过，它是保留在西部片之中，而之前电影就像是一个摄影机下的舞台一样，但随着西部片的到来，运动被引入了舞台之中——骑手们开着枪从一边跑到另一边。因此这种动感，现在看来仿佛是电影中固有的，是由西部片创造出来的。我要对您说——例如，我记得这个：内斯托尔·伊瓦拉和我曾经向我们一位已故的朋友，胡利奥·莫利纳·伊·维迪亚[1]——一个非常聪明的人——建议，去看约瑟夫·冯·斯特恩伯格[2]的不知道哪部电影。我相信是《摊牌》或者是 *Underwood*（《地下之法》），或 *The Dragnet*（《搜捕》）。他去看了，然后告诉我们说他跟不上，因为它是以一种如此缺乏艺术、如此不舒服的方式打造出来的，有时候看见一个人的正脸，随后那张脸就铺满了银幕，不然就是从背后看他，甚至还有些时候场景中什么人都没有——仅仅呈现一片风景。于是，很自然，如果一部电影是以这么混乱的方式打造出来的话就根本没人跟得上。然而，现在可以说，甚至一个小孩都跟得上一部电影了。所以我对电影很是崇拜，关于电影我写过很多文字。有一本书列出了我的电影编年史，但其中只呈现了我在《南方》[3]这份刊物上发表的东西，并不是很多。还有其他我经常合作的刊物。另外，只要看过一部电影，人就会有谈论它的欲望。于是我开始……在我小时候，电影还有某些全世界都公认的常规，而一个被公认的常规便不再是一个常规了。例如，如果看到的东西是深褐色的，就知道这是白天；如果是绿色的，就是晚上了。

——这是一种规范。

——是的，这是公认的，没有人想到这是人为的。人们早知

---

① Julio Molina y Vedia（1873-1973），阿根廷作家。

② Josef von Sternberg（1894-1969），奥地利裔美国电影导演。

③ *Sur*，1931年在布宜诺斯艾利斯创办的文学刊物，1992年停办。

道夜晚是绿色的，而白天是深褐色的（笑）。然后，像我说的那样，以此类推：拍摄一个室内，永远都取相同的角度、相同的距离。再后来，约瑟夫·冯·斯特恩伯格和其他导演，如金·维多或卢比希之类，都开始从不同的角度拍摄室内，也没有人感到困扰。现在我们都接受这是某种很自然的事情了。最早拍摄的电影中有一部呈现了一位演员，我相信，他是在袭击一个女孩；他长着一张像猿猴一般的脸，一张猴子的脸，可以这么说。电影对它做了一个 close up，人们跑去看这个场景，就单单一个画面，画面中那个可怕的人的脸铺满了银幕。然后，在有声电影里又发生了同样的事。我记得有一部埃米尔·简宁斯的电影，演的是俄国的沙皇，他只说过一次话，叫那个恰恰准备杀死他的人来救他。我也记得为影片《安娜·克里斯蒂》上映而制作的巨幅海报，由葛丽泰·嘉宝主演，是根据尤金·奥尼尔的一部戏剧改编的。广告语是 "Garbo talks（嘉宝说话）"。在这部电影里特别建造了——为引发更大的期待——一系列的酒店；然后还有雾，有一匹马在雾中，而最后，是一个来自瑞典的女人，她会穿过那整个场景。

——那是葛丽泰·嘉宝吗？

——是的，就是她，她来到一个酒吧，在这个酒吧里有一张很长的桌子，她缓缓走过桌边。我们都在等她说话——我们就要听到葛丽泰·嘉宝的声音了，那从未听到过的葛丽泰·嘉宝的声音——而我们听到的是一个几乎沙哑的声音，说道："Give me a whisky."

（给我一杯威士忌。）当时，我们全都感动得颤抖起来。随后，她又接着说下去，但，总之，那是她的第一部有声电影，可以这么说。

——您曾经有一次写过葛丽泰·嘉宝。

——是的。而且我相信我这整整一代人都爱上了葛丽泰·嘉宝，我相信整个世界都爱上了她。我的妹妹诺拉说过一句非常好的话，她说："葛丽泰·嘉宝从来不会俗艳。"确实如此，一个高个的女人，有着宽阔的肩膀。那个时代别的女演员是不值一提的。但葛丽泰·嘉宝不是，在她身上有一种坚定，也是某种神秘的东西：她被称为"瑞典的司芬克斯"。

——您知道阿尔丰索·雷耶斯将那个时代（那个时代的人）分为电影之前与之后。

——啊，可能吧，是的。

——也就是说，那是一件标志性的东西。

——是的，电影，的确如此。一开始我看了很多意大利电影，很感伤的……我不记得女演员的名字了，呃，都很有名，总是死在花丛里，死在玫瑰丛中。还有意大利的喜剧电影，很少的法国电影和很多的美国电影，但最好的是西部片：枪战和骑手。有一些，特别是您肯定看过的，非常非常好的一部，片子从头至尾全都是动作，片名叫做……

——《正午》？

——《正午》，是的。当然，亚里士多德曾经谈论过时间的三一律，但他的一致性有点武断，因为他说呈现的时长应该是一天。相比之下，在这个电影里它是以一种更严格的方式呈现的，在这里那呈现，那动作，持续的时长恰恰正是这部电影的时长。因此，每隔一段时间，就会出现一个时钟，一座车站的时钟。这样人们就看得到过了多少时间了，它就在那里。我相信时间的一致性被如此严格遵守的唯一一次，就是在这部加里·库珀的电影里。一部杰出的西部片，还有别的，更早的，《驿站马车》……

——话说，我相信您一直对冯·斯特恩伯格着迷，在黛德丽之前。

——啊！当然，是的。我相信他认识玛琳·黛德丽是一件憾事，因为她是一个非常美丽的女人，有非常美丽的声音，但却没有——也不假装有——起码的戏剧才能。但，当然，也有一种极大的快乐就在于观看和倾听一个非常美丽的女人。她在表演这件事……这是最无关紧要的（笑）。

——关于约瑟夫·冯·斯特恩伯格，您曾经评论过他的电影《纽约码头》。

——是，没写过的话就奇怪了。这些影片中出现过乔治·班克罗夫特、弗雷德·科勒，两个永恒的敌对者，他们可能是冒险家，或者也可能是警长或其他角色，但两人永远是敌人。还有伊夫琳·布伦特，以及威廉·鲍威尔，是在那个时候开始拍片的，但持续时间比其他人更长。

——另外，我们手里也有您写的剧本：例如，《入侵》(Invasión)，是跟比奥伊·卡萨雷斯合写的。

——是，不错，但是……我跟那个片子没有什么关系。

——最后……

——关于《入侵》，我设定了两个人的死亡，但我始终无法理解那情节。而且，看这部电影的时候，我甚至更不理解了。我觉得它是一部很混乱的电影，另外，我相信他们颠倒了时间顺序，年代的顺序。因此，由于这一点，它变得极其复杂难解了。在我看来这部电影非常糟糕。因为它名叫"入侵"，里面有一群人，有马塞多尼奥·费尔南德兹和他的一群弟子，却不知道他们是在密谋入侵城市还是在秘密地守卫它。但是，为什么一个城市不是由正规部队来守卫，却把守卫的任务留给十个人去负责呢，这是无法解释的。

——每一次搬上银幕，似乎都是对它的歪曲。

——是的，我相信是这样。

——我也看到过您对阿根廷电影的评论。

——是的，我认为它们没有一部是好的，对不对？

——我不知道您是否记得《土地之囚》(*Los prisioneros de la tierra*)。

——是的，那是乌利塞斯·佩蒂特·德·穆拉特主演的，是根据基罗加①的几个故事改编的，我相信。

——奥拉西奥·基罗加的，没错。

——我见过基罗加，想要跟他交朋友……他是这样一个人，好像是木头做的一样，很矮小，就坐在那个博士……我相信名叫阿吉雷……他家的壁炉前面。在我眼中他是这样的：大胡子，像是木头做的一样。他坐在炉火前面，我想——他很矮——我的感觉是这样的："我看他这么矮小是很自然的，因为他非常远，他在米西奥内斯。

---

① Horacio Quiroga（1878 - 1937），乌拉圭剧作家、诗人、小说家。

而我正在望着的这团炉火，不是一位住在胡宁街上的绅士家中的壁炉的火。不，这是米西奥内斯的一团篝火。"我当时得到的是这种印象：他唯一一次现身就是和我们在一起，其实他一直都留在米西奥内斯，在丛林之中。因为我试着和他谈论各种话题，而他都不予作答，我意识到他不回答我是很自然的，因为他活在很远的地方——他并不需要倾听我在布宜诺斯艾利斯所讲的话。

卢贡内斯，这个冷峻而不快乐的人

奥斯瓦尔多·费拉里：博尔赫斯，有一个阿根廷作家，即使我不提，他也会在我们的对话里出现，而您也似乎与他有着各种冲突和分歧。但，一成不变的，他总是出现在我们的对话之中。我说的自然是莱奥波尔多·卢贡内斯。

豪尔赫·路易斯·博尔赫斯：卢贡内斯，不过当然了（笑），我都不知道他在这些对话里出现过，是吗？我原以为一九三八年以后他就戒掉对话了（两人都笑了）。我这辈子曾经与卢贡内斯打过五六次交道。就说五次吧，以免出错。但与他交谈是非常困难的，因为人们对他十分尊敬，都不敢与他有不同意见。交谈很困难，因为无论提出什么话题都会被他立刻判处死刑。我不知道我们之前是否谈论过一个，呃，一个危险的时刻，贝纳尔德兹竟敢说出波德莱尔的名字。然后卢贡内斯就说："他毫无价值。"但他并不阐述这一否弃，他并不给出否定波德莱尔的理由。因为我们非常敬重卢贡内

233

斯，我们就随它去了。另一回，我曾经斗胆说起了格鲁萨克，他在这里更加明确了点，不是三个词而是六个，说："一个法语教师（句号，未完）就快被遗忘了（句号，分段）"总之，要跟某个把所有话题都判处死刑的人交谈是非常困难的。但我愿意回想他总是把对话岔开去，带着一派温情与怀念说起鲁文·达里奥。我仿佛听到他的声音，用那种科尔多瓦的调子，他保留着它，把它当作怀旧的一种形式，谈起"我的朋友和导师，鲁文·达里奥"。他喜欢与达里奥之间这种父子般的关系。显然，达里奥是一个非常可爱的人——我曾经见识过有人，比如说，阿道尔弗·比奥伊博士，一辈子只和达里奥说过一次话，却永远铭记不忘。相比之下，与卢贡内斯的交谈则是令人不快的。

因此我厌倦了提出话题，厌倦了看着它们被卢贡内斯判处死刑，不再去看他了。我相信这也发生在其他许多人身上。不过，我们所有人都很敬重卢贡内斯，所有人——在那时候——不仅模仿他而且我们大概都希望成为卢贡内斯。我们所有人都觉得——这是一个错误——写好卡斯蒂语的唯一方式，就是像卢贡内斯那样写。我已经发现，要写得好有几百种方法，它们不完全是卢贡内斯的。但在那个时候我们人人都感觉到了他的引力，而我们攻击他恰恰就是为了以某种方式从他那里解放出来。也就是说，我们对卢贡内斯是不公平的，因为他对我们来说在某种意义上就是一切。而卢贡内斯必定感觉到了这一点，第一次见到他时，我正与爱德华多·冈萨雷斯·拉努扎在一起，我们两个都害怕对方会卑躬屈膝地寻求与卢贡内斯对话。当时，我们两人都对卢贡内斯非常无礼。但他意识到这种无礼是我们胆怯的一种形式，便放过了我们的无礼，什么也没说。后来我又回去了几次，然后就不再去看他了。但是当冈萨雷斯·古拉尼奥打电话给我告诉我说卢贡内斯自杀了的时候，我痛苦万分，但没有感觉到任何惊奇。在我看来，对于一个像卢贡内斯那么自负、那么孤独的人，对于一个不愿屈尊交友的人来说他的自杀是不可避免的。然而，我知道他有一些非常好的朋友，例如，阿尔贝托·赫尔楚诺夫就跟他相交甚厚，还有，我的表弟阿尔瓦罗·梅里安·拉芬努尔，他和爱德华多·玛耶阿一起想成为卢贡内斯的朋友，两人都失败了。还有一个诗人，他只在说到卢贡内斯的时候才被人记起——我不知道他有没有去世——路易斯·马里亚·豪尔丹，一部我没看过的戏剧，题为《宝贝儿》（*La bambina*）的作者。而据玛耶阿说，豪尔丹天天都跑去跟卢贡内斯交谈。这是我对他所知的唯一一件事，我曾经阅读过并理所当然地忘掉了某一本选集里属于他的某几句诗。就是说，卢贡内斯故意地离群索居。我想要强调的是，卢贡内斯首先是一个有道德的人。人们指责他充当了无政府主义者、社会主义者、民主主义者，以及，最后——在军事圈①做演讲的时候——法西斯主义者。但他并没有因为这些改变中的任何一个而平步青云。我从很好的来源得知乌里布鲁三十岁时，在革命之后，曾邀请卢贡内斯担任国立图书馆馆长。卢贡内斯说他曾经以某种方式跟乌里布鲁谋划过，但他这样做是为了祖国，不可以从革命的胜利之中取得个人利益。

---

① Círculo Militar, 1880 年成立的阿根廷军官协会，原名"军事俱乐部"（Club Militar），1900 年改用现名。

——即使错了，他也是一个有德之人。

——是的，后来他受到一位委内瑞拉批评家，布兰科·冯波纳的指控，说他剽窃了蒙得维的亚诗人胡里奥·埃雷拉·伊·雷西格。现在，布兰科·冯波纳的论点似乎是无可辩驳的，而事实是埃雷拉·伊·雷西格在卢贡内斯的《花园的黄昏》(*Los crepúsculos del jardín*) 问世前两年发表了《山之迷狂》(*Los éxtasis de la montaña*)。标题很相似，对不对？但这个说法是错的，因为尽管在这本书里，很明显，我们看到了与埃雷拉·伊·雷西格相同的修辞，相同的词汇，相同的技巧，然而卢贡内斯收录的诗篇都是早就在一些不怎么秘密的刊物里发表过的，比如说《脸和面具》①之类。除此以外，埃雷拉·伊·雷西格家里有一台圆筒留声机，里面曾经收录过卢贡内斯背诵那些被指控为埃雷拉所作的十四行诗。这卷录音废掉了，因为埃雷拉把它放给所有来访的客人听。就是说，门徒实为埃雷拉·伊·雷西格。但在卢贡内斯受到剽窃埃雷拉的指控的时候，胡里奥·埃雷拉的遗孀还在世。要说自己是导师，那另一个人，死者，是门徒，这在卢贡内斯看来是非常卑劣的。因此他甘受这一抄袭指控的玷污，任它至今依然流传在欧洲——尤其是西班牙——而不置一词。由此我们看到他是一个有德之人。

总之，我是通过很多事情了解到这一点的。至于卢贡内斯的作

---

① *Caras y Caretas*，阿根廷 1898 年至 1941 年发行的周刊。

品，也许应当指出一个事实，就是在他看来，阅读一本书给他带来的感动并不逊色于一个女人的爱，或是一道风景，或是随便什么事情。对他来说，阅读一本书是一件难忘之事，就像对于阿隆索·吉哈诺一样，对不对？被自己的书房改变的人，因为阿隆索·吉哈诺读了各种骑士书籍后便下定了决心要成为堂吉诃德。在卢贡内斯的每一本书背后，除了《塞科河传奇》(*Romances del Río Seco*)以外，人们都能感觉到还有一个作家。例如，在《花园的黄昏》背后是阿尔贝·萨曼，在《感伤的太阴历》背后是儒勒·拉佛格，在他的其他文本背后是……维克多·雨果，还有很多次是阿尔玛富埃尔式。但无论如何，这些文本是卢贡内斯的，也就是说，人们能够感觉到一个监护人的存在——可能是一个法国作家，或比利时作家的存在，比如说拉佛格或萨曼——但也感觉得到这诗歌是卢贡内斯的。因此他是一个模仿者，一个有意识的模仿者，但却是一个有自己声音的模仿者。如果拿卢贡内斯《花园的黄昏》时期的一首诗和萨曼"Le jardin de l'infante"[①]时期的一首诗对照来看的话，立刻就能辨认出来，在同样的修辞之中，卢贡内斯所用的方式有所不同。这时，阿尔玛富埃尔式，一个天才，但同时又是一个相当简单的人——法国人称之为"Primaire"：原始人。阿尔玛富埃尔式感觉到了卢贡内斯在模仿他，这让他颇为受伤，说道："卢贡内斯想要吼叫却不能，他是一个女士们的阿尔玛富埃尔式。"（阿尔玛富埃尔式在这里将他归入了贬义的"女士们"。）但这是阿尔玛富埃尔式的一种误解。我记

①法语"婴儿花园"，萨曼的诗，写于1893年。

得卢贡内斯在《黄金山》里引用了四个诗人。这四个诗人，是荷马、但丁、维克多·雨果和华尔特·惠特曼，对于他至关重要。然而，在《感伤的太阴历》的序章里他似乎删去了这四个名字中的一个，就是惠特曼。出现这种情况是很自然的，因为在卢贡内斯发表《感伤的太阴历》时，他相信韵是诗行的一个至关重要的部分，而惠特曼却正好是自由诗的创始者之一，所以将他删去了。在荷马的诗之中，显然，他的诗律相当于六音步，有长短音节，那是另一回事，完全不同。不过说到另外两人，但丁和雨果，对于卢贡内斯来说，都是那样的诗人。我记得在对话中，为了说明一个诗人是杰出的，他说，"某某人就是维克多·雨果"，也就是说，维克多·雨果对他来说，显而易见就是诗人的代名词，这一点如今在法国，有很多人并不认同。有一种忘记雨果的倾向，很不公平。有人说卢贡内斯、鲁文·达里奥和哈伊梅斯·弗莱列唯一做过的事就是将雨果和魏尔伦的音乐带到了卡斯蒂语之中。是的，但要将一个诗人的音乐译成另一种语言里的另一位诗人的音乐，是极其困难的。另外，他们翻译了那音乐，但雨果和魏尔伦的文本所有人都可以获取，然而，不是所有人都写下了达里奥、卢贡内斯或哈伊梅斯·弗莱列的作品，是他们做到了这一点。例如，我多少算是挺懂英语的，总之，我的耳朵总在倾听着的英语的音乐，以及德语的音乐，但无法将这音乐译成卡斯蒂语。倘若我做到了，我就会是一个像达里奥或卢贡内斯那样的大诗人了，而我肯定不是的。因此将一种音乐从一种语言译成另一种实为一大成就。归根结底，加西拉索①除了将彼特拉克的音乐译成卡斯蒂语之外还做过什么？不过如此，但不过如此也不下于此！我要这么说。至于卢贡内斯，他把这么多声音，这么多不同的音乐，带到了卡斯蒂语之中……因此他的作品仍在丰富着我们。而既然我说到了卢贡内斯，我也想谈谈埃塞基耶尔·马丁内斯·埃斯特拉达。马丁内斯·埃斯特拉达的作品……我不知道，是不可想象的，若没有达里奥和卢贡内斯的作品的话是不可想象的。然而，我要说的是马丁内斯·埃斯特拉达最好的诗作优于卢贡内斯或达里奥最好的诗作。这一点是可以解释的，因为卢贡内斯发明了，姑且这么说吧，一种音步，一种相当复杂的风格——尤其是散文作品和《感伤的太阴历》，但他的心理是一种相当幼稚、简单的心理。相比之下，这种繁复的风格，这种错综复杂的风格与马丁内斯·埃斯特拉达那种非常繁复，非常错综复杂的心理是契合的。

——但是，对于卢贡内斯而言，他不但是现代主义在我辈之中的首脑，也是《塞科河传奇》里的一个作家个体。卢贡内斯本人就在那里，不妨这么说，独立于各种影响。

——我不知道那是否他本人；我会说这些传奇都是以一种……匿名的，几乎是匿名的风格写下的。在一篇序言里我说过这一点。

---

① Garcilaso de la Vega（约 1501－1536），西班牙诗人。

——但它们是您喜爱的诗篇。

——是的，但那是一种错爱，因为，要和一种像卢贡内斯那么丰富的作品打交道，最好是喜爱这作品的每一个阶段，不是吗？也就是说，喜爱《黄金山》《花园的黄昏》《感伤的太阴历》《塞科河传奇》，或许还有《金色时光》(*Las horas doradas*)中的某些诗作。

——或是《田园诗》(*Poemas solariegos*)。

——或者还有《田园诗》，有何不可，当然喽。是的，卢贡内斯的著述如此浩瀚，奇怪的是他的书没有一本与前一本相似，也没有一本预示后一本。但在他的所有作品里都有着——以一种极其不同的方式——卢贡内斯的声音，卢贡内斯的语调。或许一个诗人最重要的就是他的声音。因为，归根结底，那些理念有什么要紧？对韵律的创新感兴趣可能是文学史家而非读者，不是吗？所以我要说卢贡内斯是最早的阿根廷作家之一，毫无疑问，尽管他不是一个像阿尔玛富埃尔忒这样的天才之人。但是，阿尔玛富埃尔忒……阿尔玛富埃尔忒有什么能够保存得下来？或许 "*Confiteor Deo*①"《传教士》(*El misionero*)，《平行线》(*Paralelas*)中的某几首，别的就没多少了，是吧？我总想写一本关于阿尔玛富埃尔忒的书，尤其要探讨阿尔玛富埃尔忒的道德。

———————————
①拉丁语"向主忏悔"。

——您将他标识为我们中间，阿根廷人中间的精灵。

——是的，一个精灵，当然。可以说阿尔玛富埃尔忒写下了卡斯蒂语中最好和最差的诗句。或许卢贡内斯也是，对吗？因为卢贡内斯总是充满了，难以原谅的诗句，不是吗？

"满布着蝙蝠那弯曲的
呈中国屏风之形的天空。"

然而，紧跟在其后：

"我们脚下一条风信子之河
无声无息地奔向死亡。"

这最后两行诗句，可以有各种诠释的方式，但无论用哪一种方式都十分有效，美极了。

——（笑）我相信我在本次播音开始时说起博尔赫斯和卢贡内斯是对的，因为这一回我几乎什么话也插不进来。

——天哪，实在抱歉。

——哪里，恰恰相反，我非常感谢您和卢贡内斯的高论。

八十五岁的经典

奥斯瓦尔多·费拉里：超越了二十世纪的所有风尚，幸运的是，博尔赫斯，您曾经在一篇文章里宣称过，不会担负反传统的使命。

豪尔赫·路易斯·博尔赫斯：是的，确实是这样，我相信我们应该尊重过去，因为过去是如此地易于改变，不是吗？在当下。

——但这种坚持，远离层出不穷的反传统时尚，在您这方面……

——啊，是的，我相信是这样，但这是一个法国人的坏习惯，就是依据流派，或是依据世代来思考文学。福楼拜说过："只要一行诗是好的，就别管它的流派。"并补充说："一行布瓦洛①的好诗等同于一行雨果的好诗。"确实如此：只要一个诗人写对了，他就永远

---

① Nicolas Boileau‐Despréaux（1636‐1711），法国诗人、批评家。

是对的。他信奉何种美学，或者是什么时候写的都无关紧要：这句诗是好的，就永远是好的。这一点适用于所有的好诗。人们可以阅读它们而不必考虑它们对应于，比如说，十三世纪，意大利语，或是十九世纪，英语；或是诗人信奉什么样的政治观点。我总是摘引布瓦洛的诗句；布瓦洛曾经令人惊讶地说过："我说话的这一瞬，已经远离了我。"这是一行忧郁的诗句，并且在一个人念出这行诗的同时，这行诗就不再存在于当下，而消失在过去之中了，而它是一个最近的过去还是一个遥远的过去全都是一样的：这行诗留在那里。它是布瓦洛说的，这行诗看起来不符合我们对布瓦洛所抱有的意象，但假如它是魏尔伦写的，假如是雨果写的，或者是一个不知名的作者写的，它也一样是好的：这行诗因自身而存在。

——确实。在一九八四年的这个八月，博尔赫斯，您度过八十五岁生日的月份里，我们要说……

——天哪，我该怎么办呢？我依然顽固地活着。我年轻的时候想要成为哈姆雷特，我想要成为拉斯柯尔尼科夫[2]，我想要成为拜伦。就是说，我想要成为一个悲剧性并且有趣的人物，但现在则不然，现在我认命了……不是很有趣，相当索然无味，但又是——这一点同样重要——或者尽量做到，平静的。平静可能永远是我们向往的东西，或许我们无法完全达到，但我们在晚年比青年时期更容易达

---

② Raskolnikov，陀斯妥耶夫斯基小说《罪与罚》的主人公。

到。平静是最好的善——这不是我原创的想法，根本没有原创的想法——呃，伊壁鸠鲁派、斯多葛派，都是这么想的。但是，我们为什么不去模仿那些著名的希腊人呢：我们还能向往些什么呢？

——不过，正好，与这一份持久保持的平静，以及您这种对于反传统时尚的否弃相关，这回我想要和您谈一谈经典。

——我必须重复自己——我别无他选——因为如果我不重复别人的话我只有重复自己，或者我除了一个重复以外什么也不是。我相信一本经典的书不是以某种方式写下的书。例如：艾略特认为唯有在一种语言达到了某种完美之时才可能获得一个经典，在一个时代已经达到了某种完美之时。但我不这么认为：我相信一本经典的书是一本由我们以某种方式阅读的书。也就是说，不是一本以某种方式写下，而是以某种方式阅读的书。当我们阅读一本书仿佛在那本书里没有任何东西是出于偶然，仿佛一切都有一种意图并且可以自圆其说的时候，那么，这本书就是一个经典。我们可以得到的最有力证据大概是在《易经》，即中国的变易之书，由六十四卦构成的书里面的吧：六十四条完整或断开的线，由六十四种可能的方式组合起来。对于这本书人们曾经提出过一种道德的诠释，那是中国的经典之一。这本书甚至没有词语，只有完整或断开的线，但却得到了毕恭毕敬的阅读。在每一种语言中，经典都是这样的。例如，人们设想莎士比亚的每一行都是有道理的——当然，很多都是偶成之作。人们还设想《堂吉诃德》的每一行，或《神曲》的每一行，或那些名叫"荷马史诗"的诗篇的每一行都是有道理的。也就是说，一个经典是一本怀着尊重阅读的书。因此，我相信同一个文本会随着所在的位置而改变价值：如果我们阅读一份日报上的一个文本，我们读的是某种即时遗忘的东西——因为这名字本身（日报）就表示那是短暂的，每一天都有一份新的，它抹去前一份。相反，如果我们在书中读到同一个文本的话，我们会怀着一份尊重这样做，它会令这文本改变。所以我要说一个经典是一本以某种方式阅读的书。在这里，在这个国家，我们已经决定《马丁·菲耶罗》是我们的经典书籍，而这，毫无疑问，已经改变了我们的历史。我相信如果我们选择的是《法昆多》①，我们的历史或许会有所不同。《法昆多》可以提供一种不一样的审美愉悦，但并不逊色于埃尔南德兹的《马丁·菲耶罗》交给我们的。这两本书都有一种美学价值，当然，《法昆多》的教谕，即民主的理念——文明反对野蛮的理念——是一种或许原本就更有用的理念，相比于把一个……一个逃兵、一个恶人、一个感性的刺客当成典范人物的理念。那正是，总而言之，《马丁·菲耶罗》变成的样子。这一切都无损于这本书在文学上的优点。我很乐意提到萨米安托的名字。如您所知，在九月十一日，我将获得一个崇高而受有之愧的荣誉：我将被授予圣胡安大学——库约大学最近开办的分支——的名誉博士学位，这所大学与萨米安托的名字联系在一起，对我来说那是我们文学和我们历史上最伟大的名字，

①萨米安托：《法昆多或阿根廷潘帕草原上的文明与野蛮》(*Facundo o civilización y barbarie en las pampas argentinas*)，法昆多即阿根廷军阀、联邦派政治领袖胡安·法昆多·基罗加 (Juan Facundo Quiroga，1788－1835)。

为什么不敢这么说呢？我会在圣胡安获得这个学位，我感到非常、非常荣幸。

——而且它还与您的第一个名誉博士学位有联系。

——确实，我的第一个名誉学位，也是最让我动情的一个是库约大学的那个。随后我又获得了别的，来自更古老和更著名的大学：例如，哈佛的、牛津的、剑桥的、杜兰的、安第斯大学的。那是在一九五五或一九五六年，我把将这个荣誉归功于我的朋友费利克斯·德亚·帕奥莱拉，是他向库约大学的校长建议了这一提名。我是从别人那里听说的，他对我什么都没说，他是一个阿德罗圭的老朋友。

——回到经典这个话题，博尔赫斯，您指出了它们所取的两条路径。第一条，是荷马、弥尔顿或托夸多·塔索所遵循的，他们，据您主张，召唤的是灵感的缪斯或是灵体。

——应该是他们构思了一部杰作，是的。当然，那就是现在所谓的无意识，但其实是一样的：希伯来人谈论灵体，希腊人谈论缪斯，而我们当今的神话则谈论无意识——十九个世纪说的是潜意识。都是一样的，对吗？这让我想起了威廉·巴特勒·叶芝，他曾经说过大记忆，他说每一个个体，除了其个人经历交给他们的记忆之外，还拥有大记忆——the great memory，大概是先辈的记忆，它是以几何级数倍增的——亦即人类的记忆。所以一个人身上有没有发生过很多事情是无关紧要的，他已经配备了这几乎无限的宝库，即先辈的记忆，也就是过去的一切。

——然后还有另一个过程，也是您指出的，为众多的经典所遵循以达到作品的最终形式。大概是解开一条线索，或是从一件看似次要或匿名的事件出发。就像莎士比亚一样，例如，他曾经说过情节对他来说并不那么重要，唯有……

——情节的可能性。这些可能性其实是无限的。这在文学方面显得有点奇怪，但在绘画或雕塑艺术中则不然。例如，有多少雕塑家曾经怀着喜悦尝试过一尊骑像呢？到最后或多或少都会成为骑手，马背上的人这个主题的变体。它所呈现的结果，就像"加塔梅拉塔" [1] "科莱奥尼" [2] 那么多种多样。还有……最好还是忘掉那些加里波第的塑像吧（**两人都笑了**），它们是这一类别的一个有点忧郁的例子，因为它们也是骑像。又有多少画家画过《圣母子》《十字架苦像》呢？然而，这些画作每一幅都是不同的。

——啊，当然，那些珍贵的变体。

①意大利文艺复兴时期雕塑家多纳泰罗（Donatello，1386－1466）为雇佣军首领加塔梅拉塔（Gattamelata，1370－1443）塑造的骑像。
②意大利画家、雕塑家维罗齐奥（Andrea del Verrocchio，约1435－1488）为意大利雇佣军首领科莱奥尼（Bartolomeo Colleoni，1400－1475）塑造的骑像。

——是的，在希腊悲剧家方面，他们处理的是观众早已了解的主题。这为他们节省了很多解释，因为只要一说"被缚的普罗米修斯"，指的就是众所周知的某件事。但也许，事实上，文学就是某些根本主题之上的一系列变体。例如，这些主题中有一个是回归，最经典的例子是《奥德赛》，不是吗?

——确实。

——或者是恋人相会、恋人一起死去的主题。有几个根本性的主题带来完全不同的书籍。

——是的，其实，一个经典的有效性取决于，您说，各个时代读者的好奇或是淡漠。

——是的。

——也就是说，起初作品并不是由偶然操纵的，而是由灵体或是缪斯，但随后它被留给了读者的偶然。

——话说，谁知道这是不是一个偶然。昨天我意识到了每一个人所进行的阅读的重要性，因为我听到了对我的一个故事的两篇分析……这个故事题为"马可福音"。这两个诠释是两个完全不同的故事，因为它们是一位精神分析专家和一位精通神学的人作的，两篇非常有创意的分析。也就是说，事实上，有三个故事：我的底稿，那是激发他们谈论的东西——我对此表示感谢，因为这很好，每一个文本都是一个普洛透斯[①]，可采取多样的形式，因为阅读可以是一个创造的行动，其创造性并不逊于写作。正如爱默生所说，一本书是万物中的一物，一件死物，直到有人将它翻开。然后才可能发生审美这件事，也就是说，那个死物复活了——在一种并不必然是那主题呈现给作者时所取的形式之下复活了。它采取一种不同的形式，呃，您刚才所讲的那些珍贵的变体。

——但是，多么奇怪啊，一个精神分析专家和一个神学家在您的一篇故事上竟能互相理解。

——呃，那是一个神学家……实际上是一个女神学家，荣格神话的一个小小的女弟子，因此他们在这个荣格的神话世界里相遇了（两人都笑了）。

——当然，这就明白了。

——是的，但这是一个颇具神学性质的联想，在其中出现了圣父、圣子、圣灵，我相信他们还设法引入了圣母玛利亚以及大地女神。两个元素被赋予了重要性，即火与水。不过，我猜想如果我讲的是

[①] Proteo，希腊神话中的早期海神，其形体变化莫测，可预言未来，但只回答能够将其捕获的人的问题。

平原的话土地应该也在了，如果那些角色呼吸的话，空气应该也在了，不是吗？

——四大元素。

——我相信就是这四个。没有四大元素大概会是非常困难的吧，对不对？他们特别坚持强调水的存在——一场洪水，一场雨；火的存在——点燃了房子的一部分。但他们忘了那些人物并没有窒息，也就是说，是有空气的，土地也在那里，因为土地的明显例子就是这个被文人称为潘帕斯草原的地域。

——现在，继续讨论经典。您总对我们说领悟一个作家就是以某种方式成为这个作家。根据您的观点，阅读莎士比亚就是，在阅读之时成为莎士比亚。

——是的，假如是一首十四行诗，比如说，一个人会成为那个作者在写下它或是构思它的时候所是的那个人。就是说，当我们念出"他们会是尘土，更是相爱的尘土"时，我们就是克维多，或者是某个拉丁人——普罗佩提乌斯①——是他给了克维多以灵感。

——但是您，您早已领悟了您所偏爱的经典……

----

① Sexto Propercio（前 47－前 15），古罗马抒情诗人。

——当然，因为每个人都各有所选。我曾经在某些作品上失败了。例如，我曾经在小说的经典上彻底失败了，那是极为新近的类别，但在某些古代经典上也失败了——我记得收过两个不同版本的拉伯雷，因为我心想："这一版我阅读不了他，或许用另一种字体，另一种装订就可以读了吧。"但我两次都失败了。除了某些很欢乐的段落，其中包括苏尔·索拉尔喜欢的一段：讲的是一座岛屿，岛上有树木，这些树木会出产工具、器械。例如，有一棵树产出的是锤子，另一棵出的是刀剑，还有一棵出的是铁——总之，是一座幻想的岛屿。我们——西尔维纳·奥坎坡、比奥伊·卡萨雷斯和我——选了这些章节收入《幻想文学选集》，名为"器械之岛"或"器械之树"，我记不清楚了，但那是拉伯雷写的，读起来颇有乐趣。

——您所偏爱的那一系列经典，博尔赫斯，在某种意义上您已经代表了它们。有人说您已经是一个活的经典了，您有什么看法？

——这是一个慷慨的错误。但无论如何，我已经把对经典的热爱传递给了他人。

——是的，的确如此。

——而最近的某些经典，已经有点被遗忘了。因为人们总会忘掉最近的经典，例如，我曾在各大洲传播对史蒂文森的热爱，对萧伯纳的热爱，对切斯特顿的热爱，对马克·吐温的热爱，对爱默生的热爱。或许这就是我所谓的作品之中蕴含的本质吧：曾经传播过这份热爱。还有曾经教过书，这并非坏事。我的家庭和教育颇有关系，我父亲是心理学教授，一位姨婆是现代语言学会的创始人之一——我相信她的名字被铭刻在一块石头，一座建筑的大理石碑上面：卡罗莱纳·哈斯拉姆·德·苏亚雷斯。

——博尔赫斯，那么就让我们用对经典的回忆，来庆祝她的又一个生日吧。

——是的，这是个好主意。

但丁，一场无限的阅读

奥斯瓦尔多·费拉里：博尔赫斯，有一个经典，总是有些间接地出现在我们的对话之中，我们应该找时间以直接的形式来讨论一下：一个意大利的经典，它有时让您想起尤利西斯在爱琴海上，在地中海上一个遥远所在的冒险。我说的是但丁，当然。

豪尔赫·路易斯·博尔赫斯：啊，当然了，嗯……这是一个无限的主题。

——无可穷尽，确实。

——他曾经说过他的书能够像《圣经》一样以四种方式来阅读，在给格兰·德拉·斯卡拉的信里说的，对不对？不过，毫无疑问还有更多，不止四种。当然，因为他说的是四重的阅读，我不记得区别是什么了。他这个想法是得自于《圣经》，得自于那个时代的神学家。现在，据秘法学者说，《圣经》——大概是《旧约》——是依据每个读者而写下的，因为读者都是信教者。这不是什么难事，因为读者与《圣经》一样是上帝的作品。上帝可能早已在同一时刻预想到了一切——如果关于上帝我们还能够谈论时刻的话，对不对？

——这让我想起了不久前阿尔贝托·希里告诉我的一个诗歌方面的观点：诗篇寻找它的读者，发现它的读者，创造它的读者这一理念。

——啊，对的，没错。

——这么说来，甚至，一首特定的诗必有一个读者或许也是可能的。

——是的，我相信书要找到自己的读者这一点是很重要的，因为如果一本书找不到自己的读者，它就是白写了。话说，秘法学者说《圣经》的每一首诗都是依据阅读它的无数世代里的每一个读者而写下的。它是特为每一个人而写的，因为当一个人阅读《圣经》时，他是在倾听一种来自神性的私人通信。应该就是那样吧，不是吗？

——来自神性，朝向每一个读者。

——是的，朝向每一个读者。我曾经想过或许可以写——哪怕是不切实际的——一个故事……当然杜撰情节应该是不可能的，但这个想法很好：我们知道，但丁一写完《神曲》就去了威尼斯。因为但丁在本质上是一个文人，那何不假设他想到了，或者不如说，发现了、预见到了另一首诗的情节呢？如果我们能够想到这个想法，我们原本可以做到什么……我们就几乎可以成为但丁了，因为，写下了《神曲》之后又能写什么呢？就仿佛万物已尽在此书之中。让我吃惊的是竟有意大利作家鼓起勇气在但丁之后写作，然而，举一个例子，我们可以看一下阿里奥斯托[1]，他的《奥兰多》[2]的意味或愉悦也许毫不逊色于《神曲》，而又与之绝无相像之处。也就是说，从来没有哪个作家可以穷尽文学，可是但丁，这个名叫但丁·阿利吉耶里的人，在写下了《神曲》这部完璧之书以后可能写过什么？如果我们可以将情节简单地描述出来，我们或许便可以拥有一个非常非常好的故事。但这个故事只能是但丁写的。或许他必须要找到某样东西，某样令但丁感兴趣的东西，在写下了《神曲》以后。

——在威尼斯。

——威尼斯或许应该是一个刺激物。

——当然。

---

① Ludovico Ariosto（1474－1533），意大利诗人。
②阿里奥斯托：《疯狂的奥兰多》（*Orlando Furioso*）。

——而因为威尼斯似乎是一个为艺术刺激而造就的地方，这大概并不算坏。毫无疑问，这个城市必定让但丁惊叹过。另外，也不妨假设他从来没有见过它——也许他在《神曲》里的某个地方说起过威尼斯，我不记得了，但我的记忆不像韵律词典那么完善，有某些疏漏——就让我们假设他没见过，没听说过威尼斯，他发现了威尼斯吧。他抵达这座城市，那里的街道是——就像帕斯卡①很久以后会说的那样——"自行的道路"，即运河。这肯定向但丁提示了什么，是的，但有什么想法值得让但丁想到呢？这对我来说非常困难，抑或是不可能的。

——好吧，也许在某个时候会冒出来的，博尔赫斯，在某个灵感闪现的时刻。

——是的。

——但是，您不久前还将一本散文书献给了但丁。

——是的，这本书出版了……据说这是一本错误汇编，有一篇我不愿意回想的序言，出于种种原因。人们也对我说这个版本，省略了不少段落，或许这很明智，我没有校对过。另外，我也没办法

---

① Blaise Pascal（1623－1662），法国数学家、物理学家、发明家、作家、哲学家、神学家。

校对。总之，一场像阅读但丁那样无限的阅读可能带给我多少思考，这本书仅仅包含了其中的一部分。我家里有十到十二个版本的《神曲》，因为我乐于重读这首诗，为此我每次都找一个不同的版本，因为我每次都是连文本带注释一起读的。所以我读到了十九世纪的注释，当代的注释，总而言之。也就是说，我读过《神曲》的各种版本，而且我仍藏有朗费罗的英文版，里面有取自意大利评注者的长篇注释，后者的著作现在都不再版了。因此这个朗费罗的旧版可能含有新鲜的东西，因为那些评注者所说的话已经被遗忘了。现在，评注者的情况很是奇怪，我相信最早的注释是神学性质的，我也相信是薄伽丘想出了《神曲》这个名字①，作者并没有想到它。因此，最初是神学方面的，继而出现了别的历史方面的注释，随后，在其他的注释中人们寻找起了但丁和维吉尔的"同与异"，引用阿尔丰索·雷耶斯的话来说。再后来，在二十世纪，人们始终在尝试另一个类型的注释，是美学方面的，在其中指出，例如，这一行诗为什么悦耳——它们专注于词语的声音，词语的隐含之义。这是前所未见的，因此有关但丁的注释史应该是很有趣的，或者可以是一个很好的主题。每一次都用一种不同的方式读他的书——不妨给但丁所说的四种阅读方式提供一个例证。但他首先思考的是意义，是它可以，姑且说，被当作地狱、炼狱和天堂的一个真实版本来阅读。或者不然的话我相信就是但丁的儿子，他说但丁旨在描述正义者的生命对应于天堂，悔罪者的生命对应于炼狱，以及恶人堕落者

---

① 《神曲》（*La Divina Comedia*）的意大利语原意为"神圣喜剧"。

的生命对应的是地狱。就是说，但丁的宗旨并不是描述那些地方，而是……

——一个道德命题。

——是的，一个道德命题，然后是一个有寓义的命题。目前谈论寓义似乎有点做作，但这是我们所谓的中世纪里很自然的思维方式。顺便说一下，中世纪这个名字是荒谬的，是一个荷兰历史学家霍恩①，发明了这种历史分割法，曾经受到斯宾格勒的指责，在《西方的没落》的头几页里。如何将历史分为古世纪、中世纪和近世纪？既然古世纪，呃，向后无限延伸，我不知道中世纪是否能够正确划分，而近世纪则会扩张再扩张，还必须加上当代史。这种分割法已经被全世界所接受了，然而，这显然是不合逻辑的。以前人们假设中世纪是一个历史已经腐朽的时代，正如文艺复兴是一个开端的呼声，因为这暗示了一切都已死去并再生。然而，所谓的中世纪却带给了我们，后来被称为哥特式的建筑，这是不可以无视的，然后是那些伟大的英雄诗篇:《罗兰之歌》《贝奥武夫》……

——史诗，应该说是。

---

① Georg Horn（1620－1670），德国历史学家、神学家，荷兰莱顿（Leiden）大学的教授，但最早使用"中世纪"概念划分历史的并不是他，而是意大利人文主义者、历史学家、政治家布鲁尼（Leonardo Bruni，约1370－1444）。

——史诗，是的，还有《神曲》，由此可见中世纪并非一个那么死气沉沉的时代。随后哲学改变了它的词汇，但出现了各种学派。假设中世纪就如同一场漫长的沉睡是一个错误，一个明显的错误。例如，直到不久以前，在哲学史书里，哪怕是在杜森①的书里，我相信只有一卷是论述中世纪的，仅仅一卷，却有三卷是论述印度的，举个例子，接着，随后发生的事情，从文艺复兴一直下去，则是一卷连着一卷，有整整一卷来论述叔本华，等等。我不知道为什么中世纪被如此地低估，后来才被浪漫主义者重新发现。

——这一次重提但丁让我想起来，博尔赫斯，我们谈到过您的故事和您的诗，但还没有谈到过您的散文，而您多年以来一直都在写作散文。

——是的，但现在我已经把它放到了一边，因为我认为散文对应于意见。意见在我看来是如此的多变，又如此的微不足道……我不知道在我余生里会不会再写一篇散文，很可能不会了，或者我会用迂回的方式去写吧，就像我们两个现在所做的那样。相反，我把我的未来——我短暂的未来，我希望——把它看作是为故事，为幻想故事准备的，当然，也是为诗歌准备的，因为我已经陷入了写诗这个坏习惯。

---

① Paul Jakob Deussen（1845－1919），德国印度学家、哲学家。

——但您知道当诗人思考之时，比如在写散文的时候，他是在实践一种有别于哲学家或神学家的洞察，有时候这可能是有用的，可能让我们发现新的领域。

——啊，当然，另外我肯定批评可令作品丰富，这是您谈论希里的话，对不对？

——是的。

——也可能是那样，确实莎士比亚的作品在当今比在他写作的时候更丰富了，因为这作品已然经过了柯勒律治、布拉德利和其他批评家之手，这必定使其不断地丰富起来。对于但丁也是如此，经过了这么多的阅读，必定使其不断地丰富起来。而且，毫无疑问，乌纳穆诺曾经写过堂吉诃德和桑乔的生活这件事，对于许多人来说，已经改变了堂吉诃德。这件作品每一次都得到了更新。尤其是在它被非常有创造力的批评家阅读的时候。

——但丁也标志了，或许，爱的观念上的一个里程碑，它从柏拉图开始，由但丁及其他人继续，并且延伸到浪漫主义的爱情观之中。

——是的，"移动太阳和其他星辰"的爱。嗯，他也将一种神学的意义赋予了爱。

——的的确确，作为一种通过爱来超越的可能性；一种升华的可能性，不是吗？

——是的，此外还有美学之美，这对我来说是《神曲》的精髓，因为我无法相信它的神话，姑且这么说。例如，惩罚的理念，奖赏的理念，是与我完全格格不入的。这些理念在我看来甚至是不道德的。然而，在我们阅读《神曲》的同时，我们的想象便轻而易举地接受了惩罚和奖赏的概念。我们忘掉了，随后斯威登堡就会到来，他相信并非如此，他相信是每一个人自己选择的天堂或是地狱。就是说，这并非取决于一个法官的裁定，而取决于一个人内心的倾向。斯威登堡认为在一个人死去之时，他会感觉有一点迷惘，随后，他便会遇见陌生的人，而那些陌生人——他不知道——可能是天使也可能是魔鬼。而人会发现和其中一个对话是愉快的，和其他人对话是不愉快的，于是人便有意地选择天堂或是地狱。

——人有选择的自由。

——是的，人拥有这种自由意志，不仅在生时，更在死后。他很多次想象一个堕落者抵达了乐园，抵达了天堂，于是那堕落者便置身于天堂的花园之间，倾听着天堂的音乐，与天使交谈，而这一切在他眼中是可怕而肮脏的。此外他还患有疾病，例如，光照令他感到灼伤之痛。

——他的天堂其实是地狱。

——是的，于是他便回到了地狱。现在我想起弥尔顿的撒旦，他说无论他在哪里，哪里便是地狱。随后又说："I myself am hell.（我自己就是地狱。）"就是说，他设想地狱并不在一个地方，而是一种心灵的状态，或是灵魂的状态。对于斯威登堡也是如此，魔鬼，当然，活在一个……跟政界颇为相似的世界里：例如，一些人密谋反对另一些人——假设魔鬼并不总是同一个个体，因为他们活着总在不停地尔虞我诈，前仆后继。

——您是用政治作了一个比喻吗，在这个问题上？

——呃，我相信……在我看来这绝对是无可否认的，不是吗？那正是一个充满个人野心、等级森严的世界。

——权力的世界。

——是的，领袖的世界……或多或少，就是所谓的"诉讼"吧，看起来不怎么像天堂而更像是地狱。

现实主义文学和幻想文学

奥斯瓦尔多·费拉里：博尔赫斯，人们感觉，在本质上，您是与幻想文学联系在一起的。但是，除了在其中写作以外，您也对幻想文学的价值进行过思考。

豪尔赫·路易斯·博尔赫斯：我要说所有的文学本质上都是幻想性的。现实主义文学的理念是错误的，因为读者知道它们正在讲述的东西是一个虚构。而且，文学始于幻想，或者就像保罗·瓦莱里说的那样，文学中最古老的类别是宇宙起源学，大概是一样的吧。就是说，现实主义文学的理念或许要追溯到流浪汉小说，那是一个致命的发明，因为——尤其在这个大陆上——所有人一直都专注于……一种风俗习惯的小说，这大致上是源自于流浪汉小说。不然就是所谓的"社会指控"，它们也是现实主义的一种形式。不过，对于我们美洲以及西班牙语来说幸运的是，卢贡内斯在一九〇五年发表了《陌生的力量》（*Las fuerzas extrañas*），那是一本由故意的幻想性故事构成的书。人们往往会忘记卢贡内斯而设想是我们这一代……呃，比方说是比奥伊·卡萨雷斯、西尔维纳·奥坎坡和我，引入这一文学类型的，然后又扩展开来并催生了像加西亚·马尔克斯和科塔萨尔这样杰出的作家。但不是这样的，因为其实……

——卢贡内斯在所有人之前。

——是的，卢贡内斯是应该提到的。人们对卢贡内斯总是不太公平，因为对他的评判总是依据他最后的政治立场：法西斯主义。他们忘记了他原先是无政府主义者，是社会主义者，是协约国——即民主——的支持者，在第一次世界大战期间。后来，我不知道他为什么受到了墨索里尼的蛊惑。呃，希特勒也受了墨索里尼的蛊惑。

——然而，您与比奥伊·卡萨雷斯和西尔维纳·奥坎坡合编的《幻想文学选集》……

——我相信这本书起到了很好的作用，我相信这是一本很有益的书。后来我们又出版了第二卷。但我相信这本书应该产生了一定影响……或许是对于其他的南美文学。

——毫无疑问。

——还有西班牙文学也是。我们也拥有另外那个伟大的幻想作家：拉蒙·戈麦兹·德·拉·塞尔纳，他本质上是一个幻想作家。

——在您的一篇随想中，您说幻想文学不是对现实的一场逃避，而是帮助我们以一种更深刻也更复杂的方式来理解现实。

——我要说幻想文学是现实的一部分，而现实必定是包罗万象的。那岂不荒谬，假设这万象是呈现在早晨的报纸上的东西，或者是别人在报纸上读到的东西，因为从我个人来说，我是不看报纸的——我一生从没有读过一份报纸。

——（笑）嗯，这就解释了为什么您似乎不是现实主义文学的支持者。

——现实主义文学是最近刚刚出现的一个类别，或许会消失的吧。尤其是它……呃，现在有一个非常普遍的偏见：一个作家必须为一个特定的公众写作的理念，并且这一公众必须是本国人，他的想象是禁止超出他亲身了解的事物之外的。每一个作家都应该谈论自己的国家，这个国家的某个阶级……这些都是与文学格格不入的理念，因为文学，如您所知，是从诗歌开始的。

——当然。

——而诗歌并不一定是当代的。事实上没有人会假设，荷马是特洛伊战争的同时代人。

——当然，相反的话就可能意味着一种文学的决定论了，完全是消极的。

——是的，但这是很常见的。例如，常有记者来找我，向我发问："您要传达的信息是什么？"我告诉他们说我没有任何信息——信息专属于天使，因为天使在希腊语中的意思就是信使——而我肯定不是一个天使。吉卜林说一个作家可以获准创造一个寓言，但不允许知道那寓义是什么。就是说，一个作家为一个结局而写作，但事实上他所寻找的结局就是这个故事。我想象即使是伊索——或是那些被我们称为伊索的希腊人——更让他感兴趣的也是动物像人一样说起了话这个想法，而不是故事的寓义。另外，这大概会很奇怪吧，竟有人从某种像寓义这么抽象的东西开始构思，然后才想出一个故事。看来更自然的设想是他的构思从故事开始。当然文学原本就是从幻想开始的。在梦里——梦其实是一种非常古老的艺术形式——在梦里我们并不是在推理，我们，是在创造小小的戏剧作品。

——最早的文学不仅看上去不是现实主义性质的，更与宗教，甚至神性紧密相关。

——还有魔法。

——当然。

——例如，在我眼中最重要的作品之一：我猜想那些梦见了
《一千零一夜》的人从未想到过任何寓义。他们做梦，他们让自己
做梦，于是便产生了这本非同凡响的书。

——现实主义文学，在我看来，对应于二十世纪超过了任何其
他世纪。

——在十九世纪还有自然主义也是。

——是的，但在二十世纪里更巩固了。

——是的，在本世纪更巩固了。但在十九世纪，那个左拉的奇
怪理念，就是他的每一本小说都是一个科学实验……很幸运并非如
此，因为左拉是一个很会空想的人，对吗？左拉的小说现在读来就
像是美丽的空想，却不像是他想要做到的，研究第二帝国时期的法
国人的科学著作。

——我曾经想过，博尔赫斯，您已经用您的《梦之书》完成了
另一本幻想文学选集。

——啊，可能是的，确实。那是我和罗伊·巴托洛缪一起编选的。

这是一本很好的书，在我看来。

——的的确确。

——尽管可能有太多取自《旧约》的梦了，对不对？

——不过，它们都是上乘之作。另外，还有您的一些作品，我很喜欢其中一篇："阿隆索·吉哈诺做梦"。我不知道您是否记得这篇。

——不，我不记得了，我一心忘掉我写的东西。而且我也必须忘掉我写的东西，因为不然的话我大概会沮丧的吧。因为我想要继续写下去，所以忘掉易于犯错的过去而只想将来是很合适的，将来或许永远不会到来，但我可以设想它比过去更加慷慨。

——但实际上多年以来您与阿隆索·吉哈诺或塞万提斯总是若即若离的。

——确实，是这样，有人发表了一篇论文探讨我与堂吉诃德的关系。他发现，不知道有多少篇章或不知道有多少段落，我都回到了堂吉诃德这个主题。抱有堂吉诃德崇拜的是马塞多尼奥·费尔南德兹。总体上他不喜欢西班牙的东西，却很喜欢堂吉诃德。而且非常具有煽动性的，马塞多尼奥·费尔南德兹提议我们所有南美人和所有西班牙人都自称为"塞万提斯一族"，因为塞万提斯正是一条纽带，不是吗？一条跨越大西洋的纽带。这是一个很好的想法，因为"塞万提斯一族"听起来很不错，不是吗？

确实很好。

西尔维纳·奥坎坡、比奥伊·卡萨雷斯与
胡安·R. 威尔考克

奥斯瓦尔多·费拉里：我注意到了，博尔赫斯，因为我完全同意这个想法——我觉得把它特别指出来是一桩正义之举——您在我们的文学中分派给西尔维纳·奥坎坡的独特位置。我相信您是唯一一个曾经明确阐述过这位作家的重要性，及其天赋的维度的人。

豪尔赫·路易斯·博尔赫斯：是的，她的姓氏对她很是不利，不是吗？人们总是联系着维多利亚·奥坎坡来看她，维多利亚的一个妹妹，就是她的全部定义，这是完全错误的，对不对？当然，维多利亚写过她，但她是用一个姐姐谈论一个妹妹的语调来写的。最好是忘掉这层关系，因为她们是两个截然不同的人，以不同的方式有益于这个国家。维多利亚，首先，完成了一系列传播广泛的作品，呃，维多利亚的作品是非常重要的，但是可以这么说，在诗歌的意义上并不重要。相反，我在西尔维纳身上看到了一种感性，一种细致的

感性，可以将万物感受为诗意的。

——确实。

——话说，就我个人而言，我喜欢她的诗歌胜过她的散文，因为在那散文里有某种残忍是我不能赞同的。相反，那些诗篇，例如，《祖国的列举》(*Enumeración de la Patria*)，在其中没有丝毫的残忍。它们是灿烂的诗篇，像她写的那首《学院颂》(*Oda escolar*)，比方说。在西尔维纳·奥坎坡身上有一种感性……一种……普遍的感性：她感受英国诗歌、意大利诗歌，还有西班牙诗歌，她以同等的强度感受它们，并且还能够在卡斯蒂语中感受这些不同的调式。

——的确是这样。话说，她在意大利和法国早就被发现了，并持续不断地获得重新评价。

——是的，我相信是这样。在法国，绝对是的；在意大利我不知道，但是很有可能是这样的。

——她在这两个国家都获过奖，几个星期前刚获得法国颁发的荣誉。

——啊！法国，是的，当然。

——您提起曾经与西尔维纳·奥坎坡和阿道尔弗·比奥伊·卡萨雷斯合作，那本书……

——不，那本书是比奥伊和我编的，其实西尔维纳参与得很少。您是说我们编的那本选集吧？不，我有印象那是比奥伊和我编的，但我不肯定，真的，因为我的个人记忆是非常模糊的。

——实际上还有一本阿根廷诗选，是合作编成的。

——是的。然后是《幻想文学选集》，这本书是如此的重要，我要说，对于卡斯蒂语来说，不是吗？因为当时人们总体上是以现实主义的形式思考文学的，而一本幻想文学选集，是向读者开启的一份梦想的自由。所以我相信这本书，或许是我们曾经出版过的最重要的一本书：这本幻想文学选集，然后又问世了第二卷，其重要性不逊于第一卷，就这样，这两卷书开启了后来得到了更好利用的巨大可能性。所以我相信，即使只是通过《幻想文学选集》，我们也已经影响了以卡斯蒂语为工具的各种文学。也就是说，我们做了一件好事。

——这是毫无疑问的！

——我们开启了无数的可能。现在，说到西尔维纳·奥坎坡，她不仅是一个伟大的诗人，她同时也是一个优秀的画家，一个优秀的雕塑家，一个优秀的音乐家。因为她对美的兴趣之多，地域之广，我都无法跟上，当然了。因为我不知道，真的，我对绘画的感觉……我不知道我是否有能力感受"蓝调"或"灵歌"以外的音乐……大概还有米隆加吧。而……勃拉姆斯让我感动，但我解释不了我为什么会感动。

——这是您与她共有的一份情感，对于勃拉姆斯的感动。

——我相信是这样。这是比奥伊和我一起发现的，因为西尔维纳经常放唱片，后来我们注意到——过了一段时间——在她放某几张唱片的时候，我们工作得很好；放别的唱片时，就无法激发我们。于是我们就去查找那些唱片对应的名字，发现德彪西不适合我们或者对我们有害处，而勃拉姆斯就非常适合我们。我能说的就是这些了；显而易见，我对音乐一无所知，甚至这一个和那一个都分辨不了。我知道一个让我感动而另一个不能，仅此而已，我对勃拉姆斯有感觉，而对德彪西毫无感觉，无疑这是不公平的。

——您曾经阐述过，在谈及西尔维纳·奥坎坡时，一件在我看来很重要的事：您说她的散文——西尔维纳·奥坎坡的散文——是通过诗意的介入而获得宽广的维度的，将她心中诗意的感觉应用于散文之中。

——我不知道在诗歌和散文之间是否有一种本质的区别。只是，

273

据史蒂文森说我们所谓的散文是最困难的诗歌形式。不存在没有诗歌的文学，哪怕是，就这么说吧，红皮人或爱斯基摩人或野蛮部落的文学——永远有诗歌。但却存在从未抵达散文的文学。例如，在大学里，在一九五五年，我们就开始学习古英语了：盎格鲁－撒克逊语。我很快就发现撒克逊人早已用盎格鲁－撒克逊语写下了令人钦佩的史诗和挽歌。但在统治英格兰的五百年里，他们不曾写过一页好的散文。就是说，散文应该是比诗歌更晚也更复杂的形式。现在，很多人认为并非如此，他们假定散文比较容易，但这是缺乏听觉的人说的，他们没有意识到他们所谓的散文仅仅是聒噪而已。一种解释——是史蒂文森给出的，如下：史蒂文森说如果一个人完成了一个音律单元，例如，比方说，一行十一音节诗句，吟游诗人写的那种八音节诗句，一行亚历山大体诗句，不然的话就是一行头韵诗——这对应的是日耳曼诗歌，或是一行计算长短音节的诗句：希腊人和罗马人的六音步诗句……他只需不断地重复这个单元，即可获得这首诗，是不是？就是说，如果您有一行十一音节诗句，您要再完成十三行，如果它们都像必须的那样是押韵的，您就写成了这首十四行诗。相反，在散文里，您必须持续不断地发明变体，而这些变体必须同时既是意外的又是令人愉悦的。也就是说，如果您写下了"在拉曼恰的一个地方，它的名字我不愿提起"[1]，它并没有带给您任何效法的途径，因为您不可以重复这一行。相反，如果您写的是"流淌不息，纯净，晶亮的水"[2]，那么，它已经给您带来了一个单元，

---

[1]《堂吉诃德》第一章的第一句。
[2]加西拉索·德·拉·维加：《挽歌I》(*Égloga I*) 中的诗句。

只需重复即可，不是吗？在散文里就不行了，在散文里您必须改变那个单元，这些单元必须是意想不到的，同时又是令人愉悦的。就是说，像我刚才说的那样，其实散文才是最困难的诗歌形式。现在，显然诗性和散文性这两个词有了另外的含义。人们一致认为散文性的就是平凡的、日常的，诗性的就是非凡的、感性的。但或许这是一个错误，或许，像我在别处说的那样，对于一个真正的诗人来说每一个瞬间都可以是诗性的，没有什么是散文性的（在散文性这个词的贬义上讲），没有什么跟散文的艺术有关。

——确实。您说，显然，西尔维纳·奥坎坡能够诗意地感受每一个瞬间。

——我相信是这样。

——然而，她说……

——说到很多事情。举个例子，我曾经注意到——在她的作品里，她会谈论昆虫。

——或是魔法。

——是的。我对昆虫的感觉唯有厌恶。总之这可能是我的错，不是吗？此时此刻就有那么多的虫子，大概上帝喜欢它们吧——假如上帝存在的话——对吗？不然的话，为什么会有这么多？我不需要成百万成百万的蚂蚁，但似乎上帝需要（笑），上帝的需要跟我的完全不同。我宁愿一只蚂蚁也没有，没有蚂蚁我可以愉快地生活，我也很乐意把蚊子去掉。但似乎上帝不这么想；对于上帝来说，蚊子的宝贵与独一无二并不逊色于，呃，莎士比亚，不妨这么说。

——您想要一个去昆虫化的世界（两人都笑了）。

——我相信是这样，是的。其实，这是出于我贫乏的感性。或许对于上帝来说每一只昆虫都像莎士比亚那么独具个性，假如昆虫有个人意识的话，这是我们不知道的事情。或许它们有一种集体意识也说不定，是吗？这很有可能，或许一只蜜蜂感觉自己并不是一只蜜蜂而是一个蜂巢中的一员，这很有可能，这可以解释为什么动物不会创造发明：一个蜂巢，或是一座蚁丘，多少个世纪就是不断地重复。相反，人就不是这样，人总在尝试细小的变体，呃，从一个机舱或是从一座冰屋到曼哈顿，比方说。

——进行个体的尝试。

——也做个体的尝试，是的。

——您说西尔维纳·奥坎坡曾经说过："我拥有来自感性的智性。"在我看来这是一句精彩的表述，呈现了这位女艺术家的感觉方式。

——我不知道是否仅属于女性，男人也是这样的吧。我不知道离开了感性还有没有诗歌。我相信不会有了。就是说，很多人的那种想法：诗歌是一种文字游戏，我肯定这是一个错误。倘若没有情感的支撑，没有情感的修正，诗歌就将一文不值——如果是这样，它就纯粹是一种文字游戏而已了。

——但您或许也承认，对于男人来说，一般情况下，是智性在主导行动。相反，对于女人来说，感性似乎是她天性之中的首要动因。

——是的，但我相信最好是说感性应该比思维更重要。

——正确。

——但这可能是我个人的一种异端邪说。话说，爱伦·坡相信一首诗的写作是一种智性的运作，但我并不相信。我敢肯定他错了，或者说这是他的一个玩笑，对吗？因为他写下《乌鸦》这首诗不是出于智性的理由。我不相信一首诗是出于智性的理由而写的，它被写下，是由于某种比一系列三段论更私密或更神秘的事物。

——您又如何看待波德莱尔的见解，即最好的诗是出于写一首诗的纯粹快乐而写下的？

——我相信他是对的，我相信写作的行为必须是愉悦的。我相信如果有困难的话就意味着有某种尴尬。我相信，当然，写作应该像阅读一样是自发的：是两种不同的幸福。尽管，或许写作是一种不智之举，但阅读肯定不是一种不智之举（笑）。

——有一个奇怪的案例：一个阿根廷作家——西尔维纳·奥坎坡和阿道尔弗·比奥伊·卡萨雷斯共同的朋友——胡安·鲁道尔弗·威尔考克，他去了意大利，就在意大利写作了……

——他掌握了这些语言，对吧？当然，我相信他父亲是英国人，母亲是意大利人。我猜想他们在家里是无差别地讲这些语言的，对吧？我知道的是，他戒掉了卡斯蒂语，并成功地变成了一个意大利的著名诗人，我上回在那儿见过他。

——然而，意大利对他来说似乎始终是一个次等的流亡之地。我跟他在那里呆过……

——这我不知道，我以为他在意大利非常舒适呢。

——但他生活在一种巨大的孤独之中，一直在回忆布宜诺斯艾利斯。

——或许是因为，要留在一个地方，或许真正留在一个地方的办法大概是在远方怀念它，不是吗？不在某地正是在某地的一种形式，对不对？

——确实。

——我从来不知道威尔考克怀念布宜诺斯艾利斯。

——至少他是这么表现的。

——您见到他是什么时候？

——在一九七五年。

——啊！不是最近。

——在他去世前不久。

——是的，我正是在西尔维纳·奥坎坡的家里与他相识。他住在巴拉卡斯，在蒙特斯·德·奥卡大道……以前叫巴拉卡斯长街，就是现在的蒙特斯·德·奥卡。而里科莱塔长街以前是金塔纳街①。

_____

① Quintana，位于布宜诺斯艾利斯里科莱塔区（Recoleta），博尔赫斯曾寓居于此。

但巴拉卡斯那条更长，更重要。

——这一点我要向您咨询，因为威尔考克在布宜诺斯艾利斯一直很受敬重，一直很受尊崇。然而，他毅然决然地离开了布宜诺斯艾利斯。

——我对这场旅行私下的原因一无所知。究竟是什么呢？

——但是，可以说在文学上也并未得到解释：他在布宜诺斯艾利斯取得成功后就离开了这里，去到另一个国家用一门外语来写作，这是不是很少见——不确定——对一个作家来说？

——是的，但有可能对他来说那并不是一门外语。

——但直到那时他一直是用卡斯蒂语写作的。

——是的，但假如他一直在不断地阅读意大利语呢。尽管，我不知道，因为他读英语，我不知道他是否用英语写作。他还掌握了英语。嗯，威尔考克是一个英文名字，当然。

——我们再一次来到了这次播音的结束时间。但是，如果您想补充点什么的话，呃，我们还能再多讲一分钟。

——很好，我非常高兴您提到了这两个对我来说如此宝贵的名字，西尔维纳·奥坎坡和威尔考克。我要为此向您表示感谢。

——还有比奥伊·卡萨雷斯。

——还有比奥伊·卡萨雷斯，当然，是的。

——对我来说也是一件乐事，博尔赫斯。下星期见。

——下星期见。

论历史

奥斯瓦尔多·费拉里：您曾经谈到过一本书，博尔赫斯，说浏览此书就是置身于其内并冒险地迷失在一本冒险小说之中，它的主角是人类的各个世代，它的剧场是世界，它广大的时间是由朝代，由征服，由发现，由语言和偶像的变异来度量的……我不知道您猜没猜到我指的这个文本。

豪尔赫·路易斯·博尔赫斯：可能是吉本[①]吧？

——吉本，正是他。

——没错，是的。

[①] Edward Gibbon（1737－1794），英国历史学家，著有《罗马帝国衰亡史》（*The History of the Decline and Fall of the Roman Empire*）。

——您在我们对话的过程中曾经多次提及过他。

——吉本有幸活在一个审查制度的时代，这迫使他诉诸反讽，间接地言说事物——最有力也最有效的言说方式。或许我们也可以这样谈论伏尔泰。所有这一切到头来，很奇怪，会是一种对审查制度的赞扬，因为如果允许绝对的自由，一切都将被直接表达出来，也就是说，以最弱的方式；相反，审查制度可能迫使人们诉诸委婉的说法，诉诸隐喻，诉诸反讽。我并不喜欢赞美审查制度，并且知道这是荒谬的，因为我为什么要让别人来为我做决定呢？比方说，如果一部电影上映了，应该是我来判断我是否应该去看它，而不是任何一个官员。当然这也适用于各式各样的淫秽，而目前我们正在目睹某种对色情的神化，但或许这要好过把所有的一切交到别人的手里，尤其是在国家的手里。对我来说国家是当下共同的敌人。我希望的是——这我已说过多次——一种国家的最小化和个人的最大化。但是，或许这需要等待……我不知道需要几十年还是几个世纪——从历史上看这根本算不了什么——尽管我肯定是赶不上这个没有国家的世界了。为此需要一种道德的人性，以及，一种在智慧上强于现在，强于我们之所是的人性。因为，毫无疑问，我们是非常不道德也非常不聪明的，与那些未来的人相比，因此我同意这句话："我武断地相信进步。"我相信这份希望是必要的，我们必须相信进步，尽管或许这种进步并不存在……歌德就提出过螺旋的理念，那是一个形式，一个美好的隐喻，以呈现比进步更有可能的事物。就是说，事物是以螺旋进步的，对吗？而不是以一条直线。如果我们不相信进步，我们就不相信行动的一切可能。我对于进步的这种信念其实大概是，归根结底，我对自由意志的信念的一种形式吧。也就是说，如果有人告诉我说我所有的过去原本就是命中注定的，原本就是强制性的，我不会在乎，但如果有人告诉我说，就在这一刻，我无法自由行事了，我就会绝望。我相信都是一样的：进步的概念之于历史，就像自由意志的概念之于人类，之于个体一样。而在某种意义上，虚伪这件事也是一种进步，因为如果有虚伪便意味着有对恶的觉察，这一点非同小可：那些作恶的人，他们知道自己在作恶，而这就是一个提升。有人说过虚伪是恶对善，或是堕落对美德的一个致敬。

——因此虚伪大概是不道德的而非超乎道德的。

——是的，可能是……

——应该是有善恶意识的。

——当然，从我隐藏自己的那一刻开始。那是因为我知道我的行为是坏的。但知道我的行为是坏的，已经至少暗示了一种智慧的进步，不是吗？

——显然是这样，现在，说回历史吧。我想到吉本是因为我把他与您联系起来了。您说吉本在叙述时，似乎沉湎于他所叙述的事件之中，并且，可以这么说，用一种神圣的无意识来思考它们，他将它比之于命运，比之于历史本身的进程。

——我这么说过？

——是的。

——真是稀罕，因为在这个问题上，很奇怪，我这么说是对的。这样的话，历史学家就会是一个公正的神了，对不对？

——（笑）在最好的情况下。

——是的，我说，像是一个神，他听任事情发生，或许提到它们而不加赞扬，也不予谴责。

——对没有自身意志的命运的一种诠释。

——是的，他或许应该具有命运的公正性，抑或是机遇的公正性，因为我们不知道存在的是命运还是机遇。或许这两个词本是同一样东西的两个名字。

——我们不知道。

——是的，而且很可能永远不会知道，尽管有人说我们死后就会知道了……呃，我曾经读过的对灵魂不死的最好反驳，是在斯皮勒①的心理学里的：它名叫 *The Mind of Man*（《人心》），但这是一本心理学著作。他在这本书里有一段是专门探讨灵魂不死的，说如果一个人断了一条腿，断了一只胳膊，他便遭受了伤残。这不代表任何优越性，灾祸也是一样。而死亡——它应该是完完全全的灾祸——却往往被设想为有益于灵魂之事，尽管局部的灾祸却从来不是。也就是说，这是一个荒谬的论点，因为一个死人在某种意义上就是一个瘫痪，失明，失去了记忆，失去了思辨能力的人。为什么要假设这立刻就会把他带到智慧和正义的彼岸世界呢？从逻辑上说这是站不住脚的。

——尽管也可以说：为什么不这么假设呢？

——确切地说我们可以假设任何事情，而文学正是以此为基础的，可以说，基于梦想的自由之上。

——宗教也差不多是这样，归根结底。

——是的，只是宗教会强推这些想象。当我说宗教和形而上学是幻想文学的分支时，我并没有敌意，或是要反对什么；相反，圣

---

① Gustav Spiller（1864－1940），匈牙利裔英国作家。

托马斯·德·阿奎那①，比方说，除了想成为世界上最伟大的诗人以外还想要什么呢？（**两人都笑了**）当然，因为如果我们举斯宾诺莎的概念："上帝是一种无限的物质，由无限的属性构成"，这远比威尔斯的月球上第一个人的想法，比时间机器，或是爱伦·坡的《红死魔的面具》，或是卡夫卡的梦魇更加奇怪——它要奇怪得多。

——也就是说，文学的幻想比另一种，比神秘主义的幻想更简单。

——是的，不过当然了，这就意味着我想要把一切都引向文学，那是我的学科……

——……或者说是您的宗教。

——或者说是我的宗教，是的（**两人都笑了**）。这大概是我的一个无用的断语，但肯定没有敌意，我非常钦佩神学家的想象，就如同我很钦佩诗人的想象一样，只是诗人的想象远远逊色于神学家的……还有神话作者的，他们其实本来就是神学家。

——您始终很钦佩斯威登堡的想象，比如说。

① Santo Tomás de Aquino（1224 或 1225－1274），意大利多明我会修士、天主教神父、哲学家、神学家、法学家。

——是的，当然，他身兼两者，是的。

——当然，不过回到这次对话一开始我提到的那本书吧，很自然，说的就是《罗马帝国衰亡史》……

——是的，我记得曾经读到过吉本写了第一章之后又重写了三次。然后，据莱顿·斯特雷奇说，他找到了合适的语调，找到了合适的调性。然后，当然，他继续记录，比如说，写下了有关伊斯兰教的一章——可能在他写第一章的时候他还对这个主题一无所知——但他已经找到了自己的风格，也就是自己的语调。而他一旦找到了，便依此而行。如今，在我这讲故事者的最小领地里，我也是这样：如果我动笔写一个故事、一首诗，我先要找到正确的语调，剩下的就是时间问题了。要有耐心，首先是要等待某些事物向我呈现出来。但我已找到了重要的东西，那就是，如果我有了一页，这一页就会传递给我其余的，或是告诉我应该如何写下其余的。

——这让我想起玛耶阿回忆朱利安·格林所说的那句话："有了调性，就有了几乎全部。"

——啊，他这么说的？

——是的，您提到是语调……

——跟我刚才说的完全一致。我不知道朱利安·格林这么说过。不过，说到他真是奇怪啊，对吗？他选择了另一种语言，法语。他用法语写作，却是美国人。

——确实。

——我一直在跟一个人交谈，他说康拉德用英语写作真是一件憾事，这大概夺走了波兰文学中一个伟大的小说家。但重要的是这些小说被写出来了，它们是由一种通行于世的语言，而不是一种不为人知的语言写下的，这是一个优点，并不是要贬低波兰文学，当然了（笑）。直到十七世纪，或多或少，重要的东西都是用拉丁文写的；多么奇怪啊，培根是用英语写作的，但是当他的著作需要一个拉丁语版时——因为他想要呈现自己的想法——他便删去了所有可能冒犯读者，比如说冒犯天主教徒的东西，因为他想要把人们争取过来以实现他的目的，而不想以任何方式惹恼或疏远他们。因此使用一种人所共知的语言这件事也令他变成人所共知的了。

——这取决于意图，当然。我们已经提到文学的想象和神学的想象之间的联系，或缺乏联系。但在吉本的书中历史和文学相遇了，就是说，历史和文学之间是紧密相连的。

——就是说，在似乎令人精疲力尽的文本研究——他担负起了自己这个世纪特有的责任——和所有这一切的叙述之间。

——正因为这一点，您曾经说过他的书是一部人物众多的小说……

——事实上……显然，历史就是一部小说。呃，就是一个故事……在英语里"story"的意思就是故事，是history（历史）的一种形式。其实是一样的，没错。

——您猜想吉本来到罗马时，他就了解罗马，并以某种方式，预料到将会发生的事。

——是的，他说他是在罗马生出了他那本书的想法，并精确地道出了原委。他想成为一个历史学家，他希望他的著作名扬天下。起初，他想的是写作一部英国历史。随后他想到这部历史书只有在英格兰才会有趣，而因为他想要离开这座孤岛，登上大陆，抵达全世界，于是便选取了属于我们大家的这段过去，即罗马帝国，作为主题。这是属于欧洲所有国家的过去，自然也不排除英国，因为不列颠曾有五个世纪是罗马的一个殖民地——罗马帝国的最北端。而古罗马的道路尚在，奇怪得很，还有哈德良①长城的残骸，即罗马帝国的北部边境，现在则是英格兰与苏格兰的分界线。而吉卜林也曾将几篇故事安排在那道所剩无多的长城上。它非常重要。话说吉本评论罗马人没有征服苏格兰这件事，说苏格兰的自由不仅是因为

① Adriano（76–138），古罗马皇帝，于公元122年在罗马不列颠省建造长城。

苏格兰人的勇气，更是因为"世界的主宰"，罗马人，不屑于征服一个贫穷而野蛮的国家，那里只有追猎鹿群的野人部落（笑）。

——我一直认为，博尔赫斯，您最关注的始终是时间，但在您谈论时间的时候，我不认为您指的是历史的时间……您有这么一句话："现实永远是不合时宜的。"

——不是，但我指的是历史的现实以理论或往昔世代的梦想为基础这一点。例如，比方说，卡莱尔、费希特①，想象关于日耳曼种族的某样东西，后来这样东西被希特勒利用了，但那是很晚的后来。因此现实永远是身后发生的，我们也可以这么说。但我不知道这是否永远适用。而现在，我们正经历着，呃，民主的理念是非常古老的，当然了，不是吗？在政治上我们正经历着它。也就是说，在某种意义上我们希望成为杰弗逊②和华尔特·惠特曼所梦想的样子（笑）。

——还有柏拉图和亚里士多德。

——还有柏拉图和亚里士多德，回溯得更远了，是的，尽管我不知道民主是不是都一样。我相信不会一样，他们那种有奴隶的民主……

---

① Johann Gottlieb Fichte（1762－1814），德国哲学家。
② Thomas Jefferson（1743－1826），美国第三任总统，《独立宣言》的主要作者。

——像希腊人的那种。

——是的，跟我们的有点不一样，但理念是同一个，还有名字也一样，当然了。

与萨米安托相交

奥斯瓦尔多·费拉里：博尔赫斯，您曾多次提到过一个人物，是萨米安托。

豪尔赫·路易斯·博尔赫斯：是的，我写过萨米安托，我给《本省回忆》①的一个版本作过序，也曾经多次提到过他。我相信萨米安托和阿尔玛富埃尔忒是赠予这个国家的两个天才。关于萨米安托，我可以说——不知道是不是公正，更多是怀着激情——但我可以说是因为我的家庭与他之间没有任何政治上的联系。相反，我的祖父博尔赫斯上校，是在米特雷投降后被杀的，后者在拉维尔德之战中被阿里亚斯所击败——或者不如说是在拉维尔德的冲突里——不过，归根结底，在冲突还是小型战争里，跟在战役和大战里都是一样的死法。拉维尔德之战是在一八七四年，革命军方面，即"米特雷主义者"

---

① *Recuerdos de Provincia*，萨米安托的自传。

方面在数量上占上风。但对方也有优势——在技术上占上风——因为，他们在这个国家第一次使用了雷明顿步枪，都是从美国进口的，毫无疑问它们在内战中已经使用过了。相比之下，革命军人多势众，看来他们一直在布宜诺斯艾利斯省到处招募兵丁。这些兵丁都是农场里的雇工，农场主觉得不应该拿自己的命来冒险，对不对？但他们派来了自己的雇工，就像在阿帕里西奥·萨拉维亚的革命中发生的那样。例如，我的叔父，弗朗西斯科·阿埃多，就派遣了很多人。

——当您谈论惠特曼的时候，博尔赫斯，当您把惠特曼比作亚当的时候，我总会想起萨米安托在这个国家，在许多领域，也仿佛是亚当的样子。

——确实如此，我没有想到这一点，但这是事实。显然惠特曼也把自己比作亚当，他有一首诗，在诗中他把自己比作清晨的亚当，这呈现了一个很好的意象——我不知道是对于写下了这本书的惠特曼，还是对于具有亚当的某种特质的惠特曼，像他所说的那样。

——惠特曼或许是一个文学方面的亚当，词语的亚当。而萨米安托，对，也是词语的，但又是事件的，具体事件的：政治生活，民主生活方面的。您告诉我，甚至连桉树，甚至连某些鸟类也是由他带到这个国家的。

——麻雀和桉树，早已是阿根廷风景的一部分，是从澳大利亚带来的，那里是它们的起源地。我对桉树有一段记忆：第一次世界大战之后爆发了一场西班牙流感，当时人们把桉叶放在大锅里烧——据说这样可以治病，那是在日内瓦，我闻到了这么久都没有闻到过的桉树的气味，心想："天哪，我是在阿德罗圭的拉斯德利西亚斯酒店，或是在我们的宅子拉罗莎琳达呢。"我感觉到又一次置身于阿德罗圭，就凭着那些据说可以治病的桉树气味之力，在一九一八年，在日内瓦。

——说回萨米安托，我想提一下他曾将自己的生命与国家的生命相提并论。就是说，仿佛那是一种共同成长，仿佛他们是一起成长起来的，在那个时候。

——确实如此，对这一切的缅怀在《法昆多》中找到了它的表达。我相信那些反对萨米安托的《法昆多》的言论是错误的。因为对于我们来说，法昆多与其说是历史人物法昆多·基罗加——他是被罗萨斯派人在巴兰卡·雅科刺杀的，无人不知——不如说是萨米安托想象的那个法昆多，萨米安托梦见的那个法昆多。所以哪怕人们发现事实与那个梦是相反的也无关紧要，那个梦才是持久不灭的东西。如果我们回忆法昆多的话——其实法昆多·基罗加是非常幸运的，因为他是以一种戏剧性的方式被刺杀的：在一辆马车上，被桑托斯·佩雷兹[1]的队伍杀死——而这事又被萨米安托所叙述，直到永远。

---

[1] Santos Pérez（？- 1837），阿根廷军人，因伏击并射杀基罗加将军而被法庭处死。

所以当我写下了一首诗，"基罗加将军乘一辆马车赴死"，以及后来，当我写下了另一首诗"巴兰卡·雅科"，来修正第一首诗的时候，那是很荒谬的，因为这个故事已经被永远地讲述过了，它在我们的想象中永远回响不停，就像萨米安托在《法昆多》中所提到的那样。所以历史上的法昆多并不重要。即使重要也是由于这本书的影响。

——在这个意义上，萨米安托说法昆多成了他所成为的，不是因为他性格的偶然成分，而是因为不可避免的，不为他的意志转移的前因后果。

——这也可以形容所有人，当然，尤其是假如他们是宿命论者的话。

——您也这样说过奥斯卡·王尔德。

——是的，因为我不相信自由意志，我想这话可以形容世上的所有人，形容世界的全部历史。

——然而，萨米安托补充说法昆多是一面镜子，其中反映了那个时代的某些社会运动。

——他把法昆多看作罗萨斯的一个先辈。

——当然。

——是罗萨斯派人刺杀了法昆多，不过这无关紧要。我告诉过您，据我所知，我的祖辈不是萨米安托的支持者，而是他的敌人，对吧？一个证据是，我的祖父死在这场米特雷主义革命之中，死在拉维尔德。我曾经去过拉维尔德的战场，有一个错误我想要借此机会纠正一下：那个地方有一块碑上刻着一段铭文，铭文写的是由阵亡的博尔赫斯上校指挥的革命军队在这里被阿里亚斯上校或将军击败。但是不对，并非如此，而且这也很荒谬，因为如果米特雷统领战斗的话，他是不会将军队的指挥权移交给他的一名上校的。当时还有马恰多上校，贝尼托·马恰多，有我的祖父弗朗西斯科·博尔赫斯上校，另外还有两名上校。但为了不说米特雷被击败了，因为这肯定会触怒《民族》日报的，于是便说军队是由我祖父指挥的，这显然是错误的，并且说他是阵亡的。不，他是后来被杀害的，是在战斗之后。他不可能指挥军队，因为一个指挥一场革命的将军，是不会将这些军队的指挥权移交给一名上校的，因为军阶的缘故，再者说。所以在那里，在那块碑上，就变成了是我的祖父在指挥作战，也变成了是他被击败了。呃，他被击败了，就像构成了那些革命军队的每个人一样，但那个被击败的人并不是他，是米特雷，但因为说米特雷被击败是不合适的，在那儿就成了我的祖父指挥战斗并被击败了。完全是错误的。

——我相信这一次，博尔赫斯，这个历史事件已经完全澄清了。

——是的。

——人们主张，博尔赫斯，您的笔，假以时日，一定会与萨米安托的笔相提并论的。

——这是荒谬的（两人都笑了）。可以说的是在这一方面，笔胜于剑，因为萨米安托所写的东西要比，呃，那些军事行动的事实更重要，不是吗？

——但是很奇怪，在他的时代，一个伟大的作家竟然能够成为共和国的总统，对不对？

——是的，我相信萨米安托的天才并未被任何人所嫉妒，除了格鲁萨克：现在看来萨米安托——据格鲁萨克一篇有关他的文章的题词说——他曾把自己的文稿交给格鲁萨克请他从文学的角度润色一下。但在萨米安托去世时，格鲁萨克发表了一篇文章是这样开头的："萨米安托是半个天才"，这——正如阿尔贝托·赫尔楚诺夫有一回对我说的那样——根本没有任何意义。半个天才算是什么呢？难道天才可以切开来吗？难道在涉及心智的事情上说"半个"有什么意义吗？因为"半个"显然是指某种数量上的东西而不是质量上的东西。总之"半个天才"什么意思也没有，就像赫尔楚诺夫有一回对我说的那样。赫尔楚诺夫，他或许是卢贡内斯唯一的朋友。

——但我们还要提一提另外一个我觉得很重要的特征，在萨米安托身上。就是他解决那个永恒的二分法，那场相遇和分歧的方式……

——文明和野蛮之间……

——不，是在……

——是的，但现在更复杂了，因为之前野蛮对应的是乡村，文明——就像词源学可能表明的那样——对应的则是城市。相反，现在看来并非如此；看来现在我们还有一种对应着城市的野蛮，正是它创造了工业，当然。

——我指的是崇欧主义－崇美主义的二分法，因为萨米安托以普遍的精神将它消解了。它标出了在我们的文化之中，一条普遍主义的线，不妨这么说。

——我也应该这样来消解它。

——当然，所以我说，他理所当然地为众人所追随。

——因为在他的时代，人们总是设想野蛮是乡土气的。但如今，工业化也创造了一种市侩类型的野蛮，因为工厂对应的似乎更多是城市而非乡村。

——但在这里和全世界都是这样的。

——在这里和全世界，是的。

——技术官僚的野蛮？

——是的，当然喽。不幸的是，我们仍在遭受它的折磨。至少在马伊普街上，对不对？（笑）这肯定不是乡土气的。尽管我母亲还记得它没有铺好的时候。呃，当然，所有的城市都是从乡村开始的。我记得某人的那个笑话，他问道："为什么不把城市建在乡下呢？而那里恰恰是它们被建起的地方，因为一个城市并不始于一个城市而是一块荒地，或者干脆就是乡村。"

——但这种普遍性也在我们之间继续发扬着，它曾经属于萨米安托，您知道在阿根廷精神之中依然存在。

——我相信是这样，我希望它也属于我，尽管我是这种精神微小的一部分。

——我愿意确认这一点。

——嗯，非常感谢。

侦探小说

奥斯瓦尔多·费拉里：博尔赫斯，有一个类别，您和阿道弗·比奥伊·卡萨雷斯曾经显示过对它的偏好，因为在一九四三年和一九五一年你们俩编了两本这个类别的选集——当然，我指的就是侦探小说。

豪尔赫·路易斯·博尔赫斯：是的，它一直受到如此不公平的诋毁。然而，一个由一位毋庸置疑的天才人物——埃德加·爱伦·坡——发明，此后又启发了像狄更斯，像史蒂文森，像威尔基·柯林斯，像切斯特顿这样的作家的类别，在我看来这些名字就足以消除所有的批评了。当然也可以说差劲的侦探小说文本也是有的，就像有差劲的十四行诗、差劲的史诗、差劲的历史小说一样。总之，我们引用的任何类别都曾结过苦果。但我相信只要有我刚才提到的那些作家的作品就够了，他们并非绝无仅有，为什么不想想尼古拉斯·布莱克呢，或是埃勒里·奎因或伊登·菲尔坡茨呢，他们就足以拯救这个类别了。另外，我记得有一次我曾经有点鲁莽地问过佩德罗·恩里克斯·乌雷尼亚，问他是否喜欢寓言，当时他回答我说——他给了我一个明智的教训："我不是类别的敌人。"本来一个文本就可能是一个寓言，也可能是一部侦探小说，这一点并没有表明它是恶劣还是优秀。

——重要的是它好还是不好。

——当然，是的，布瓦洛就说过：所有类别都是好的，除了乏味的类别。现在，说到埃德加·爱伦·坡，奇怪的是他在侦探小说内部设置了某些规则，它们被更著名的追随者所遵循，如柯南·道尔，举例而言。就是说，整个想法就是要有一个侦探，一个专门破案的人——讲述这一切的永远是一个朋友，有点愚蠢，对他钦佩有加。这在奥古斯特·杜平[①]之中勾出了轮廓：讲述他的伟绩的是他的朋友。后来阿瑟·柯南·道尔爵士也采用了这个模式，并赋予了它一种亲切的特征，这当然是不存在的。坡的侦探小说可能是恐怖的——取这个词的褒义——像"莫格街谋杀案"之类；或者仅仅是智力游戏，如"失窃的信"，在其中肯定不会找到夏洛克·福尔摩斯和华生的故事里的那种亲切感。我总跟我妹妹诺拉一起重读夏洛克·福尔摩斯的故事，这是回到过去的一种方式，因为我们在很多年前，在不同的纬度一起读过它们。但我们也可以确定，在柯南·道尔的

---

① Auguste Dupin，爱伦·坡一系列侦探小说的主角。

这些故事里，情节并不重要，重要的是两个人物之间的友谊，和关系——一个应该非常聪明的人物（夏洛克·福尔摩斯）和一个像华生医生这样几乎是专业的愚蠢人物之间的那种友好关系。他们是朋友，他们喜欢彼此，人们感觉得到这份友谊，这一点要比发生了什么事情更加重要。话说，多么奇怪啊，我正在和您谈论这些事情，就想起阿根廷一本著名的书：埃斯塔尼斯劳·德尔·坎波[1]的《法乌斯托》[2]。重读《法乌斯托》的人总会对自己说，重要的不是由一个加乌乔用自己的方式讲述的歌剧，最重要的是两个雇工的友谊。同样的观点，可以说，也适用于夏洛克·福尔摩斯的故事，哪怕是其中最好的，应该是"红发会"吧。

——您是指柯南·道尔的。

——柯南·道尔的，是的，在其中重要的是友谊，以及他的故事的开头，它们要比接下来会发生的事情更重要一点。总有一个小小的惊喜：人们期待遇见夏洛克·福尔摩斯和华生，两人一起在火炉边，比如说。但有时不是这样，有时候会有无论哪种变化，而这种变化读者也颇为欣赏：有各种各样进入叙事的方式。有些微小的变体加于一个已然熟知的主题——即两个古怪人物之间的友谊。然

---

① Estanislao del Campo（1834－1880），阿根廷诗人。
②法乌斯托，加乌乔小鸡阿纳斯塔西奥对这出歌剧演出的印象》（ *Fausto, Impresiones del gaucho Anastasio el Pollo en la representación de esta Ópera* ）。法乌斯托（ *Fausto* ）即浮士德（ Faust ）。

后还有一些主题在侦探小说中不断再现，其中一个应该就是所谓的
"the locked room mistery（密室迷案）"，在其中会发生看似不可能
的事情：一个人在一间上了锁的房间里被杀。破解它的方式有很多
种。迪克森·卡尔[1]写过很多部小说，读起来非常愉快，但读完以
后，一到结尾，罪案的解答总是很差。例如，一个密室迷案中，有
一扇装着栏杆的窗户，壁炉中烧着火。房间里发现一个人被刺死了，
但不知道凶手是怎样才能进入或离开的。之后揭晓的答案非常糟糕：
其实他是被一支冰箭刺伤的，而这支箭随后，很自然，被炉火融化
掉了。但这很糟糕，尽管这本书读起来并不算糟。

——一支冰箭？一块钟乳石？

——是的，一块钟乳石。另外，还要猜他发明了什么工具来投
掷它……可能是一张弓吧，但我相信不是的。

——如果它是从飞檐上落下来的呢，但我不知道它是怎么进入
房间的。

——是啊，这个答案是不可能的，但案件是令人愉快的。话说，
有一个以色列·赞格威尔[1]的故事，其中的答案——后来有人重复
过——是这样的：发现罪案的人，或者说发现罪案的人中间的一个，

---

① John Dickson Carr（1906－1977），美国侦探小说作家。
① Israel Zangwill（1864－1926），英国作家。

就是罪犯。另外，为了更加出人意料，他还是一个警务督察。他跟一位女士一起进屋，说：他被杀了。她自然大受惊吓，他便抓住这个瞬间杀死了那个人,他在前一晚给他吃过一片麻醉药。然后是《黄色房间探案》——这个标题是一个真正的发现，其他任何颜色都将是一个错误，您不觉得吗？如果说的是 "le mystère de la chambre noire（黑色房间探案）"就不对了，黑色即恐怖；"de la chambre rouge(红色房间)"也不对,很糟糕；"de la chambre verte(绿色房间)"就有点可笑了。但 "de la chambre jaune（黄色房间）"却正是需要的颜色，对不对？

——我相信是的……

——是的，略微有点恐怖。

——之后我们又有了切斯特顿的侦探小说。

——说到切斯特顿，显而易见，我要说，它们称得上是这一类别的杰作，因为这些侦探小说也是超自然的故事：每个故事都会推出一个超自然的答案。随后会出现一个我们必须承认是理性的答案，是由布朗神父或是切斯特顿创造的其他侦探提出来的。另外，这些故事——如苏尔·索拉尔指出的那样——就像戏剧一样，也像绘画一样……我不知道您是否记得切斯特顿原先想要成为一个画家；后来他放弃绘画转向了文学，却在文学中继续当一个画家。

——因此才描绘得这样细致。

——描绘得这样细致，而且全都是以某种方式联系起来的。那些人物亮相就像登上舞台一样。总有一个红发的女人，举例而言，而这个红发女人是映着一轮橙色的夕阳出现的，比如说。

——确实，切斯特顿描写的天空是令人难忘的。

——天空，森林，风景，建筑，每个故事的架构都各不相同——有些故事是为一座哥特式教堂写的，例如。案件也与之相似，采取这种形式。另一些是为 highlands，苏格兰高地构建的；还有些是为伦敦郊区，为伦敦郊区那些慵懒的花园而写的。也有一些发生在巴黎："赫希博士的决斗"，比如说。每一篇都契合于那种环境。切斯特顿的的故事还有一个奇怪的特点是从来没有任何人受到惩罚：显然，布朗神父（侦探）是一名牧师，不可以将任何人送交警方。因此凶手可能死去，也可能被逮捕，但布朗神父从来不是一个审讯者，姑且这么说吧，一个行刑者，一个刽子手——不，他是一个宽容的人。有时候，在某个故事里，例如在"隐形人"里，呃，布朗神父发现了凶手，两人便交谈起来。不言而喻的是凶手已经忏悔，布朗神父赦免了他，因为他不再被谈起了，他最后的结局也无关紧要了。而布朗神父也依然一尘不染。

——是的，话说，您可能会认为，博尔赫斯，他对侦探小说的爱好是因为它构成了一个偏史诗的类别。

——偏史诗而且又是一个有逻辑的类别——请注意在一部心理小说中一切都是允许的，任何对应人物性格的奇想都是允许的。相反，在一个相当混乱的文学时期，是侦探小说挽救了逻辑的严谨，因为一部侦探小说是一个智力的故事：就是说，它是有开头、中间和结尾的故事，其中没有什么是不能解释的。因此有一种逻辑的满足感在侦探小说之中。

——或许在侦探小说之中有一种幻想文学与现实主义文学之间的平衡。

——是的，这大概是试图呈现为现实主义的幻想文学吧。但实际上一切文学，就其本身而言，都是幻想性的。

——很自然。

——话说，每个时代游戏规则都会改变，就像词语的价值或力量会改变一样。如果说，例如，鲁文·达里奥现在显得有点过时了，这就意味着每一个词语中所有的魔法对我们来说已经耗尽了。比如说"天鹅"这个词，"公主"这个词，"湖"这个词，这些词语无疑拥有自己的魔法，但达里奥已经耗尽了它们；或者说我们已经耗尽了这种魔法，是我们将达里奥读了又读。而这必定会发生在每个依赖于特定词语的诗人身上：这些词语会失去它们的威力。然而，每一个词都可以拥有魔法，诗人最好不要太过钟爱某些词语，因为这样可能会滥用它们，而那效果也是机械的。

——当然。但是，我们可以说侦探小说的魔法或暗示在您这里始终有一个宿命的目标，因为不久前您写了一首题为"夏洛克·福尔摩斯"的诗。

——是的，但那首诗是回忆我的童年，我的青春时代的阅读，另外我还认为夏洛克·福尔摩斯是人类记忆里一种备受珍爱的神话。夏洛克·福尔摩斯在每个人的记忆里，他的名字立刻就会被人认出。我们甚至可以认为那些故事是坏的，但是，尽管如此，在这些故事里总有什么东西……连作者也不理解的什么东西，因为柯南·道尔并不喜欢那些故事——他试图在其中一篇里杀死夏洛克·福尔摩斯，但人们要求他复活，归来。于是他不得不写了夏洛克·福尔摩斯的归来。

与佩德罗·恩里克斯·乌雷尼亚的友谊

奥斯瓦尔多·费拉里：前不久，博尔赫斯，我们谈论了——其实，那次播音我几乎只是在听您说话，因为我觉得在您提起某些作家时应该这样——我们谈论了阿尔丰索·雷耶斯。今天我希望回忆一下另一位阿根廷的杰出邻居：佩德罗·恩里克斯·乌雷尼亚。

豪尔赫·路易斯·博尔赫斯：我首先记得的，是我和他的最后一次对话。大概是中午一点钟，在科尔多瓦街和里奥班巴街的拐角上。我们谈到了那首诗，卡斯蒂语中最伟大的诗篇之一：塞维利亚无名诗人的"书简"[1]。后来他回忆起来那是一个西班牙船长，移居或是死在了墨西哥。安德拉德[1]，我相信这是他的名字。但他应该宁愿

---

[1] *Epístola Moral a Fabio*（《致法比奥之道德书简》），最初推测为塞维利亚出生的西班牙诗人弗朗西斯科·德·里奥哈（Francisco de Rioja，1583－1659）所作，19世纪后公认作者为塞维利亚出生的西班牙诗人、军人安德拉达（Andrés Fernández de Andrada，1575－1648）。

[1] Andrade，应为安德拉达（Andrada）。

自己籍籍无名的吧，因为他在诗中说道：

"我拥有一场平庸的生命
一种平凡而节制的风格
无论谁看见都不会留心"

呃，当时我想起了那些诗行。第一行是废话，但似乎所有押韵的诗都有废话，重要的是不要让人太注意那些废话，因为韵脚就是一句废话，可以这么说。我想起那两节三行诗是这么写的：

"没有框限你见过什么完美的
事物？哦死亡，悄悄来吧，
如同你总是乘飞矢而至！
不是乘着那孕育火与麦鸣的
雷霆机器，因为我的门
不是以双倍的金属铸成"

然后，在结尾又写道——一段非常神秘的诗句，我以前跟爱德华多·冈萨雷斯·拉努扎一起欣赏过——最后写道：

"来吧，你会领略我渴望的伟大结局
趁时间还没有在我们的怀中死去。"

310

我不知道它究竟想要表达什么，或者说它是否想要表达什么。但诗中的意义又有什么要紧，重要的是那魔法——诗行之间那几乎无从解释的魔法。我跟佩德罗·恩里克斯·乌雷尼亚谈起的是这行诗：

"哦死亡，悄悄来吧，
如同你总是乘飞矢而至！"

我对乌雷尼亚说这个意象，"飞矢"，"sagita"，有点像是拉丁语。他对我说他要着手确认这一点。事实上，他也觉得很可能这个比喻是从拉丁语翻译过来的。另外，在十七世纪时人们并不认为将一首诗从拉丁语翻译到一种现代语言是一种抄袭，像现在说的那样。不，相反，人们认为这表明了卡斯蒂语不曾辜负它高妙的拉丁语典范。我们就是在那一回见到乌雷尼亚的，后来就再没有见过他。过了……我不知道过去了多少时间——我的日期是模糊的——人们告诉我说他已经去世了，他是在教学工作中去世的。

他在拉普拉塔有一个教席，当时他在宪章车站的一个月台上奔跑，要赶火车——有一个医生跟他在一起……科尔蒂纳，我相信这是他的名字。两人乘上了火车，都已经开动了，乌雷尼亚跑了一段，把他的公文包放到架子上，坐在科尔蒂纳对面，科尔蒂纳跟他说了些什么，恩里克斯·乌雷尼亚没有回答，对方才发现他已经死了。在宪章车站后的第一站——巴拉卡斯那站——他们放下了他的遗体。就是说，我们前面背诵过："哦死亡，悄悄来吧，如同你总乘飞矢而至！"死亡也是以静悄悄的形式降临到他头上的，通过一次心脏病发作。

——但是多么奇怪啊。

——是的，话说，我为此写过一个故事，我不记得情节了——或许把它忘了最好——题为《佩德罗·恩里克斯·乌雷尼亚的梦》。后来我得知，他的弟弟也经历了一场类似的死亡，因为他的弟弟，马克斯·恩里克斯·乌雷尼亚[1]，一部优秀的《现代主义的历史》（*Historia del modernismo*）的作者，在书中主张现代主义诞生地或许是——当然是在法国的，雨果和魏尔伦的指引下——美洲，在这里我们离法国比离西班牙更近，后者仅仅是地理上的接近，但却被一段漫长的战争史，等等，隔断了。恩里克斯·乌雷尼亚的弟弟要去波多黎各的拉斯皮耶德拉斯大学上课教书。他迟到了，也是奔跑起来了——因为必须爬上一段大理石阶梯——在校园里——我是后来知道的。他冲得很猛，也犯了心脏病。就是说，在本质上是与他兄弟佩德罗一样的死法。

——确实。

——我不知道恩里克斯·乌雷尼亚有没有找到这行诗的拉丁语

---

① Max Henríquez Ureña（1886－1968），多米尼加作家、诗人、外交官。

原文。我找过，至今没有找到。可能他知道但忘掉了吧。我对佩德罗·恩里克斯·乌雷尼亚拥有最美好的回忆，而且，他的作风……呃，他是个害羞的人，我相信很多国家都对他不公平。在西班牙，可以这么说，他被视为一个印第安人而已，一个中美洲人而已。而在这里，在布宜诺斯艾利斯，我相信我们不原谅他是多米尼加人，或许是混血；他肯定是犹太人——他的名字恩里克斯，像我的名字一样，是犹太-葡萄牙人的。在这里他是一位教授先生的助理，那个人的名字我不想提起，他对自己的学科什么都不懂，而恩里克斯·乌雷尼亚——他懂得很多——只能当他的助理，因为，归根结底，一个外国人而已……另外那个人，当然，拥有无可估量的美德，即身为阿根廷人，便获得了这个他几乎一无所知而恩里克斯·乌雷尼亚造诣极深的学科、西班牙文学的职称。我对恩里克斯·乌雷尼亚拥有可能拥有的最美好回忆，一个证据大概是我没有一天不曾想起他。我记得他的善良，他的反讽……那是一种无奈的善良。他是这样一个人……人们从来没有善待过他，阿根廷共和国没有善待过他。

西班牙也没有，他始终生活在流亡之中，从来没有得到过完全承认。此外，他也没有试过把自己的著作结集。他出版过一本书，《西班牙之丰盛》(*Plenitud de España*)，我相信这是它的名字。然后是一本我评论过的书，题为《六篇寻找我们未来的文章》(*Seis ensayos en busca de nuestro porvenir*)。我不知道它为什么要戏仿《六个寻找作者的剧中人》①，但最终，他还是定了这个题目。我记得恩

①*Sei personaggi in cerca d'autore*，意大利戏剧家、小说家、诗人皮兰德娄（Luigi Pirandello，1867－1936）的戏剧。

里克斯·乌雷尼亚的散文，一种——像乔治·摩尔说的那样——几乎是无名氏的散文，就是说，他有意避免一切出人意料的东西。但那风格是他的，可以辨认出在他写下的一切之中有某种隐藏的笑意。例如，在那个时候押韵正饱受攻击，我发表了一篇文章——我在《新闻报》上发表的第一篇文章：《弥尔顿和他对押韵的指责》。而莱奥波尔多·马雷夏尔说如果有人将魏尔伦的诗与恩里克·迪亚兹·卡奈多的散文翻译，以及乌雷尼亚的翻译作过比较的话，翻译远胜于原作。这大概是令人震惊的，大概会震惊到译者，大概也会震惊到……全世界吧。因此，恩里克斯·乌雷尼亚对马雷夏这篇论将魏尔伦的诗歌——它们在根本上是音乐性的——化为卡斯蒂语散文之好处的文章发表了一则评论。乌雷尼亚仅仅把这则评论抄了下来，写道"真的"，后接省略号（笑），这便表达了他的惊讶。我的印象是恩里克斯·乌雷尼亚——当然这么说是荒谬的——但我的印象是他什么书都读过，他什么都知道。而与此同时，他在交谈中从不利用这一点来压制别人。他是一个很有礼貌的人，而且——就像日本人一样——宁愿谈话的对方是正确的，这是一个十分少见的美德，尤其是在这个国家，不是吗？在这里人们总以胜败的角度来看一场讨论，然而事实上一场对话应该是对真理的一次探讨。如果最后得出了一个结论，说出它的是对方还是自己并没有什么关系，只要有所收获就行了。

——嗯，马塞多尼奥·费尔南德兹也很可能有这样的眼光来看交谈的对方。

——是的，马塞多尼奥也是这样。但马塞多尼奥更进了一步：马塞多尼奥是把自己的观点赠送给对谈者。他说："你肯定发现了，伙计，毫无疑问，你说过……"然后抛出某样对谈者从来没有想过的东西。特别是在对谈者是我的时候（笑），因为我真的从来没有想过这些东西；马塞多尼奥把它们算到我的头上，很大方。我曾与恩里克斯·乌雷尼亚合编过一本书，题为"阿根廷文学经典选集"或"阿根廷经典文学选集"，我不记得了。我记得——我太懒，效率太低——恩里克斯·乌雷尼亚干了所有的活，然而，他坚持要我收取书籍销售中我的那一份钱，显然这很不公平，我对他说。我是在拉普拉塔认识恩里克斯·乌雷尼亚的，当时有几个教授，其中就有我觉得或许是我们最伟大的诗人之一：埃塞基耶尔·马丁内斯·埃斯特拉达，我对他亏欠很多。当时我认识了恩里克斯·乌雷尼亚，埃塞基耶尔·马丁内斯·埃斯特拉达，亚历杭德罗·科恩。

——那个哲学家？

——呃，就这样称呼他吧，有什么不可以呢。还认识了他的儿子，比亚法涅，玛丽亚·德·比亚里诺——一位拉普拉塔作家——认识了桑切斯·洛布雷（Sánchez Roblé）和阿马多·阿隆索[1]。但我的印象是乌雷尼亚知道得比阿马多·阿隆索更多，但阿隆索很从容肯定，就像所有的西班牙人一样；而恩里克斯·乌雷尼亚则不是很肯定，他总是犹疑不决。他就是这样，出于礼貌的原因，而那另一个人动

---

① Amado Alonso（1896－1952），西班牙语言学家、文学批评家。

辄就要强调，乌雷尼亚则不然。现在，我不知道乌雷尼亚在他的写作中是否发挥了他的全部——极有可能他是发挥在对话里了。

——显然是这样。

——我的印象是这样。我大概会用同样的话来形容，拉斐尔·坎西诺斯·阿森斯，比如说。

——还有，今天再提一回，马塞多尼奥·费尔南德兹。

——还有马塞多尼奥·费尔南德兹也是。总有些人在对话中才能完全发挥。假如柏拉图并非如萧伯纳认为的那样是一个剧作家的话，那么苏格拉底也是在对话中发挥了他的全部。

——当然。

——尽管始终存在着这样的可能性，即苏格拉底是柏拉图的一个发明。不会的，无论如何，不会的，因为还有色诺芬的文本，尽管它呈现了一个略有不同的苏格拉底。

——您在《恩里克斯·乌雷尼亚批评文集》的序言里，说他捕捉到了这片大陆上各个共和国真实而秘密的亲缘关系。

——可能是这样，因为我没有捕捉到，但似乎他捕捉到了。

——关于这一点我愿闻其详……

——我不知道，我并没有感觉到这一点。我在秘鲁，在哥伦比亚，在墨西哥都曾度过了非常愉快的时光，但我感觉到差异远比亲缘关系为多。但似乎恩里克斯·乌雷尼亚不是这样，似乎他感觉到了那些亲缘关系。

——那么又为什么说，博尔赫斯，是真实而秘密的呢？您是如何知道它们是真实而秘密的呢，这样说来？

——不……其实我并不知道，可能是风格的要求吧……（笑）。

——（笑）……风格的要求。

——无论如何，说秘密是肯定的，不过真实又有谁知道呢，对吗？（笑）如果我承认这些名号中的一个，就够多的了。按统计学来说是百分之五十。

——新的世代不知道怎样诠释恩里克斯·乌雷尼亚。例如，有人说他是世界主义者，他是人文主义者——似乎这就是他的全部了。

——我相信这是毫无疑问的。

——但是，从什么意义上说这是他的全部？

——但这不是贬义。

——恰恰相反。

——我相信我们的使命就是成为世界主义者；是尽一切可能，实现那个古希腊人的梦就是成为"世界主义者"：世界公民。它被说出来的时候肯定是自相矛盾的，因为希腊人是由他们的城邦来界定的吧，是吗？米利都的泰勒斯[1]，以弗所的赫拉克利特，爱利业的芝诺。所以说我是市民——城市是比一个国家更小的丈量尺度——和说我是世界公民，世界主义者，这两者之间的过渡是自相矛盾的。现在说到世界主义者我们便想到一个旅行者，一家酒店里的住客，比方说。但那理念并不是这样的，这个理念——就像歌德说的那样，就是他把这个词译成德语的：Weltbürger[2]，即世界公民，这意味着觉得所有的城市都是我们的祖国，而我相信我已抵达此境。无论如何，我至少有五六个祖国分散在不同的大洲，我想到……日内瓦，我想到奥斯汀，我想到，呃，想到蒙得维的亚，想到阿德罗圭，想到布宜诺斯艾利斯，都怀有一种相似的感情，或是同一种。因为这

---

① Tales de Mileto（约前 624 – 约前 546），古希腊哲学家。
② 德语"世界主义者"。

些城市每一座都连结着我这么多的回忆，这么多至深的回忆，以至于无论出生在这里或是那里——再者说，没有人会记得自己是怎么诞生的吧，对不对？（**两人都笑了**）

——我们几乎可以把世界主义当成一种职业了，在某些情况下。

——是的，我相信是这样。

——至于人文主义，恩里克斯·乌雷尼亚作为人文主义者……

——他对罗马心怀崇拜——我相信每个人必定都有——其实也是对希腊的崇拜。因为罗马，对我来说，是一个希腊化的延展。您无法想象，比方说，《物性论》，如果没有希腊哲学家的话；也无法想象《埃涅阿斯纪》，当然它有自己的价值，如果没有荷马史诗的话。只是《埃涅阿斯纪》更加难得，因为，可以这么说，它是一首叙事诗，同时又是一篇精妙之作……它是史诗，但又有一点，仿佛是巴洛克式的，也许我们可以这样说。每一行诗都是精心写就的，这种情况——懂希腊语的人告诉我说——与荷马不同，他给人的感觉就像一片大海，就像一条大河，不是吗？《埃涅阿斯纪》则不然，它给人的感觉是一片大海，但同时每一行诗都令人难忘，每一行诗都是精心写就的。或者，就像维吉尔谈论蜜蜂那样："in tenue labor"，即细致入微，妙到毫颠地写成的——每一行诗精心写就。就仿佛是一份劳作，人们想到的不仅是海，更想到一个木匠，比如说，一个珠宝工匠，在阅读维吉尔的时候。而这种结合是很难得的，我相信没有出现过第二次。

——就像一个匠人。

——就像一个匠人，是的。但这种结合是很难得的，我相信从未出现在其他作家身上。

——在这次播音的结尾，我们一定要提一下现在是佩德罗·恩里克斯·乌雷尼亚诞生一百周年。

——嗯，我相信要等一百年才能向恩里克斯·乌雷尼亚致敬是荒谬的（**两人都笑了**）。让我们建议在之前和之后向他致敬吧。

——当然。

——不断地向他致敬。至于我，我要感谢的是与他一起度过的那些友谊和文学讨论的愉快时光。尤其是——我热爱英国文学，他也是——我们曾经畅谈那些英国作家，当然也有其他作家，也有经典的拉丁语作家。因为他对拉丁语怀有那份有一点吃力的热爱，我也试图拥有它，然而我的记忆辜负了我。

——他向我们呈现了，很可能，在某种意义上，在拉丁美洲我们都是同一国的公民。

　　——是的，我确信这一点。我确信我们都是同一国的公民⋯⋯我们都是，可以这么说，被放逐的欧洲人；但却是这样一场放逐，它让我们领受的不仅仅是一个地域或一种语言，更是我们可以懂得的，或是我们必须懂得的所有地域和所有语言。

图书馆、战场和稀有诗篇的回忆

奥斯瓦尔多·费拉里：博尔赫斯，在我们很多次对话中，我们都不知不觉地涉及了墨西哥街的那座图书馆：国立图书馆，您曾在那里当过多年的馆长。

豪尔赫·路易斯·博尔赫斯：是的。

——但是，很久以来，我颇有兴趣了解那段先前的路径，它最终将您带到了这座图书馆。我的意思是，您工作过很久的那些图书馆，在抵达国立图书馆之前。

——我在米格尔·卡奈图书馆[①]工作了九年左右，在卡洛斯·卡尔沃街和穆尼斯街口。我一开始是第二助理，后来有人坚持，也

---

① Biblioteca Miguel Cané，位于布宜诺斯艾利斯南部的博埃多区（Boedo）。

许过于强烈了，将我任命为第一助理，差别是三十个比索，呃，我相信三十个比索现在不算什么，但在那个时候可是三十个比索呢。当时，我相信主管是奥诺里奥·普埃雷东[1]，他说很好，就让我当第一助理吧，条件是别再听到我的名字就行。但我相信，也许，他后来又听到过几次吧，是不是？（两人都笑了）最后，无论如何，我得到了晋升，挣到了——incredibili dictum[2]——每月二百四十比索。但每月二百四十比索可不是小数目。那时候，我早就应该离开那个图书馆了——那是个极为平庸的环境——但我继续工作着。我不知道"工作"这个词是否准确。我们大约有，我相信，五十多名员工，我们被分配去做一份必须是缓慢的工作。我记得第一天他们交给我要归类的书籍，以及布鲁塞尔手册，它采用的是十进制系统[3]——跟美国国会图书馆使用的一样。我着手工作，我相信我归类了大约八十本书——每天都必须假装在工作——我归类了这些书，让人知道了。第二天，一个同事跑来责备我，对我说这是破坏协作，因为他们一直就定下了平均每天给四十本书归类。其实，为了显得真实，这个数量并不总是四十本——可能是三十九本、三十八本、四十一本，以便让整个事情更加逼真，对吗？根据自然主义小说的要求。所以，他对我说我不能继续这样做了，于是第二天，我归类了三十八本书，不逞能。呃，接下来怎么样呢？我们要

---

[1] Honorio Pueyrredon（1876－1945），阿根廷学者，政治家，外交官。
[2] 拉丁语"说来难以置信"。
[3] Orden decimal de Bruselas，由比利时图书馆学家保罗·欧特莱（Paul Marie Ghislain Otlet，1868－1944）与亨利·拉封丹（Henri－Marie La Fontaine，1854－1943）于1892年创造的一种图书分类体系。

做的工作，大致说吧，半小时或三刻钟就完成了。然后剩下六个小时，这些时间都被贡献给了有关足球的聊天——我从心底里无视的主题——不然就是八卦，再不然就是，有什么不可以呢，"黄色"故事。这时候我总躲在一旁，因为我发现了一个奇怪的职业：阅读图书馆里的书籍。亏得有这九年我才领略了莱昂·布洛瓦、保罗·克洛岱尔的著作。我又重读了吉本的六卷《罗马帝国衰亡史》，也领略了我不曾留意过的作家的书籍。我就是这样利用时间的。

——在这种环境里，您激励自己去阅读比家里读的更艰深的书。

——确实是这样（笑）。但这同样没有得到赞赏：我读书这件事。所以我保留的记忆是苦乐参半的……尽管，无论怎样，我记得还是交了一些好朋友：例如，阿尔弗雷多·多布拉斯（Alfredo Doblas），一个极好的同事。后来又有另外一些，就不是很理想了。有一个，他的名字我不希望提起，很骄傲自己来自维亚克雷斯波，有一天在洗澡的时候，我看到他的胸口，刀疤像地图一样密密麻麻。有一回，某人问他跳不跳探戈，他回答说："什么问题啊！我是维亚克雷斯波人！"一脸骄傲。另外，他们还问我喜欢哪一"块（cuadro）"，我以为他们指的是画布或油画的呢。看来不是的：他们说的是足球队。于是我说我对足球根本一无所知，他们就对我说因为我们是在博埃多这个区和圣胡安街上，我应该说我是圣洛伦佐·德·阿尔马格罗[1]

----

① San Lorenzo de Almagro，阿根廷五大足球俱乐部之一。

的球迷。我记住了这个答案，总说我是圣洛伦佐·德·阿尔马格罗的球迷，以免得罪同事。但我注意到，圣洛伦佐·德·阿尔马格罗几乎从来没有赢过。于是我就跟他们说，他们告诉我说不对，胜负是次要的——这一点他们说对了——但它是所有球队中最"科学"的一支。

——他们居然这么说。

——是的，他们科学到了……

——科学地输球的地步。

——是的，他们赢不了球，但输得有条不紊，对不对？（*两人都笑了*）

——*总之，这就是米盖尔·卡奈图书馆。*

——是的，米盖尔·卡奈图书馆，馆长是弗朗西斯科·路易斯·贝纳尔德兹。啊，其实，我对奥拉西奥·斯基亚沃（Horacio Schiavo）也有非常美好的回忆，他就在那里工作。但提起两个名字，多布拉斯和斯基亚沃，这并不意味着我未提名字的其他人没有美好的回忆。您知道，记忆是起起落落的……在这一刻我特别记得多布拉斯，特别记得斯基亚沃。

——当然。

——斯基亚沃写了一本书叫做《大教堂》，是一首献给沙特尔大教堂的长诗。我后来写了一首有关斯基亚沃的诗。话说，斯基亚沃的这首诗就对应着——至少在空间这方面——沙特尔大教堂。就是说，比如说，诗的这一部分是写中殿的，那一部分是写门廊，写后殿的，诸如此类；并且，我相信，它的诗行数跟大教堂的米数或码数相同。可以说，这是一首对称的诗。当然这个想法我不知道是不是很合逻辑，因为看到一座大教堂人们是能够欣赏得到这种对应的，如果是一首诗的话——诗的阅读是连续的——我不知道您是否能够准确地领悟到诗的这一部分对应的是那座建筑的中部，这是一个奇怪的想法。多布拉斯曾经带我们，带比奥伊·卡萨雷斯和我，去看一场斗鸡。我在东岸共和国里见过许多次了，但比奥伊从来没看过。

——那是在什么地方？

——是在萨维德拉区①，那地方现在是萨维德拉博物馆。我母亲给这家博物馆贡献过展品——因为我们是那位模糊不清的英雄，堂·科尔内利奥·萨维德拉②的亲戚。当时那里有一个农场，一个小农场，那是个很穷的地区，在一个星期天我们到那儿去看斗鸡。对

① Saavedra，布宜诺斯艾利斯北部一区。
② Cornelio Saavedra（1759－1829），阿根廷军人、政治家。

于一个近视眼来说是很出色的表演了，因为如果您在围栏边上的话，可以说，那些公鸡……离你才几米远。另外，他们还提供报纸铺在膝盖上，以免溅到鸡血。

——啊，还有这个。

——是的，呃，那些斗鸡迷胳膊下面夹着公鸡进到圈子里，把它们一只对一只放好。一开始根本没有动静，然后他们让鸡的喙子互相碰来碰去。于是，它们立刻就生出了一种战争的狂热，要消灭对方。我见过公鸡不再是公鸡，而变成了鲜红的鸟，却不见了羽毛。

——你死我活。

——是的，你死我活。它们全都瞎了却依然斗个不停。它们是非常简单的动物，我不知道它们是出于什么狂热。

——看来阿根廷獒犬也有这种特质。

——啊，是一样的。

——战斗到底。但是，博尔赫斯，您总是谈论图书馆的幸福。在那时候是这种感觉吗？

——是的,但我不喜欢它跟那六个小时有关这种想法（笑）——一种度量出来的幸福。而且我要独处非常困难,因为人人都认为我应该聊天,听最新的小道消息……

——您必须完成这个仪式。

——是的,我们必须完成这个仪式。但我读了很多书,总之,我保留着,我尽量保留对那个南阿尔马格罗图书馆的美好记忆。然后,我们知道的那个人上台了,当时市政府任命我为禽蛋销售稽查员……当然,我对这个科目根本是一无所知,就提交了辞呈,这正是他们期望的。实际上,这最终给我带来了不少好处,因为高等研究自由学院立刻就来找我了,我开始开课教书——我必须要做点什么——赚足够的钱,另外我还因此有了机会在整个共和国里游历,还到蒙得维的亚讲了好几次课。不然的话,我大概会在图书馆里一直"呆"下去吧。我不知道为什么,因为每年我都对自己说,"呃,这是最后一年",然后我不知道是怎样的懦弱阻止了我离开。有所大学向我提供了一个教席,但我很害羞,心想:"我在大庭广众下一个字也说不出来。"于是,我在这个图书馆里一呆就是九年,不可思议。我记得我在圣胡安和博埃多过了每个工作日,始终买同样的十位数彩票。现在,这个彩票的十位数我不记得了,但结尾是七和四。我心想:"因为我祖父是在拉维尔迪战役中遇害的,在一八七四年革命期间,米特雷投降后,呃,七四年欠了我什么……"我对这个号码很忠实,还差点赢了一回。但是,仿佛是要平衡一下,就在我辞去这个职位的时候，这个数字却开出了"大奖"。

——现在，让我留意的是，在您的《个人选集》里，在您的《新个人选集》里，您都没有收录《巴别图书馆》，然而却收录了您的故事《长城与书》，可能您更偏爱它吧。

——其实《巴别图书馆》仅仅是一个尝试，一个成为卡夫卡的徒劳尝试，在我看来。尽管他们说结果是不同的——对卡夫卡来说很幸运，结果是不同的——对我来说则很不幸。当然，在我写《巴别图书馆》时，我是这座图书馆的雇员，我心想这座无限的图书馆，它囊括了宇宙并和宇宙混同为一，对我来说就是这座小小的，几乎是秘密的阿尔马格罗图书馆。

——之后我们就有了《读者》这首诗。

——我不记得那首诗了。

——呃，在这首诗里您更认同阿隆索·吉哈诺，多过塞万提斯……

——哦，阿隆索·吉哈诺，是的。

——并且说吉诃德……

——是的，我相信我说过阿隆索·吉哈诺做出了成为堂吉诃德的决定，便走出了自己的图书馆。相比之下，我是一个怯懦的阿隆索·吉哈诺，从未走出过自己的图书馆，或"书斋"，按当时的叫法。

——"冒险的永恒前夜"，您说的是？

——确实，真是奇怪。前夜是最重要的，无论是对于愉快的事件还是不愉快的事件，前夜都是可怕的。

——不过，大仲马的设想和以上正相反：他说真正的行动者，归根结底，是更喜欢回忆自己充当主角的行动，沉浸在那份回忆之中的人。

——啊，不错。但我不知道行动者会不会沉浸在回忆之中。

——据大仲马说，他们就是这样的。

——我怀疑不是的，我相信他们是非常肤浅的。有可能——就选一个故意是错的例子吧——特洛伊战争对荷马的意义更多于赫克托，或是埃阿斯，或阿喀琉斯。

——啊，当然。

——我相信一个行动者的生活一定是非常肤浅的。也就是一系列激烈的瞬间，但他们或许并不记得。我想起我的祖父，苏亚雷斯上校留下的那几本灰蒙蒙的回忆录——我一生读过最乏味的书籍之一。然而，他在书中谈论的是阿亚库乔，胡宁①的战役。

——他是其中的主角，当然。

——是的，这种阅读是非常无趣的，我猜想，对他来说，回忆大概也是非常无趣的吧。或者不如说，我们可以假设他没有任何文学才能，总是把事件简单地记录下来，像一个第三者可能会记录它们的样子。就是说，到最后，发生在一个人身上的一切都是发生在一个第三者身上的。如果一个人回想一件事情很多次的话，就将它转变成为仿佛一个公式的样子，对不对？有些人叙述自己的生活，总是用同一种方式来叙述。我曾经听过我祖母讲述对她来说肯定很重要的事情，但她总是用同样的话来讲述它们。这意味着回忆已经消失了。留下来的是被记忆一再重复的东西……

——一种机械运动……

——是的，就像是重复，或者就像我们背诵一首十四行诗一样，或者就像我们背诵主祷文一样。

---

① Ayacucho，Junín，均为 1824 年秘鲁独立战争中决定性战役的发生地。

吉卜林的召唤

奥斯瓦尔多·费拉里：在我们最近几次播音里，博尔赫斯，我们曾经有一段很短的时间把视线转向了印度，姑且这么说吧，我们谈到了佛教、印度的文化和宗教。

豪尔赫·路易斯·博尔赫斯：是的，一个无限的主题，当然。

——而一想到印度，我就想起一个作家，他的故事您一直以来都在反复阅读——看来那是您永久的喜好之一：鲁迪亚德·吉卜林。

——当然，您希望我谈谈吉卜林？

——嗯，我想象我只需提出这个名字即可，我相信就是这样……

——在吉卜林去世的时候，人们谈论起他来，情绪是相当冷淡的，但这是因为他们在根据自己的政治观点来评判他。或许一个作家不应该将自己的政治观点公之于世，因为这样人们就会凭借它们来评判他了。那时候，当然，吉卜林所抱有的帝国概念，是一个崇高的概念。也就是说，他将帝国视为 white man，白人的使命。我不知道这是否准确对应了现实，因为，正如洛佩·德·维加①所说——谈论另一个帝国："披着宗教的色彩 / 他们跑去寻找金银 / 那隐秘的宝藏。"就是说，事物总有一个经济学的解释——共产主义者喜欢的一种，也是最可悲的一种——但是，除此以外，无疑也有其他的。吉卜林认为帝国是英格兰的一个使命，是英格兰的一个"重负"，因为他称之为 "the white man's burden"（白人的重负）。超越这一断语，这种可以说是帝国的道德与宗教意义的东西，都在吉卜林的作品之中。奇怪的是，吉卜林开始写起了精彩的故事，我前几天在重读 *Plain Tales from the Hills*（《山间的平凡故事》），有三四篇是短小而几乎不为人知的杰作——我想到的是 "Beyond the Pale"（越界）"The Gate of Hundreds Sorrows"（百悲之门），等等。

——我相信您提到的几篇是最完美的。

——是的，但是后来，在他生命的尽头，他做了一件完全不同的事，因为前面那些都是很短小而且相对简单的故事——如果说在这个复杂的宇宙里可能存在什么简单事物的话。但是，在他生命的

---

① Lope de Vega（1562－1635），西班牙剧作家、诗人、小说家。

尽头，在最后几年里，吉卜林一直在变换着主题，他不断地移转，就像某人说的那样，从战士到海员到医生。这或许是由于，除了其他原因以外，呃……癌症——我不知道您是否知道吉卜林做了两次癌症手术，并死于第二次之后。有一篇故事 "*The Wish House*"（《企愿之屋》），是吉卜林写的，主题就是癌症。我想简单地陈述一下：说的是两个女人，两个村里的女人，在萨塞克斯，在英格兰南部。这两个女人互相交谈，其中一个说另一个总是很喜欢施惠予人，就这么说吧。于是另外一个便讲了这个故事：说的是一个被自己的恋人抛弃的女人，后来她发现，有一所房子——那房子建在村子的新区域里，没有什么特别的——那房子是一间 "Wish House"，让企愿成真的房子。但这件魔法的礼物有它的强制条件——她探明了，或是听人说，那个将她抛弃的人现在有了另一个情人，而且他还生病了，都知道他得了癌症。于是，她便去到那间新街上的新房子里，叫门；随后她察觉到有脚步声从房子深处走近过来，她知道有一个人在门的另一边，在等待着。于是她便向那有魔法的某物或某人请求，把那个癌症患者遭受的苦痛，赠送给她。

——把那个人的病痛转到她身上？

——是的，随后她听到脚步离她而去了，她回到家——她的床已经铺好了——躺下来，便开始感觉到了癌症的痛苦。很可怕，不是吗？

——可怕而又非常崇高。

——是的，非常崇高。随后那痛苦与日俱增，她把这故事讲给她朋友听，让她明白她们不会再见了，因为她快死了。然后，那女人必须要去赶末班车——之前还描写了茶，是另外那个女人准备的，还有点心，还有甜品，诸如此类……呃，故事就是这样。

——非常好。

——一个极好的故事，是的。她有一次碰见他，发现他好些了，但他不跟她说话，他不可能知道自己正在好转的病痛，已经转到了她身上。

——他始终不知道吗？

——不，他不知道，她把自己的生命交给了他……他把自己的死亡交给了她，而他永远都不会知道。但是您和我，数以百万计的吉卜林读者知道。这是一个非常古怪的故事，一个魔法的故事，而故事的开端是琐碎的，因为他让这两个女人——她们都是村妇，是无知的女人——谈论琐事。这个大赞那个准备的茶，交换一些八卦，然后故事才出现，这个可怕的故事。这是吉卜林写的最后几个故事之一，然后……癌症也降临到了他的身上。另外，吉卜林的儿子是在第一次世界大战中死去的，他是英格兰送到法国的 first hundred thousand（第一个十万志愿者）之一。是的，绝不会错，其中就有吉卜林的儿子。他的儿子战死了，吉卜林从来没有直接提过他的死。但有一个故事，故事里面有一个死去的罗马士兵，这个故事写得非常细致，在这里吉卜林间接地解释了——这是讲述事物的最有表现力的方式——这份痛苦，他的儿子的死亡。只是他说的不是父亲，他说的是叔父，因为吉卜林非常地谦逊，似乎也是一个害羞的人——我相信他曾经被引见给萧伯纳，吉卜林逃走了。就是说，ran like a rabbit（像兔子一样逃走了），因为他知道萧是一个才思敏捷、能言善辩的人，会把他说得哑口无言。他有自己的信念但不喜欢争论。因此这场对话显然没有持续多久。

——另外，吉卜林来自一个完全不同的世界。

——完全不同，当然，他的所有过去都得自于印度——我不知道您是否知道吉卜林在懂英语之前就懂印地语。在一首诗里他提到异教徒说的话，就是印地语。呃，他有一个故事——说话的大概是一个锡克教徒——是用英语写的；我把它借给了我的一个锡克教徒朋友，他把书还给我说："这个故事棒极了，我注意到，毫无疑问，吉卜林是用印地语构思它的，因为在读它的时候我总想把每句话译回印地语。"所以他总是与印度心意相通。我早就知道——我有几个印度朋友——每当我们说到印度文学，他们几乎总在第一时刻提到吉卜林的名字，也就是说，他们视之为……

——融入其中的一体……

——是的，我们可以说是融入其中了；它现在是一个独立国家这一事实与此没有任何关系，因为他们深知吉卜林对印度所怀有的热爱。吉卜林还有另外的激情——除了他的印度和他的英格兰以外——这份激情便是法兰西。他有一首诗名叫 *A Song of Fifty Horses*（《五十匹马的歌》），那是他的座驾五十匹马。就这样，他驾驭着这五十匹马，叫它们驰向法兰西。有那么三四节诗，每一节结尾都是这么写的："It is enough, it is France.（够了，这就是法兰西。）"

——他获得了二十世纪的第一个诺贝尔奖，而且……

——是的，当时他很有名，因为他在一九〇一年发表了《吉姆》——这本书的插图照片是他父亲，洛克伍德·吉卜林①制作的浅浮雕——奇怪的是，今天早晨我还向《新闻报》的一位女士，巴里利夫人，展示了大英百科全书第十一版里这些印度式样的插图呢，就是吉卜林的父亲制作的。话说，吉卜林出生于印度，因为他父亲——我相信吉卜林是威廉·莫里斯②，斯坦的纳维亚萨加的译者的侄子——他的父亲是带着一个官方使命被派到印度的，为的是保护印度手工艺免遭英国商业艺术的荼毒。英国政府任命了一个人来保护印度手工艺，而这个人就是吉卜林的父亲。话说，他是在一个

---

① Lockwood Kipling（1837-1911），英国艺术教师、插画师、博物馆长。
② William Morris（1834-1896），英国作家、画家、自由社会主义者。

湖边上要的儿子——我不知道是英格兰的什么地方——湖名就叫鲁迪亚德，所以他起的名字是鲁迪亚德·吉卜林。所以他并没有印度血统，不是很多人想象的那样。但他出生在印度，在孟买，而他的第一本诗集，名叫 *The Seven Seas*（《七海》），是献给孟买城的。有一次他轻蔑地谈到英格兰的英国人，称之为"the islanders"（岛民）（笑）。

——当然，他是大陆人。

——是的，他在一首诗里说道："他们对英格兰知道些什么，那些只知道英格兰的人。"就是说，他对帝国深有了解，还写了另一本书 *The Five Nations*（《五国》），应该就是英格兰、印度、加拿大、南非和澳大利亚吧。他走遍了这些大陆，并用或多或少的激情书写它们。

——那么，您是将他与一代作家联想到一起，还是将他视为文学之中一个孤独的形象呢？

——我相信每一个有价值的作家都是一个孤独的形象。

——当然。

——另外，在这个特殊案例中，就像诺瓦利斯说的那样，"每

338

一个英国人都是一座孤岛"。其实，想想就很奇怪，吉卜林回到英国是在一八九〇年之前不久，跟他同时代的是王尔德，是所谓 "the yellow nineties"（黄色九十年代人）所有那种装饰文学和那种装饰艺术——他和威尔斯和萧伯纳是王尔德那种相当装饰性的作家的同时代人。

——然而，他们之间并没有联系。

——不，他们没有联系，但却是严格的同时代人。

——当然。

——而王尔德曾经写过吉卜林，带着某种不屑："A genious of dropping haches（一个丢掉 H 的天才）"，因为平凡大众不发英语里的 H 音。随后王尔德又说，在阅读吉卜林的 *Plain Tales from the Hills* 时，人们翻动着书页，人们阅读的是生活本身，在庸俗的华丽炫光照耀之下（**两人都笑了**）。所以王尔德是带着某种不屑说到 "庸俗的华丽炫光" 的，但与此同时，他也意识到了吉卜林是个天才。

——一种错误的不屑，另外，在这一方面。

——是的。话说，最近一直在旅行，我的印象中吉卜林在法国比在英国更受赞赏……我不知道，由于其他作家的原因他有点被遗忘了，然而，在法国却没有。就像一个法国批评家说的那样：他是那种非常有效，非常有活力，并且非常新的英国人。话说，当然，那些伟大的吉卜林同时代人都是社会主义者；例如萧伯纳或威尔斯或班纳特[1]，他们从帝国的角度来评判他，对他不感兴趣。但是，与此同时，似乎欧洲的周期性事件之一就是发现东方——那件名叫东方的朦胧事物，或许东方人自己都没有感觉到——因为我不知道，一个波斯人是否与一个中国人相近，我不相信他们有什么亲缘关系，也不相信一个阿拉伯人和一个日本人有某种亲缘关系。但对于我们却都是的，我们杜撰了这样东西，这一件被我们称为东方的异质而神奇的东西。可以说每过一段时间，每过几个世纪，这个东方就会被欧洲发现一次。而现在却是东方正在发现西方，这是显而易见的。

——确实。

——于是就会有某些阶段成了……例如，希腊人无疑就是这样感知印度的，也是这样感知埃及的，那就是东方，或者很接近了。然后是马可·波罗游记，《一千零一夜》。最近的东方发现者之一就是，吉卜林。当然他所知道的东方首先是印度，但是因为这个东方也是印度教和伊斯兰的，它是很多东西，因为印度，就像美国一样——比美国有过之而无不及——不是一个国家而是很多个邦联，很多种宗教，很多个种族，还有一段各方之间非常复杂的敌对史。

---

[1] Enoch Arnold Bennett（1867－1931），英国小说家。

但除此以外，我们还有吉卜林的诗，和一个我相信谁都不曾留意的特点，就是吉卜林，虽以如此的愉悦驾驭了最困难的诗行形式，却从未尝试过十四行诗。有可能他这么做是因为他认为十四行诗是某种被视为智性的东西，被视为对应于某一类诗歌的东西。他或许不想背弃当一名通俗作家这一想法，才不去碰十四行诗的。这是一桩憾事，因为他本可以为十四行诗增辉的。

——毫无疑问。我相信，博尔赫斯，改天我们再说回东方，还有吉卜林，一定会很有趣的。

——好极了。

博尔赫斯与记忆

奥斯瓦尔多·费拉里：博尔赫斯，不久前我们谈到，您的人物富内斯以及记忆，还提到了"记忆大师"这个名号,我曾经对您说过,最近一段时间,在布宜诺斯艾利斯,人们有时候会拿这个词来指您,它的发明者。

豪尔赫·路易斯·博尔赫斯：这是完全错误的,因为我现在的记忆是一种由……读过的诗篇的引文构成的记忆。不过关于我个人的历史,呃——大概我已经将它变成了虚构,或是一直在尝试用它来编造虚构——但如果您询问我生活方面的问题,我肯定会出错的。尤其是涉及旅行和这些旅行的时间顺序的话。涉及日期也是一样,除了一九五五年……这一年,当然了,跟那场革命,那场我们如此期待同时又给了我们太多东西的革命大有关系。也跟失明有关。然后,我被任命为国立图书馆的馆长,在一九五五年,所以全都是非常严重的事情,尤其是对我来说。但除此以外,我的记忆不如说是一种引文的记忆。我相信我曾经回想起爱默生那份忧郁的使命，他在提到一篇名为"Quotations（《引文》）"的文本时说："生活本身变成了一段引文。"这有一点可悲了，一个人竟然看到自己的生活，自己的痛苦、不幸，一个人竟然看到它们……在引号中间，可以这么说。这很可怕，不是吗？总之，对于我易于犯错的记忆来说我的生活就有点像那个样子：一系列的引文。但或许，因为我从来没有研究过记忆，这些引文说不定是那些将自身强加到我记忆之上的文本的引文。它们总在打动着我，直到如今已难以忘怀的地步。我也有差到难以忘怀的诗行的记忆。

——（笑）可能有某些猜想涉及您的记忆，涉及可以称为您的文学记忆的东西，在这方面。

——嗯，我相信我们不应该忘记法国哲学家柏格森[1]所说的话，他断言记忆是有选择性的，也就是说，记忆会作挑选。很自然如果人有一种悲伤的气质的话，他们往往会回忆不幸，因为不幸有助于实现他们悲伤之雄辩的意图。但因为我并不悲伤，也不想变得悲伤，我便会遗忘坏事和不幸的记忆。这里有一段不可避免的引文出自《马丁·菲耶罗》，是这么说的：

　　"要知道忘却坏事

---

[1] Henri–Louis Bergson（1859–1941），法国哲学家，1927年诺贝尔文学奖获得者。

也就是拥有记忆。"

所以，我相信记忆需要遗忘。至于这一观点的理由，恰恰就在我的故事"记忆大师富内斯"里——当然富内斯的案例是假设性的：一个人被一份无限的记忆所压垮——他记得每一个瞬间，不记得一个人而记得自己看到他的每一次，记得他是从正面、从侧面，还是从半侧面看到他。他记得自己看到他那天是哪个钟点，也就是说，他记得那么多的细节而没有了概括的能力，即没有思考的能力——因为思考需要抽象，而抽象靠的是忘记细小的不同而根据事物所包含的想法将它们总合起来。而我可怜的富内斯没有能力做到这一切，不堪这无限记忆的重负而死去了。他死时非常年轻，我相信。

——当然，那猜想正是由此而产生的：您说记忆在某种意义上需要遗忘，因此，博尔赫斯的文学记忆是否有时可能会感到——我向您提出这个疑问——像富内斯一样不堪重负，需要对话来减轻它的重量？

——无论如何，我很喜欢交谈。当然我也喜欢回忆。现在，我已经忘记了——我相信我以前说过——我一直在以不同的形式重复同样的概念而不曾注意到这一点：我的某些故事，无论怎么看，都可以判定是其他故事的变体。

——创造性的遗忘与创造性的记忆。

——是的，一种创造性的遗忘与记忆。我不知道有没有跟您谈起过那两首有关象棋的十四行诗，谈起"圆形废墟"这个故事，谈起一首以老虎为其无限链环的诗。这三者对应的是完全一样的想法。但我没有意识到这一点。然后还有另一个主题，我总是以各种变体来重复——那些变体是如此多样，我根本没有注意到我在重复它——有关某样宝贵的东西。有关一份宝贵的赠礼原来是可怕的，不堪忍受的。就是刚才我们提到了富内斯的无限记忆——一份无限的记忆仿佛是一份赠礼，然而，它却会杀死它的占有者或是被它占有的人。这大概是跟"阿莱夫"一样的想法：空间的所有点汇聚的那一点，可以将一个人压倒。还有一个故事"扎希尔"：一个难以忘怀的物件，因为难以忘怀也因为存在，于是那个主人公持续不断地回想着它，便无法思考别的东西了。他发了疯或是在写这个故事的时候到了发疯的边缘。"沙之书"也是同样的想法：一本无限的书，结果对于拥有它的人来说也是极坏的。所以它们应该是有关同一主题的变体：一样宝贵的物件，一份宝贵的赠礼，结果却是可怕的。无疑我还会写其他相同情节的故事，或者更确切地说，我已经为我的下一本书写了一篇《莎士比亚的记忆》，讲的是一个德国学者拥有莎士比亚的个人记忆——或是被莎士比亚去世前几天的个人记忆所拥有——到最后他仿佛被这无限的记忆淹没了，必须在发疯之前将它传给别人。也就是说，这又是同一个故事，我是在尝试变体。但或许世界文学本来就是同一主题的一系列变体。尤其是涉及被分隔开来的恋人，或是相遇又离别的恋人之类。这是一个无限的主题。

——这些变体可以令故事更加完善，但我想要问您的是，在您的记忆面前您有没有感到过恐惧，就像富内斯那样。

——没有，因为我的记忆会选择：它选择了某些事情，也尝试过忘掉不好的事情。

——而文学的记忆，就这么说吧，难道您从来就没有在任何意义上被它压倒过吗？或者说您没有这样的感觉？

——没有，我必须要独处一段时间，这时我会躺在床上念诵诗节。尤其是魏尔伦的诗节，斯温朋[1]的诗节，也有阿尔玛富埃尔忒的诗节；克维多的很多十四行诗——我不知道我是否喜欢，但无论如何都让我难以忘怀——我总是背诵邦契斯[2]的一首十四行诗：镜子的十四行诗，和胡安·拉蒙·希梅内斯的某一首诗。还有，为什么不可以是拉丁诗人，无名的撒克逊诗篇呢……

——所以您的记忆大概是您的一个永久的伴侣吧。

——唔……在某种意义上它是一部选集。

---

[1] Algernon Charles Swinburne（1837－1909），英国诗人、剧作家、小说家、批评家。
[2] Enrique Banchs（1888－1968），阿根廷诗人。

——当然。

——尽管我知道最好的诗集是由时间造就的。您可以参考一个选集，比方说梅能德斯·伊·佩拉约的《最佳卡斯蒂语抒情诗百首》。开头很好，因为它们是时间选中的诗——尽管时间也会犯错，因为我不相信卡斯蒂语的最佳诗篇是克维多的"从前有个人鼻子高耸"，比如说，或桑蒂雅纳侯爵的"芬诺霍萨牧牛女"——它们更值得被遗忘和宽恕。但这部选集多少还算不错，直到选到当今为止，这时候，很自然梅能德斯·伊·佩拉约必定要考虑自己的同僚，考虑那些同辈的，于是我们便看到了如今已被欣然遗忘的诗人（**两人都笑了**）。奇怪的是梅能德斯·伊·佩拉约写的诗比他的朋友们，那些同时代的西班牙人写的更好，却没有被收入这部选集。梅能德斯·伊·佩拉约还有另外一个特点：没有任何人把他当作一个诗人来回忆。霍梅罗·古列尔迷尼能背诵梅能德斯·伊·佩拉约致贺拉斯的那首长信。我不会背，但我记得某些愉悦的诗句和某一行愉悦得有些神秘的诗——只是文学的杰作永远是神秘的，永远是无法解释的。我记得这两段。一段非常简短，就是一行："泉水中的仙女"。这行诗非常悦人，没有任何隐喻，当然有一个意象，但泉水中现出仙女的视觉意象这个想法似乎是微不足道的，重要的似乎是那些词语，不是吗？

——简单而又直接。

——是的，然后另外那段讲的是朱庇特对欧罗巴的强暴：他化为一头公牛之形，游过去抓住了她。是这么写的：

> "那头雪白的公牛走向百城之岛
> 克里特，引领那被劫的少女。"

在这里，"雪白"是微不足道的，而无疑"克里特岛，一百座城"是克里特岛的希腊名字的翻译。但这个倒装，这个颠倒却很不错："引领"这个词不太妙，不过没关系，它是由诗行的流动、由诗行的动势带出来的。然而，人们今天是把梅能德斯·伊·佩拉约，当作文学史家、批评家来回忆的（他是一个非常武断的批评家，尤其是他否定外国的一切而颂扬西班牙的一切）。有点像是《阿根廷文学史》里的里卡尔多·罗哈斯。只是这种阿根廷文学有点近乎于假设了；总之，在我看来梅能德斯·伊·佩拉约的著作更为严肃一些。不过，我记得格鲁萨克说的一个关于梅能德斯·伊·佩拉约的笑话，他出版了一部《西班牙哲学史》。格鲁萨克说："标题有点声势逼人，但用西班牙这个头衔的笑意修正了哲学这个名词的严肃性。"（笑）这句话出自格鲁萨克最好的著作之一，我相信它还没有被译成卡斯蒂语："Un enigme litteraire（一个文学之谜）"，讨论的是所谓的假吉诃德，或吉诃德的续篇，某人写下了这本书，导致塞万提斯又写了——对他、对我们都是令人高兴的——吉诃德的第二部分。据我所知，这本书还没有翻译过来，是他最好的著作之一——他用自己的语言，用法语写下了它。在格鲁萨克看来自己的命运是失意的：

他原本大概想要成为一个伟大的法语作家，结果的确成了一名可以说很出名的这儿的作家。但，就像他当时主张的那样——现在这话大概不正确了吧："是南美洲的出名并不等于不再无名。"现在，反过来，在南美洲就等于出名了，可以这么说，对不对？（两人都笑了）在所谓拉丁美洲的"繁荣"之后。

——从某种意义上讲……

——是的，但格鲁萨克在他那个时代还能感觉到……

——恰恰相反。

——是的，相反他感到南美洲是这个星球上一个有点被遗忘的角落。现在或许是过于被人记得了。因为人们不断把种种美德算到我们头上，我不知道它们是不是真的，而在我这方面更是受之有愧的。

——（笑）所以，博尔赫斯，记忆应该是一个令人愉快的伴侣，而且还赋予我们创造的可能。

——而且还赋予我们交谈了一刻钟的可能，我相信（笑），这在今时今日也是弥足珍贵的。

——（笑）或多或少，大约是十五分钟吧。

"佛罗里达"、"博埃多"团体与《南方》刊物

奥斯瓦尔多·费拉里：我一直希望您告诉我，博尔赫斯，是什么契机，在一九三○年或三一年前后，引发了《南方》这份刊物和这个团体。

豪尔赫·路易斯·博尔赫斯：我对《南方》所知甚少，我知道我们是在维多利亚·奥坎坡的家里，她组建了一个编委会。当时，在其中出现了一些咨询不到的人，例如，华尔多·弗兰克、何塞·奥尔特加·伊·加塞特——我不知道阿尔丰索·雷耶斯是不是在布宜诺斯艾利斯，然后是所有在场的人——为了不得罪他们，他们也出现在编委会里了。像阿尔弗雷多·冈萨雷斯·加拉尼奥，像玛丽亚·罗莎·奥利维尔这样，后来跟这份刊物毫无关系的人。但维多利亚·奥坎坡想要大方一点……可以跟您谈论这一切的人是何塞·比安科，他是刊物真正的主管。在他之前是卡洛斯·雷伊莱斯，不过是小的——乌拉圭小说家雷伊莱斯的儿子——然后是比安科。我代替

了比安科几个月。呃，多么奇怪啊。维多利亚是一个相当独裁的人，可以这么说，但并不干涉杂志的事：她不知道从这一期到下一期会发表什么东西。这个刊名，"南方"，我相信是……我不知道是欧亨尼奥·多尔斯还是奥尔特加·伊·加塞特建议的。我相信是奥尔特加，"南方"，这是一个很好的名字。我跟维多利亚开了一个玩笑——我对她说她是住在圣伊西德罗的，她有什么权利把"南方"这个名字交给一份刊物——如果她是洛马斯人或阿德罗圭人的话，到头来，倒是能够得到多一点理解，不是吗？随后，德利乌·拉·罗谢耶[①]发来了一篇奇怪的文章——还发表了，我不知道为什么——他是一个很优秀的作家，似乎他是怀着某种不屑写的，因为他签的名是"Pierre Drieu La Rochelle, le reveur des bordes de la Seine（皮埃尔·德利乌·拉·罗谢耶，塞纳河边的梦者）"。但这不奇怪吗？在这篇文章里，他指出既然这份刊物名叫《南方》，那为什么没有把，比如说，澳大利亚、新西兰、南非……算进来呢，南方并不限于，可以说，所谓的南锥体。我不知道他为什么发来这篇文章，或许是个小小的玩笑；或许是因为一份布宜诺斯艾利斯的刊物这个想法似乎并不是很严肃，对不对？在他看来这份刊物仿佛恰恰迷失在了南方。但那是一个很好的团体。而我，事实上，我的名字是出现在合作委员会里的，但我从来没有对原作提出过意见。实际上主管刊物的是何塞·比安科，这一点如今没人知道了；因为人们都标注好了；主管维多利亚·奥坎坡，编辑主任（第一任是卡洛斯·雷伊莱

---

① Pierre Eugène Drieu La Rochelle（1893 – 1945），法国小说家、散文家。

斯，我的名字出现了两三个月，因为比安科到欧洲旅行去了，然后是何塞·比安科）。所以《南方》的命运，除了几次有点强制性的合作：凯萨林伯爵、华尔多·弗兰克、奥尔特加·伊·加塞特以外，都是何塞·比安科决定的。而人们一直对他很不公平。例如，有人问他为什么从来没有发表过罗伯托·阿尔特的东西，他回答说——完全合乎逻辑——阿尔特没有发来任何东西，没有必要发表不存在的投稿不是吗？（笑）他是以卓越的标准经营这份刊物的。

——就在那篇文章里，在您提到的德利乌·拉·罗谢耶那封信里，他建议当时的阿根廷作家不要急着说：这是我们的南方，这是阿根廷的……

——他说得对，人们此后就几乎没说过别的东西，是吧？我们一直都这样依赖于地理学，甚至是地形学：您还记得那两个虚幻的群体吗，现在大学里都在研究：佛罗里达团体和博埃多团体——它们从来就不存在。这是罗伯托·马里亚尼和埃尔内斯托·帕拉西奥炮制的，他们提出在巴黎有各种文学圈子，有各种争议，在这里也应该有。于是，他们便发明了这两个团体，第二天就告知了我；我对他们说：嗯，佛罗里达街我太熟悉了，还是把我放在博埃多那个吧，我不了解它。但他们对我说不行，已经分配好了（笑）。于是我就归了佛罗里达团体，但也有一些作家——例如尼古拉斯·奥利伐里或罗伯托·阿尔特——属于两个团体，因为这些团体是……嗯，是一个骗局，宣传上的。而现在人们都在研究这一切，也研究那些题辞——那些题辞，发表在《马丁·菲耶罗》④上——那里专门搞这个——它们基本上是同一些相关人士写的，因为谁都不想攻击谁。就这样，其中一位把它写下来，开自己一个玩笑，然后由另一"帮"的一位作家签名；由此便造成了这论战的假象，是可能存在的最不激烈，也最友好的一种。这样非常好，因为作家们互相憎恶，人与人互相憎恶又能够带来什么呢？

——您的这番言论，博尔赫斯，肯定会让那些编纂选集的人，那些给文学分类或治史的人震惊的。

——当然，文学史就是这一类假象构成的，是吧？或许这是法国的错，因为在法国，有很多作家是为文学史而写作的。您看所有人都各归其类：例如，有右派的，左派的，这个地区的作家；有诺曼底的，有南欧的。一切都专业而又着重呈现。相反，当然，诺瓦利斯所说的"每个英国人都是一座孤岛"，呃，英国人是个人主义者，在他们中间出现的文学运动比较少，尽管，当然了，伟大的浪漫主义运动是从英国开始的，并且是随着华兹华斯和柯勒律治的抒情歌谣的出版正式开始的。但是，其实这一切都是单独发生的。也有前拉斐尔派的群体。然后就没有了，因为……埃兹拉庞德曾经和意象派一起尝试过什么，但我相信没有人记得，它也没有很大的重要性。另外，这个理论是错误的：想要将诗歌缩减为一个意象的理念。或

④ *Martín Fierro*，1924 年至 1927 年的阿根廷文学刊物。

许错得比我们的理念少一点，后者基于卢贡内斯，就是将诗歌缩减为隐喻——它只不过是无数种修辞手法里的一种，但并非最根本者。我相信几天前我对您说过在日本诗歌里——就我能够了解的而言，透过英语的、德语的，尤其是北美洲的译本——没有隐喻，就仿佛感觉每一件事物都独一无二，不可以转化为他物。相反，对比却用得很多。我不知道我们是否提到过那行著名的俳句：

"巨大的铜钟之上
停着一只蝴蝶。"

这就是对比，庞大的钟和纤小的蝴蝶之间的对比。但不是将一物比作另一物，而是对比，简单之极。我相信人可以想象一首没有隐喻的诗，在这种情况下或许节奏是首要的。但这样的话，我的引文便是错的，因为我没有用俳句的五、七、五个音节，我是逐字引述这段引文的。或许这样就歪曲它了吧。无论如何，我相信这可以当作这些诗行中没有隐喻的证明。

——确实。现在，说回《南方》吧。

——当然。

——我在您的创作中看到了种种崇高的激情，其中就有对年轻的玛耶阿，爱德华多·玛耶阿的激情——维多利亚·奥坎坡在回忆那个开端的时候多次引述过。

——是的，现在我听说他有点被遗忘了，是吗？但我相信那不是因为人们不喜欢他的作品，我相信那是因为人们现在越来越趋向于另一种文学了；以往所谓的心理小说已经过时了，不是吗？还有所谓的风俗小说也是。他写过心理小说，关于布宜诺斯艾利斯某一社会阶层的，而这种小说现在没人感兴趣了。但这并不意味着玛耶阿的作品没有价值。有一种特质至今仍被全世界所推崇，就是玛耶阿的小说总能找到精彩的标题：《不动之河边的城市》(*La ciudad junto al río inmóvil*)。有一个作家，我不想提他的名字，因为那是一个优秀的作家，说这是一个错误，最好写成：河边的不动之城。我对他说这是玛耶阿的一个疏忽（笑）。很明显，效果就在这种对比之中，不是吗？当然，拉普拉塔河并非不动，但在视觉上是不动的：人们眼中的意象是一条浑浊而几乎不动的河。在我看来"不动之河"比卢贡内斯的"狮子颜色的大河"更恰当，因为没有人看到拉普拉塔河会想到狮子，连美洲狮也不会想到，对不对？玛耶阿还有其他一些极好的标题，这会儿您想到哪一个？

——呃，《冰之船》(*La barca de hielo*)，比如说。

——这个我不知道它是不是那么好，要看……

——《麻布与紫斑》(*El sayal y la púrpura*)。

——这是一个很好的标题。还有《沉默海湾》（*La bahía de silencio*）。

——或《十一月的聚会》（*Fiesta en Noviembre*）。

——嗯，现在，《十一月的聚会》被译成英语了。不过原本应该是"Party in November"，却没有这么译而采用了"fiesta"，fiesta 这个词在英语里，立即有了一种墨西哥的、一种西班牙的意味，对不对？（笑）然而，在卡斯蒂语中 fiesta 这个词是一个宁静的词。但在英语中，Fiesta in November，眼前就出现了，热辣女郎、吉他、或马术师，诸如此类。这与玛耶阿当时想到的画面是格格不入的。我记得他的第一本短篇小说集名叫《给一个绝望的英国女人的故事》（*Cuentos para una inglesa desesperada*）。

——是的，他在《南方》创办时仅仅出版过这本书。但我也想向您打听一下，一九三一年汇集到《南方》周围的那一代人是什么样子。

——我对那个团体一无所知。当然，我就在最早那批人里面，或许在这份刊物里合作得太多了。我合作过很多次。而维多利亚，是一个非常宽容的人，对我非常好。正因为她，我再说一遍，我才被任命为国立图书馆的馆长。我把这个任命归功于埃瑟尔·森伯兰·德·托雷斯和维多利亚·奥坎坡的操作，我永远心怀感激。这对我来说是一个非常荣耀的位置，因为我想到保罗·格鲁萨克就是在那幢房子里去世的，我不断地想到他，曾经写过一首诗讲我们两人都曾经当过图书馆长而又失了明。然后，写完了这首诗，我发现不是的：这个朝代属于三个人，因为图书馆的首任馆长或最早的管理者之一是何塞·马尔默尔，也是盲人。其实，如果我早知道，我应该就不会写下这首诗了，因为要处理三个人物是非常困难的；相反，处理两个人就比较容易了，对不对？

——在这个图书馆里，当时，您能够感觉到您这两位前任的存在。

——是的，尽管马尔默尔的事我是很晚才知道的。在家里我们曾经重读过很多次《阿马利亚》①。我相信当人们谈论罗萨斯时代的时候，我们大家共同构筑的形象或许并不是他的同时代人的形象，而是小说《阿马利亚》所呈现的形象。而创造了一个时代的形象绝不是一件不值一提的事。而马尔默尔做到了。

——有没有任何其他的刊物，博尔赫斯，让您怀着某种热情来回忆的？

---

① Amalia，马尔默尔的半自传体小说。

——嗯，有一份招贴杂志，是我和爱德华多·冈萨雷斯·拉努扎一起做的，名叫《棱镜》①，我相信。然后是《船艏》刊物，不多不少共有六页——三张——一页折到另一页上面。它模仿一本西班牙刊物《极端》②。冈萨雷斯·拉努扎和我还有另一个计划，未能实施，但或许我现在可以跟其他人一起实施了，当然。我们认为人们在宣传方面说得太多了，于是冈萨雷斯·拉努扎和我构想了一份匿名的刊物，在其中谁也不为自己的稿件署名，也不出现主编或编辑主任的名字。所有内容都发表出来，但谁也不会知道是谁写下它，或者仅有几个朋友知道。不过除了弗朗西斯科·皮涅罗——他是在南方去世的——爱德华多·冈萨雷斯·拉努扎和我以外，没有一个人对匿名表现出很大的热情——哪怕我们假设长远来说一切都是匿名的也没有用，不是吗？这无关紧要，没有人想更进一步⋯⋯

---

① *Prisma*，创办于 1920 年，仅出过两期。
② *Ultra*，1919 年创办于西班牙奥维多（Oviedo），或 1920 年创办于马德里的两种先锋文学期刊之一。

论对话

奥斯瓦尔多·费拉里：我们这些对话，博尔赫斯，仿佛已经融入了一场特定的旅程：从电台到报纸，从报纸到书。这一点，首先否定了我们所抱有的"电波和报纸都是短暂的这种想法"。

豪尔赫·路易斯·博尔赫斯：是的，书似乎是永久的，无论如何，对书的期待就是这样的，此外读书的方式也有所不同，不是吗？报纸一读就忘，收音机一听即过，但人们对书是抱着一种尊重来读的。

——确实，仍旧是这样。

——而印刷文字有一种手写文字所没有的威严。

——当然，现在，在这里我们提到的这些无线电波，这每周一篇，已经扩展到了成书的地步。

——是的。

——而这种扩展，可以说对于对话的理解是有帮助的。

——当然，我记得在发布那天我们签售了一百八十一本，是的，我很惊讶。

——是的，但好消息是这种理解既已出现在了习惯于关心文学的人们中间，也在对它不熟悉的人们中间。

——那些禁欲般的戒除了文学的人，不知道为什么原因而惩罚自己的受虐狂（**两人都笑了**），戒除了这份幸福，它对于我们全体都是触手可及的。然而，人们放弃了它；就仿佛……我不知道，就仿佛他们拒绝水、呼吸、水果的滋味……拒绝爱情、友情一样。放弃阅读就等于是这样，一种不知不觉中实践的禁欲主义，因为没有人会为它辩护。没有人会说：我们要做好事，我们要停止阅读，这样我们就会在来世得到奖赏。不，人们这样做是出于自发性，出于自发的单纯。

是的，不只如此。如果我们继续这样的话，就会发生我多年前在一个德国绅士家里看到的事情：他藏有我不知道哪一类著作——一套多卷本的地图集，或是一部辞典——我想要查阅其中的一卷，结果发现它们不过是书脊，在这些书脊后面什么也没有（笑）。

——一间假的书房。

——是的，一间假的书房，某种环境的典型呈现。

——话说，对话所有的这种生命力让我想起了，比如说，苏格拉底将对话带给了雅典的所有公民，而不仅仅是哲学家，据雅斯贝尔斯[①]说。就是说，对话成了人人可得的东西。

——嗯，这也是五个世纪后，耶稣的行为，就像吉本反讽地指出的那样，上帝没有将他的真理揭示给有学问的人或哲学家，却给了渔夫，给了无知的人。后来尼采将它翻译过来说基督教是一种奴隶的宗教，说的大致是同样的意思，但或许少些力量。

——尼采，我们不久前谈起过他失败了，未能创造……

——一部圣书。

——不，他试图取代这个据他说已经死去的上帝。

——是的，看来他失败了，特别是查拉图斯特拉，连同他发笑

---

① Karl Theodor Jaspers（1883－1969），德国裔瑞士心理学家、哲学家。

的狮子，他的鹰，总之。所有这一切显得如此枯萎，如此老旧，相比福音而言，后者依然是当代的，或者不如说是未来的。

——他们是转瞬即逝的反基督者，不妨这么说。

——是的（笑）。

——这种对每一个公民的价值确立，我们曾经说过苏格拉底在向每一个人说话时就已经做到了，在我看来对应了我们可以真正地命名为人民的概念。就是说，所有的公民或所有的个人。

——是的，因为现在人民更多是指平民大众，对不对？

——这是一个错误。

——是的，这是一个错误，呃，一个错误……

——政客们犯下的？

——……蛊惑人心。这不是一个错误，这是一个诡计，它可能是错误的一种形式，当然。这是一个政治诡计，不是吗？众所周知人民是……对，就是我祖母说的："至高无上的人民，充满了野蛮。"实际上这就是现在的人民，不是组成它的每一个人，因为我们都是人民的一部分。但这并不是公认的意见，不，公认的意见是他们首先是……我不知道是穷人还是职业的穷人，对吗？

——这个语辞的意义已经退化了。

——是的。

——我相信从希腊开始，对话具有一个极好的优点，就是，可以这么说吧，创造人与人的文明沟通。

——此外还有允许，呃，成为教条的对立面。可以说，柏拉图发明对话的时候就仿佛他分岔开去化为不同的人，其中也包括高尔吉亚，不仅是苏格拉底。他的思想分岔开去：它们思考各种可能的意见，并以某种方式取代了教条，还有祈祷。也就是说，人们按话题来思考而放弃了感叹语。

——参与进来。

——并且参与进来。

——话说，在阿根廷，我曾经想过，我们身上这种难得的倾向，要成为一个共同体，或是为了共同利益而共同行动，或许挽救它的一种方式就是……

——应该就是对话吧。

——可能是开始对话，把它作为一个起点吧。

——似乎很困难啊。不过，我相信我们之前曾经讲过，西班牙的西班牙语跟我们南美洲，或者总而言之，这个地区的西班牙语之间的区别之一，是西班牙的西班牙语往往是教条的，感叹的——总是叹息，总是愤怒。而相反，我们说起话来会带有怀疑，知道我们说的话并非无懈可击——西班牙人说话总带着不加怀疑的人的那种沉着——我们很高兴知道这一点，因为怀疑是人类最宝贵的财富之一。也就是说，犹豫是一种财富，不肯定是一种财富。

——现在我就在想，或许正是它在希腊开启了对话。

——是的，人们开始意见不一，并且是有礼貌地意见不一——没有互相杀害的必要。

——不用，只要反驳就行。

——我曾经多次注意到一件事，就是只有犹太－基督教发起过宗教战争。相反的则有阿育王，印度皇帝，他宣布了宽容。离我们更近的一例，是日本天皇，他既是佛的信徒而又实行那种模糊的泛神论，名叫神道。一场宗教战争的理念在那里大概是完全无法理解的。但在西方，宗教战争一直是最残酷的，因为它们的根源在于不宽容，在于假设敌对者必须皈依或是被消灭。

——在这里没有对话。

——没有，没有，没有对话；就像马丁内斯·埃斯特拉达在一首令人钦佩的诗中说的那样："火更加仁慈"，或是铁，是不同的变体。

——全都是一场独白的形式。

——全都是一场独白的形式，是的（笑）。

——有一件事，我觉得对于阿根廷人之间这种可能的对话来说，最不可缺少的东西之一大概是不要怀着成见来对话吧，这是我在交谈时在您身上发现的美德之一。

——我尽力去忘记我持有的很多成见，我在日本学到了假设谈话的对方是正确的这一令人钦佩的习惯。谁都有可能是错的，对方也一样可能是错的，但无论如何，假设对方正确是对话的一个很好的前奏。也就是，善待与自己所持的意见不同并且可能相反的意见。这里显然不是这样，在西班牙就更不会了。玛丽亚·儿玉向我指出法国人的优点之一就是，您倾听着这种语言的一场交谈，尽管可能听不太清，您也察觉到词语都是指向细微差别的，呈现很小的差异。接受一些事，否定另一些事，但都很有礼貌。那是一种……深思的语言，可以这么说，它不是一种预设真理的语言，而是始终在研究任何一个主题之中的细微差别，多种可能性的语言。这可以从法国人的说话方式中听出来。

——这一切避免了在开始之前"对话就被判处死刑"。

——是的，我们必须达到对话，我们必须回归那个古老的，或许是柏拉图式的希腊发明。

——尤其是在这里，在阿根廷。但是，我们正在一九八五年这个五月的伊始交谈，在您的又一次旅行即将开始之际。

——是的，看来过不了多久我就会是加利福尼亚人了，随后是纽约人；然后我才能说，像塔尔索的保罗①一样，"Civis Romanum Sum"，我是一个罗马公民。我第无数次想起切斯特顿的话来，他说如果谁去到罗马而没有那种重回罗马的激动或确信的话，这次旅行是无用的。也就是说，罗马一直是我们的出发点……当然，我们是生得有点偏僻，呃，在一个不为罗马所知的大洲，在他们几乎猜想不到的一个半球，但在某种意义上我是一个罗马人，或者不如说，一个被放逐的希腊人。

---

① Pablo de Tarso（约 5 – 67），《圣经》中耶稣的使徒之一。塔索为今土耳其境内一城市。

——是的，总之，这一次旅行是以加利福尼亚为第一站。

——是的，我要去做演讲，我相信是三个会议。我不知道是两个用卡斯蒂语和一个用英语的，还是两个用英语和一个用卡斯蒂语的。在圣巴巴拉大学，它的地点是在——总之，我的地理相当模糊——我相信是在加利福尼亚南部。然后给一群……我不知道，精神病学家或心理学家或占星术士，反正，或是社会学家做演讲。

——那些现代学科里的某一科。

——这些想象性的学科里的某一科，在纽约。然后，我相信会发生什么事情，性质也是不着边际的——对我来说是犹豫不决的——在罗马。然后我就回来了，这里也同样有一个此种类型的口头未来，不过要晚些了，最好现在不去想它。我早知道所有事情里最可怕的是前夜：一个会议可能并不可怕。明天我要在摩龙①讲一讲我这个十分亲爱的朋友，圣地亚哥·达波维，马塞多尼奥·费尔南德兹的弟子，我是在马塞多尼奥家的聚会上认识他的。但最好不要去想它，明天的事情会以自己的方式开始的——毫无疑问全都是预先注定的，我的每一次犹豫都是预先注定的。

——前夜会变得很压抑。

---

① Morón，阿根廷布宜诺斯艾利斯省一城市。

——前夜是这样的，但我们可以尝试去忘记它们是前夜，它们就不再是了。当然，我随时都会在摩龙演讲。

——很自然。话说我记得我们最初的对话之一——我相信是在去年三月——您讲述的，用跟现在同样的方式，是一场始于或终于罗马的旅行。

——是的，我相信是这样，呃，"终"看来更适合罗马，对不对？

——条条大路通……

——是的，罗马不只是我们所知的山丘，更是那座城市本身，它是一个顶点。

——就让我们希望，未来的道路会再次引出像迄今为止这样的对话。

——毫无疑问一定会的。

——但不只在我们之间更在阿根廷人之间。

——是的，应该是时候了，对吧？ High time①，就像他们用

①英语"为时未晚"。

英语说的那样。已经失去了……呃，阿根廷的全部历史就是一种对这场不可企及的对话的追寻，不是吗?

——的确。

——就我受的教育而言，尽管和罗萨斯有一点模糊的亲戚关系，在统一派的传统之内——有点像俄罗斯电影里，或是在最早的美国电影里那样:所有的善都在一边，所有的恶在另一边。现在我可以认为有……某种善在别人身上，某种恶在我身上。

——在我看来很了不起。

——是的，我们应该达到这样一种信念，对吧?

——这不会很容易，但您就是一个很好的例子。

——不，这是要等待一百年左右的问题——这从历史上看不算什么。我肯定看不到了，但其他人会看到的。

谈加乌乔诗歌

奥斯瓦尔多·费拉里：博尔赫斯，我相信，您最喜爱的作家，在加乌乔诗歌里面，是伊拉里奥·阿斯卡苏比。我记得您曾经猜想过由阿根廷人在《法昆多》和《马丁·菲耶罗》之间进行选择的可能性，但您也猜想过没有何塞·埃尔南德兹的话，阿斯卡苏比原本会是加乌乔诗人的原型。

豪尔赫·路易斯·博尔赫斯：是的，毫无疑问我这么说过。这两个作家向我们呈现的加乌乔是完全不同类型的，因为在《马丁·菲耶罗》这方面，我们有萨米安托很早以前在智利就称之为"坏加乌乔"的那一类人。之后，很奇怪地，他又会在伊拉里奥·阿斯卡苏比的《两生花》里被称作"恶人"。但我相信伊拉里奥·阿斯卡苏比应该通过《保利诺·卢塞罗》(*Paulino Lucero*)来评判。标题就差不多是诗歌了，因为它是这么写的：《保利诺·卢塞罗或阿根廷共和国和东岸乌拉圭共和国的加乌乔，歌唱与战斗直到推翻暴君堂·胡安·曼努埃尔·德

·罗萨斯及其党羽》。"歌唱与战斗",这就是一首诗了。其实,勇气是《马丁·菲耶罗》的主题之一,但马丁·菲耶罗的勇气是一种悲伤而怨恨的勇气。相反,在阿斯卡苏比之中则有我们可以称之为,呃,一场勇气之庆典,勇气之喜悦的东西,例如:

> "来一支狂野的西埃里托①
> 某些时刻的美好事物
> 曲中行走一人渴望着
> 享受子弹的乐趣。"

或者还有这段,庆祝卡甘查的胜利——里维拉对埃查古埃的胜利——它是这样开始的:

> "爱他们吧,我的生命,那些东岸国人
> 他们是得心应手的驯马人。
> 里维拉万岁,拉瓦耶万岁;
> 抓住罗萨斯以免他晕倒。
> 卡冈查的人会唤起魔鬼
> 在每一个地方。"

或是另一首,是庆祝一场科里安特斯统一派对恩特雷里奥斯联

---

① Cielito,19世纪末阿根廷与乌拉圭的一种音乐形式,包括词曲或舞蹈。

邦派的，短暂胜利，其中有一个文字游戏，但一个文字游戏也是一个诗意的成就——它很难，因为一般来说文字游戏都是很糟糕的，鉴于它们都仅仅缘自于声音上的巧合——是这么写的：

"又一次随着胜利

激流高涨而起。

啊忠诚而爱国的人

他们从不折腰。"

显然说 "correntinada" 是为了暗示，或是因 "correntada" 而正当了[1]。然后，这种不规范赋予了诗句以力量：用 "duebla" 来说 "dobla" [2]；因为如果说的是："啊忠诚而爱国的人 / 他们从不 dobla（弯折）"这行诗或许就差了。相反 "duebla" 则赋予它力量，这不仅仅是一个地方色彩的呈现。然后有几行是……呃，色情的——说到一段西埃里托，描写的方式就仿佛词语在跟着舞蹈——那个乡民即卢塞罗中校，是这么说的：

"随后他带他的伴儿

胡安娜·罗莎去跳舞，

他们一入场就接连

---

①诗中的 correntinada 既含有 "correntada（激流）" 之意，亦暗指科里安特斯（Corrientes）。

② Duebla 或为西班牙语中 "dobla（折叠，弯曲）" 的异体形式。

跳起了半圈和整圈①。"

（这暗示了亲密关系，对吧？）

"啊女郎，仿佛屁股
已经脱开了身体，
你就这样左移右躲
在每一次扭动之中。"

（也可以说是每一次挣脱）

"它丢掉了一半
在卢塞罗靠近的时候。"

很淫邪的诗句啊（笑），但同时又很诚实，另外还有那种欢乐的语调，如同阿斯卡苏比感觉到的一种幸福：史诗的幸福。例如，他给自己出版的作品——给那些西埃里托，给他当时吟唱的所有舞曲里——署名都是"公鸡阿尼塞托（Aniceto el gallo）"，在围困蒙得维的亚时曾经有一只公鸡印在阿根廷国旗上，在那个时候，他必须为此辩护，就写了这个对句：

---

① Media caña，Caña entera，旧时阿根廷与乌拉圭的交谊舞蹈。

"见那公鸡的标记

　　由那面旗帜承载

　　它属于真正的祖国

　　始于五月二十五日。"

　　也就是说，即使是这一首，不过是一段献词而已，也很不错。然后，真是奇怪，阿斯卡苏比曾经见过东岸共和国的战争，萨尔塔的战争，许多地方的战争。但最好的是某样他的肉眼没有看见的东西——他想象的，或者不如说他梦见的某样东西——因为很可能不符合历史的真相：一切都太广阔，然而诗句就在那里，在阿斯卡苏比这个从未见过一次突袭的人看来，比原本可能是一次突袭的东西更加重要。于是他写道：

　　"但印地安人入侵时

　　人们感觉得到，因为必定

　　会有虫子从原野上

　　率先惊慌逃离，

　　而混在畜群之中

　　跑来的是野狗，

　　狐狸，鸵鸟，狮子，

　　雌鹿，野兔和雄鹿，

　　它们痛苦地横越

　　穿过大小村庄。"

应该不是实际发生的样子。然后又写道：

　　"但就是这样，最先
　　以全部的肯定
　　通告这一桩新事
　　印第安人之进犯的，
　　是恰哈鸟，在飞翔中
　　发出：恰哈，恰哈。"

　　而值得钦佩的是，诗节以重复的鸟鸣结尾，因为似乎恰哈鸟喊的就是自己的名字：恰哈，恰哈。然后：

　　"在野蛮人惊吓的
　　这些巢穴后面
　　旷野里升起
　　如云的尘埃
　　将乱蓬蓬的草原
　　完全笼罩其中
　　长驱直入而来
　　他们乘着快马
　　嘶吼着发起冲锋
　　排成半月队形。"

一个史诗般的画面。

——蔚为壮观。

——蔚为壮观，是的，有一种力量……话说，卢贡内斯在《行吟诗人》（*El payador*）中认为有必要牺牲其他所有的加乌乔诗人来褒扬埃尔南德兹。这是一个错误，因为何不假设有数量不确定的好诗人呢，这也正是真实发生的，为什么支持埃尔南德兹就需要牺牲阿斯卡苏比呢？这是荒谬的。

——另外，我们还有阿斯卡苏比的个性，包含不少非常崇高的特点。

——当然，阿斯卡苏比总是歌颂：他视加乌乔为战士，他首先视之为统一派的战士，这很自然，因为他是一个统一派。相反，埃尔南德兹所呈现的加乌乔不是战士，而是逃兵，征服沙漠时的逃兵。显然，现在以如此的尊重谈论征服沙漠的人们都相信我们的历史是由这场运动的一个逃兵来代表的。因为，很奇怪，征服沙漠的伟大战役——圣卡洛斯之战——是一八七二年打响的，正是《马丁·菲耶罗》出版的那一年。这就意味着认为它跟这个加乌乔相对应是荒谬的，因为如果每个人都逃跑的话这一仗就打不起来了。也就是说，在这支部队里并没有几个马丁·菲耶罗，而其他人，呃，都把自己的生命献给了这一事业。

——您在别处说，阿斯卡苏比对祖国的热爱曾经让他以生命来冒险。

——是的，曾经让他以生命来冒险。话说，我记得莱奥波尔多·卢贡内斯并没有读过《保利诺·卢塞罗》，因为他说阿斯卡苏比曾在《公鸡阿尼塞托》里写过加乌乔，那本书是后来写的，对应的不是那几场战争而是之后布宜诺斯艾利斯与联盟之间的战争。其实，我不知道卢贡内斯读过的是《保利诺·卢塞罗》还是《桑托斯·维加》，实际上我相信他是在寻找阿斯卡苏比最弱的一面，就是《公鸡阿尼塞托》里的，而且他是故意这么做的。如果不是这样，卢贡内斯没有读过《保利诺·卢塞罗》，或是没有读过《桑托斯·维加》大概是非常奇怪的吧，那些描写突袭的令人钦佩的诗句就是这本书里的。

——现在，在阿斯卡苏比一生的各个细节之中我们可以提一提他曾经当过兵……

——他当过兵，当过面包师，当过印刷工人，另外还把弃婴出版社①从我相信是科尔多瓦搬到了萨尔塔。总之，他过着那样一种生活……在那个时代，一个人必须成为很多人，就好像在美国，就说马克·吐温吧，他不仅是作家马克·吐温，还是密西西比河上的领

---

① Imprenta de Niños Expósitos，由西班牙军人、殖民官员、最后一任布宜诺斯艾利斯州长维尔蒂兹（Juan Jose de Vértiz，1719－1799）创立的出版社。

航员、加利福尼亚的淘金者，穿越整个国家并且在南北战争中作战。

——就像十九世纪我们几乎所有的伟人一样，他们每一个都是"很多人"。

——是的，时代如此要求。但阿斯卡苏比被埃尔南德兹牺牲掉了 ad majorem gloriam[1]是一件憾事，因为，为什么不假设两者可以共存呢？尽管在政治上他们或许不会互相理解，因为阿斯卡苏比像埃斯塔尼斯劳·德尔·坎坡一样是统一派，而埃尔南德兹是联邦派。这是可以想见的，因为在《马丁·菲耶罗》中两处提到了罗萨斯，而这两段显然是一个联邦派写的；他谈论刑具，然后说：

> *"在巴勒莫也一样*
> *套上每一种刑具*
> *让你浑身都是伤。"*

"在巴勒莫也一样"，罗萨斯的宅邸，罗萨斯的军团就在那里。然后，当马丁·菲耶罗得不到报酬时，一位军官说：

> *"不是罗萨斯那时候了；*
> *现在人人都有报酬。"*

---

①拉丁语"以愈加尊崇"。

然后并不给他报酬，因此埃尔南德兹想说的是在卡塞罗斯^①之前或之后士兵的霉运都是相同的，一模一样。而这么处理是有企图的：那是《马丁·菲耶罗》中两个有关罗萨斯的典故，而两个都是一个联邦派写的。

——关于那个时代的描述，特有的残忍细节，您说阿斯卡苏比在《胆小鬼》（*La refalosa*）中对细节的处理，就像埃切维里亚一样得心应手。

——我相信是这样，在《胆小鬼》中，是的，其代表应该是奥利维^②军队，即白军的一个马佐卡^③分子，在威胁阿斯卡苏比。而这种威胁并不完全是非现实的，因为弗洛伦西奥·巴雷拉就是在蒙得维的亚被围困的广场上被奥利维的马佐卡分子刺杀的，在所谓的乌拉圭"大战"^④或"大战役"期间。

① Caseros，布宜诺斯艾利斯省一城镇，1852 年 2 月 3 日罗萨斯指挥的布宜诺斯艾利斯军队在此被乌尔基萨将军（Justo José de Urquiza，1801 - 1870，曾于 1854 - 1860 年任阿根廷联邦总统）的军队击败。

② Manuel Ceferino Oribe（1792 - 1857），乌拉圭军人、政治家，乌拉圭第二任总统（1835 - 1838），曾在 1843 年至 1851 年间，在阿根廷独裁者罗萨斯的支持下，围困由当时的乌拉圭总统豪尔金·苏亚雷兹（Joaquín Suárez de Rondelo，1781 - 1868）统治的蒙得维的亚。

③ Mazorca，即大众复兴会（Sociedad Popular Restauradora），19 世纪中叶为罗萨斯效命的阿根廷安全机构。

④ La Guerra Grande，从 1830 年代末至 1850 年代初的十几年间乌拉圭红军（Partido Colorado）与白军（Partido Blanco）的一系列武装冲突。

十四行诗、启示录、旅行与国家

奥斯瓦尔多·费拉里：博尔赫斯，每隔一段时间，因为我知道您总在不间断地工作着，我就会很有兴趣询问您这一刻正在做什么，或是您最近的作品是什么。

豪尔赫·路易斯·博尔赫斯：我正在做太多的事情，像往常一样。首先，一本诗句的集子——我不会说是诗篇——一本诗句的集子，诗集。这本书会在西班牙出版，但书名尚未向我显现出来。

——还没有向您显现出来？

——是的，因为我真的相信诗人的工作是相当被动的：一个人收到神秘的赠礼，然后尝试赋予它们形式……但它开始时总是某种陌生的事物，某种古人称为缪斯，希伯来人称为灵体，叶芝称为大记忆的事物。而现在，我们的当代神话更偏爱不那么美丽的名字，如潜意识、集体潜意识等等，但都是一样的：永远都是这个理念，某种对于我们来说是陌生的事物。所以我有了，正在准备这本书，我相信它会由马德里的同盟出版社在西班牙出版。然后，我有一本幻想故事集，书名将会是《莎士比亚的记忆》。我不知道我们有没有谈过这本书，但这个故事是由梦里的一个人物的一句话揭示给我的。我已经遗忘了这个梦其余的一切，但我记得这句话："我出售给您莎士比亚的记忆。"我想，出售的想法对我来说太过商业了。"赠予"有点华而不实，所以它缩减成了"我交付给您莎士比亚的记忆"，亦即莎士比亚的私人记忆。书中还会有其他的故事：例如，"蓝虎"这个故事，指的不是蓝色的老虎而是另一种更奇特的东西——比蓝色的老虎奇特得多，以及我正在写的其他故事。

——您不向我们透露一下"蓝虎"的内容吗？

——不，我不想在这里透露。我现有这两个项目，然后，今年在年底前会开始《地图册》这本书，是跟玛丽亚·儿玉合作，由她在世界上最奇异的国家和地区里拍摄的照片"拼贴"而成的：有日本、冰岛、爱丁堡、美国、南美、埃及、意大利的照片——总之是一本有意多样混搭的书。这些，或多或少，就是我现在在做的项目。

——但也有些是关于十四行诗的吧，我相信。

——是的，我也正在编纂一部十四行诗选——我一直都在重读经典，因此，很自然地，我就想到了阿根廷作家。就现在而言我敢说最好的卡斯蒂语十四行诗是洛佩·德·维加和恩里克·邦契斯写下的（笑）。

——这是一个很冒险的论点。

——这是一个相当冒险的论点，因为人们首先想到的，呃，是克维多，是卢贡内斯——他跟克维多很相似。人们会想到贡戈拉。其实我发现几乎不可能在这些作家里找到一首没有一处偶然瑕疵的十四行诗。相反，在洛佩·德·维加和恩里克·邦契斯这里则没有：十四行诗从头至尾都流畅无碍，这十四行诗是流淌着的，没有一处瑕疵阻碍读者。而可以这样说，在克维多那些著名的十四行诗里，人们常会猛然碰见极其丑陋的诗行，例如："在他的葬礼上它点燃了维苏威，/ 帕尔忒诺普①，而特里纳克里亚②点燃了蒙吉贝洛③。"很难找到这么丑陋的东西，除非有人想到卢贡内斯的"满布着蝙蝠那弯曲的 / 天空呈中国屏风之形"，其丑陋毫不逊色，可以与克维多一争高下。而说到贡戈拉，我相信即使在贡戈拉最好的十四行诗里也往往会有某个丑陋之处，但不如说是装饰性的丑陋，而且，他不断地诉诸一个神话——看起来似乎很好——但却是一个他并不相信的神话——我不知道他是否有权利调用它。例如，在我看来一个希

① Parténope，意大利那不勒斯地区的旧名。
② Trinacria，指意大利西西里岛。
③ Mongibelo，即西西里岛的埃特纳火山。

腊诗人尽可以说福玻斯[1]而不说"太阳",因为他可能是信仰福玻斯的,但贡戈拉则不然,其结果纯粹是装饰性的,因为他肯定不是异教神的信徒。他使用它们,是作为经典的一种传承,但我不知道他是否有权利获取这种传承。因此我正在编纂这部选集,而填满我的记忆的,例如,是埃奇巴尔涅的诗句,他的名字已经被遗忘了。然而,我记得他的一首十四行诗,是以这几行诗开始的:"谁知道这间农舍会怎样 / 在马格达莱纳[2]地区, / 破败的乡野,远离大海。"这是怀着真情实感写下的。

——非常好,您经常背诵这首的吧。

——是的,马格达莱纳地区……当然,因为如果我们说"维森特洛佩斯[3]地区"的话,这一行诗就会很可笑了,对不对?(笑)。

——会变得毫无感觉,相反,"马格达莱纳"就不一样了。话说,一如既往地,博尔赫斯,除了您的文学作品以外还有旅行,新的旅行。

——是有旅行,但旅行必须是刺激物,尤其是如果不去寻找它们的话,就是说,如果不认为"我在罗马,我必须在罗马寻找罗马"

① Febo,希腊神话中的太阳神。
② Magdalena,布宜诺斯艾利斯省东北部一地区。
③ Vicente López,布宜诺斯艾利斯省北部一地区。

的话，根据克维多为约阿希姆·杜·贝莱①的十四行诗所作的著名翻译，后者受到的启发则是来自贾努斯·维塔利斯②的几行拉丁语诗句。这是诗歌的传统主题之一，如克维多所说："唯易逝者永存"，就是说，台伯河长在而罗马的纪念碑不长在。

——当然。

——我相信这话最早是贾努斯·维塔利斯说的，继而是约阿希姆·杜·贝莱用在一首十四行诗之中，并由克维多令人钦佩地注入了卡斯蒂语，然后又由埃兹拉·庞德令人钦佩地注入了英语："你在罗马寻找罗马，哦朝圣者 / 而在罗马你却找不到罗马"，又说："尸骸是城墙展现之物 / 它自身的陵墓是阿文丁山③"。我不知道尸骸这个词是不是恰当，总之，也只能是这样了，不是吗?

——您刚才谈到罗马碰巧就在即将获得罗马大学荣誉博士学位之前，颁发时间是十月十二日。

——是的，我刚写了一首有关这份荣誉的十四行诗，颁发的大学……今年就可以提到这么多，因为今年我被授予了克里特岛——一所最新同时又最古老的大学——的博士学位，英国著名的中世

① Joachim du Bellay（1522 - 1560），法国诗人、批评家。
② Ianus Vitalis，文艺复兴时期的意大利作家。
③ Aventino，罗马所在的七座山峰之一。

纪大学剑桥的博士学位。然后是圣胡安大学的博士学位，在那里，当然，可以感受到萨米安托的伟大影子——对我来说他是最伟大的阿根廷人，最好的阿根廷人。现在我即将在罗马获得一个与众不同的殊荣，我相信无需任何评论或解释，不是吗？因为它是全世界最有名的城市。

——因此，我们将在罗马得到下一个博士学位，并且我相信还有另一个奖项在等待着您。

——是的，在迈阿密，对吗？

——我相信是在迈阿密。

——是的，多奇怪啊，在迈阿密，在佛罗里达。呃，好吧，Deep South——最南端。

——除此以外，我相信您去罗马之前在西班牙还有日程。

——是的，我有几个日程在塞维利亚……当然，我曾经在马约卡住过一年，然后，在某种程度上，我感觉自己就是安达卢西亚人，在这个我的远祖所在的地域：安达卢西亚。而在马德里，人们都把我当成一个安达卢西亚人，非常奇怪，因为我讲起话来带有某种安达卢西亚语调，和如今已被欣然遗忘的极端主义团体中的塞维利亚诗人调调。呃，到头来，那个团体是坎西诺斯·阿森斯的一个玩笑。所以，在八十五岁上我依然有计划，计划旅行，也计划写书。尽管，对我来说，这两件事情是殊途同归的，因为旅行是写作的刺激物，尤其是如果不寻找它们，如果听任这些刺激物找上门来的话。

——就像那些旅行也是找上门来的一样，但在这里，它们不仅是计划更是事实，是确定下来的。

——对，它们也是事实。我刚写了一首十四行诗，我必须要打磨——它将会在蒙得维的亚发表，我相信——总之，是作为一个版本来诠释这样一个主题，就是尽管有点惭愧度过了八十五年，尽管双目失明，总而言之，我感觉自己归根结底，更快乐了，或者无论如何，相比我年轻的时候，更平静了。相比我努力想以一种有趣的方式变得不快乐的时候。而现在不是了，再者说，不快乐会找到我们的，我们不需要寻找它。

——不过这倒非常有趣啊，您说现在感觉比年轻的时候更快乐的话。非常自相矛盾。

——不，我相信年轻人是很容易不快乐的，因为，激情更为强大，而在激情中间的就是绝望，不是吗？（笑）相反，我现在想要，呃——我不知道我是否有很多希望，但我无法绝望（两人都笑了）。要诵读一下莎士比亚"裘力斯·恺撒"里的这句话，当说到"恺撒绝望了"时，恺撒——文学中的，不是历史上的——回答说"从来没有希望的人是无法绝望的"或"不曾有过希望的人是无法绝望的"。所以我就继续希望下去吧。

——这恰恰正是平静，在我看来。

——是的，我相信是这样的，希望而没有太多的不耐烦，当然。

——当然，我们可以称之为最后的激情，或许在您的青年时代就已拥有，但现在更显而易见了：旅行的激情，它始终不减而超越了数字——没有八十五也没有寿日的限制——有一份旅行的激情，这是非常重要的。

——是的，我在很长时间里——曾经有一个时候我拒绝去旅行——连避暑都不去。我在十二月、一月、二月这几个月里一直呆在布宜诺斯艾利斯，那时所有人都想要逃走。我呆在布宜诺斯艾利斯忍受我讨厌的夏天。不过，当然，那时候我还有视觉，我可以阅读，可以写字。现在我被禁止了这些行为，除非是通过中介人，不是吗？因为我写的东西是口授的，我读的东西是听的。但归根结底，我必须接受这一点——活着这件事就意味着接受环境，并且这个环境是强制性的，我不可能以别的方式行动：因为双目失明而放弃阅读和写作的乐趣大概是非常可悲的吧。

——也没有任何理由这样做，再者说。

——不，没有任何理由，因为我有年轻的朋友，比如您，会慷慨地对我施以援手。

——慷慨的是您，一如继往。不过，您确认了我所说的，旅行的激情在近几年来日益增长。

——是的，就是说，我知道我无法看见这些国家，但我知道我能够感受它们，所以我旅行。另外，在其他国家人们对我这么好，这么宽容。我的作品已被翻译成多国语言，读过这些翻译的人可能会想："呃，这不算很好，但或许原文是可以接受的。"所以我很乐意人们通过翻译来阅读我，因为人们对我更宽容，所有的错误都归于译者，所有的成就都归于作者。或许成就是译者的，错误是作者的，但这无关紧要。那个倒霉的意大利双关语"traduttore, traditore"[①]让人们永远以翻译为恶，永远以原文为善（**两人都笑了**）。

——卡斯蒂语里应该就不押韵了。

——"Traductor, traidor"[②]，并不是。呃，不过，一般是……不对，不对，是用意大利语说的。

————————————————————

①意大利语"叛徒，译者"。
②西班牙语"译者，叛徒"。

——用意大利语，甚至在这里也是。

——"Traduttore, traditore"，当然，最好是用意大利语，因为这两个词几乎是一样的。

——确实。话说，我一直对您说您凭空创造了一个类别，就是猜想，在您的作品里。但您在生活中创造了另一个类别，就是悖论，因为，比如说，旅行却又看不见那些国家是一个不可思议的悖论，因为我们从反映这些旅行的诗篇中得知您是以另一种方式来"看"它们的。

——是的，但毫无疑问，我是以一种错误的方式来看的，因为人们先要向我描述某物，我才能想象它——这想象长存在我的记忆之中，而这肯定是错误的，因为凭借词语可以传递一片风景、一个地方大概是很稀罕的吧。应该是不可能的——那是很多作家的错误——比如说。格鲁萨克献出了我相信是四五页纸来描述伊瓜苏瀑布，四五页来描述尼亚加拉大瀑布；我不相信人们在阅读这些篇章时看得到什么特别的东西，因为视觉属于某种完全而瞬间的东西，我相信。相反，描写必定是连续的，鉴于语言是连续的这一事实。即使是这些连续篇章可能留下的记忆，也肯定不会与一个瞬间的意象相似。

——然而，有些诗人和作家并未见过大海却照样谈论它，并且谈得精彩绝伦。

——是的，例如柯勒律治，当然，这是因为柯勒律治想象的大海比物理的大海更大。我记得拉斐尔·坎西诺斯·阿森斯——我一直很喜欢回忆坎西诺斯·阿森斯——他写过一首海的颂歌。我诵读它并且后来把我对这首献给大海的诗的敬佩之意告诉了他。而他则对我说："我希望有朝一日看到它。"也就是说，他从未见过大海。

——证据就在这里，很显然。

——是啊，当然，这也可能是柏拉图式原型的一个证据，就是说，他以某种方式看见过大海，或是心怀大海的概念——当然，并没有见过它。

道德与文化

奥斯瓦尔多·费拉里：您对萨米安托的《法昆多》崇拜，长久以来，博尔赫斯，是文化上的信念的一种形式，在我看来。

豪尔赫·路易斯·博尔赫斯：是的，在我看来，文化是我们所有的唯一救赎。我写过一个故事《布罗迪的报告》，它的主题是一种原始文化，必须拯救它来对抗野蛮。这就是故事的主题：一开始呈现的是一种极小文化的人，随后，到结尾则是"Yohoo！"——猿猴一般的人，就像斯威夫特的著名寓言《格列佛船长的最后旅程》里的。寓义就在于这种原始文化必须被拯救来对抗野蛮。当然，每一种文化或多或少都是原始的，但我们必须设法拯救它。这应该就是《法昆多——文明与野蛮》的论点了。并不是说他（萨米安托）相信文明是完美的，他信仰的是进步，但必须要拯救这种文明，用这种统一派的不完美文化来对抗野蛮，或是联邦派的野蛮意志。这是这本书的主题，但不幸的是，《法昆多》并未被选作经典，成为经典的是《马丁·菲耶罗》，它恰恰对应着对加乌乔人、原始人、无教养者的崇拜，可以这么说。我们已经做出了这一决定，或许这已经太晚而无法改变了。但假如我们选择了萨米安托的《法昆多》，作为我们的书，因为既然《圣经》已经消失了，人所共知每个国家都应该有自己的书，如果我们选择了《法昆多》，无疑我们的历史必会有所不同。尽管在文学上《马丁·菲耶罗》胜于《法昆多》，这是立刻就感觉得到的事。

——您总是和我们说起道德，甚至还跟我说过您认为拥有一种道德甚至比——康德也是同样看法——拥有一个宗教更其重要。

——而且……宗教的唯一理由是道德方面的。相反，道德，如史蒂文森所说，是一种本能。也就是说，定义道德是没有必要的：道德不是十诫，道德是每当我们行动时就感觉得到的某样东西。一天到头，毫无疑问，我们肯定作过很多道德上的决定，我们肯定必须——把这个主题简化一下——要在善与恶之间作选择。而当我们选择了善的时候，我们知道我们选择了善；当我们选择了恶时，我们也一样知道。重要的是判断每个行为要依据其本身，而不是它的结果，因为每一个行动的结果是无限的，它们分岔到未来，并最终互相等同或互相弥补。因此依照其结果判断一个行为是不道德的，在我看来。

——现在，在您八十五岁的这一个月……

——呃，不要向我提起伤心的事情，我一直任由自己活着——我很懒惰，很心不在焉——已经过了八十五年。年轻时我想过自杀，但现在不想，已经晚了。无论是哪一刻……这事都由历史掌管。

——我觉得这更应该说是愉悦而不是悲伤，在这件事上。

——是的，我肯定现在比年轻的时候更快乐。因为，在我年轻的时候，我总想要变得不快乐，出于美学的理由，戏剧性的理由：我想要成为哈姆雷特王子，或是拉斯柯尔尼科夫——俄国小说的人物——或拜伦，或埃德加·爱伦·坡，或波德莱尔……现在不想了。现在我甘愿是我所是的那个人，总之我不知道我有没有得到幸福——谁也得不到幸福——但我得到了，有的时候的某种平静，这就够多的了。另外，追求平静在我看来是一种比追求幸福更合理的野心。或许，平静就是幸福的一种形式。而现在，我已对生活认命了，我已对失明认命；我做到了对长寿认命，那是另一种恶。但我相信在我的一生中没有一天经过而不曾有过一段平静的时间，这也够多的了。尽管在夜里，梦魇会来造访我，它们的样子肯定不像幸福，而像恐惧。

——在这份平静里，博尔赫斯，也许您可以开导一下我——因为我们一直在谈论道德与文化——将一种道德的态度施用于文化的重要性，尤其是文化。

——我相信文化没有道德是无法理解的。

——是的。

——在我看来一个有教养的人必定是道德的。例如，人们往往假设善人是愚蠢的，恶人是聪明的；我相信并非如此，我相信实际上正好相反。恶人，一般来说，也是天真的人：一个人作恶是因为想象不到自己的行为可能在别人的意识中产生的影响。因此我相信，不妨说，在恶中有一份单纯，在善中有一份智慧。另外，善要达到完美——我相信没有人做得到一种完美的善——必须是聪明的。例如，一个人很好，却不太聪明，可能会说出令别人不快的话，因为他意识不到这些话是令人不快的。相反，一个人要好就必须要聪明，因为不然的话，他的善就会……呃……是不完美的，会说出令别人不舒服的话而不自知。

——这您以前说过，我觉得这一点非常重要。

——是的，就是说，我更多是认为恶即愚蠢，善即智慧。不过人们往往不这么看：人们总是设想，善人都是简单的人。不，人可以是善而复杂的，人也可以是恶而极其简单的——罪犯就是这种情况吧，我猜想。

——您这种观点希腊人早就有过了，在希腊人中间确实存在这种观念。

——是一切都已尽在希腊人之中了。有一句英语是这么说的："The Greeks had a word for it.（希腊人有一个词形容这个。）"就是说一切都已经被希腊人思考过了，当然了，在西方。在西方，最早开始思考并且或许，思考了一切的，就是希腊人。我们还有罗马，但罗马是希腊的一个延伸，因为罗马没有希腊是不可想象的，而人们尽可以设想希腊没有罗马。显然希腊在前，希腊人受教化的时候罗马人还是野蛮人呢，呃，那时西方的其他部分都是野蛮人。

——我觉得重要的是要强调我们之前提到的这一点，博尔赫斯，因为这对我们来说可以是一个明确的途径：将道德视同为文化。

——或智慧，是的。

——一种有道德根基的文化，可以这么说。

——这是不可或缺的，因为不然的话它又能有什么用呢？用于施暴吗？

——用于迷惑，无论如何。

——是的，用于迷惑。

——您知道这个时代的时尚之一就是迷惑，有时是故意的。

——是的，看来混乱在当今大获成功了，对吗？文学也在刻意追求它。达达主义，比如说，呃⋯⋯表现主义也是，在某种意义上，还有超现实主义。是的，人们一直在追求迷惑。然后，到处都是对恶的崇拜，对犯罪的崇拜⋯⋯但这一点早有著名的先例，对吗？只要想想莎士比亚和陀思妥耶夫斯基即可：我们都看到了杀戮对他们的吸引力。

——呃，但实践善与恶却有一种真实的方式——就是说，如果真正实践的话，就会是真正的恶和真正的善了。但在迷惑和不真实之中被实践的既不是真正的恶也不是真正的善。

——不，仅仅是混乱，取这个令人迷惑的词最令人迷惑的意思：无序，仅此而已。

——下回我们继续讨论，博尔赫斯，您的平静，力求在这一片混乱即我们的时代之中明察世事。

——好的，当然。

两次日本之行

奥斯瓦尔多·费拉里：博尔赫斯，乌利塞斯·佩蒂特·德·穆拉特说，在您赴日本旅行回来的时候，您向他讲述了您在那个国家见识的环境和人，像这方面的专家那样真实准确。这说明您以某种方式，取得了一个 in situ① 的初步发现，随后您又再一次旅行去继续发现日本了。

豪尔赫·路易斯·博尔赫斯：是的，我去日本旅行过两次，我把这归于机遇——假如机遇存在的话。玛丽亚·儿玉在教日本管理人员卡斯蒂语，我们跑去埃塞萨②，去跟其中一位道别，他要回日本去了。一如往常，飞机晚点了，必须以某种方式挨过一小时。我们一起喝了咖啡，这位先生问我是否有兴趣去日本看看。我回答说我还没有完全发疯，自然怀有浓厚的兴趣，我们也谈到了佛教。他

---

① 拉丁语"在现场"。
② Ezeiza，布宜诺斯艾利斯省一城市。

说："好吧，那就看看我能做些什么吧。"几个月后，我们得到了一份日本国际交流基金会发来的，赴日本一个月的邀请。我感到不可思议，现在我依旧对此感到不可思议。那一个月有五个星期，我们造访了七个城市，我们领略了神社、花园、湖泊、山脉，这一切都是因为我和艾丽西亚·胡拉多写了一本书：《什么是佛教》（*Qué es el budismo*），它已被翻译成了日语——或许是为了表明西方人根本不懂得佛教，对吗？（笑）这本书是用第二或第三手资料写的，但是很诚实。我怀着奇怪的激动——我从未有过的激动，尽管我是在瑞士受的教育——"多么奇怪，我心想，我是在一个文明的国度"：一个人可以在那里敞开当街的大门入睡，凡此种种，人的礼仪——都互相默认谈话的对方总是正确的。现在我正在试图进入这个我不知道是不是美丽，却很奇怪的迷宫，即日语。但迄今为止我学到的东西是相当惊人的：例如，在日语中形容词是变格的——在卡斯蒂语中，说"高"可能是指罗德岛巨像，也可能是指一座未来的天文台。相反，在日语中不是的，形容词是变格的：有一个词根，这个词根依据所指的过去事物、现在事物、未来事物而变化，并且还有另一种形式表现推测的事物，就是虚拟式。这使得一切变得非常困难。然后，计数也是这样：有九种计数的方法，有的词语适用于长的圆筒形的东西，比如说，这根手杖，一把剑，一支箭。还有一个系统是计数动物的，但这个系统又分裂成两个，因为您不可以用跟数公牛一样的词语来数老鼠，另外还有一个用于抽象概念。

——每一件事物都有一个代码。

——是的,然后还有,词语根据所计数的东西而变。例如,"ichi"是一,但这个"ichi"是用于数学运算的;说"一分钟"就不说"ichi"了,要说"ippun",这时候"ni"是二,因此"二分钟"要说"nifun",然后,在"三分钟"的时候又回到第一种形式,即"pun"(sanpun)。四还是这种形式,但四的念法是"shi",除非是计数物品,这时候四的念法是"yon"。然后,"五分钟"的说法也变了:就是"gofun"。也就是说,复数名词是随着物品的数量而变的,而物品的数量又是随物品而变的。现在,这一切,都在告诉我,通过学习日语,我正在踏入一场永无止境的冒险。我在学习盎格鲁-撒克逊语时也曾有过相似的感觉,我心想:"我永远也学不会的,但有一种魅力恰恰在于它是一种永无止境的冒险。"就是说,冒险在于知道这场冒险注定会失败,就如同弥尔顿的《撒旦》,明知他是在与全能交战,这使得他的抗争英勇壮烈,因为它注定会失败,但假如一个人事先知道这一点的话就更英勇壮烈了。所以我将继续学习日语,明知我永远都学不会。我在刚开始学习盎格鲁-撒克逊语的时候写了一首诗,用的是一个令很多人震惊的标题:"开始学习盎格鲁-撒克逊语法。"有人告诉我说这不可能是一首诗的题目,但为什么不呢?为什么不设想这种情况也是诗意的呢?于是我找到了另一个解决办法:我对自己说灵魂以一种秘密的方式知道它是不朽的,因此我们可以从事任何事业,因为如果我们在这辈子里完不成它,也可以在下辈子或下下辈子里完成。其实我并不相信这个;但假如我没有被取消,没有被死亡抹去的话,我就将尝试另一场冒险,它可能像这辈子的冒险一样有趣。

——博尔赫斯，除了日语以外，对于日本文学，我们是否可以像我们观照西方国家的文学那样依照时间顺序，历史地观照它？

——已经尽可能这么做了，在这个意义上，但我相信这种文学上的历史观念是最近产生的一种观念，它可能会消失的。不过，无论如何，文学的历史是很有趣的。现在，我不知道这在日本有没有尝试过，但如果没有这样做过的话大概会很奇怪吧，因为在这么多西方习惯里面，他们很可能会养成历史主义的习惯。日本诗歌首先令人感兴趣的，还是抓住一个瞬间，凝固一个瞬间。

——那这是不是浮士德式的呢？

——不是，只是一个瞬间而已，而这个瞬间会永远保留下去，如果这首诗是美妙的话。而对时间的专注在于这样一种意义，就是每一首俳句——俳句由五、七、五个音节构成——每一首俳句中必须以某种方式表示，这是一年中哪个季节；有人告诉过我，有些非常大部头的文库，在里面您可以找到，比方说，五百种表示秋天的模式，五百种表示夏天的模式，等等。而这五百种为读者所接受的模式，是由仅仅五个或七个音节组成的，都是日本诗歌里惯用的音节。而使用它们，使用这些陈词，并不被视为一个错误，因为他们觉得原创即是虚荣，因此最好一首诗不是原创的——它是永恒的就够了，这一点比较重要。所以人们可以调用这些表示季节的模式里的任何一种，或采用任何喜欢的诗句，哪怕出自其他诗人之手。这无关紧要，因为人们认为诗是永恒的。这看起来有点像希伯来人的概念，就是选取完全不同的，意味着不同的世界并对应不同的时代的书籍，并假设它们全都是灵体写的。尽管，当然了，《约伯记》与《创世纪》或者《雅歌》和《士师记》能有什么共同点呢？绝对没有。但人们假设它们是由同一个灵体口授给不同的抄写员的。在日本诗歌中也有这种理念，即诗人是否原创并不重要，重要的是，他写下的东西是美妙的，这一点重要得多。

——缪斯或灵体依然在日本人中间掌管着的灵感。

——是的，依然掌管着灵感。不过，话说……王尔德说过，"若不是靠着经典的形式，我们都将任由天才摆布"，这正是现在发生的事（**两人都笑了**）：人人都是天才，但也仅仅是天才而已，就是说，毫无节制。

——在作品中古典主义从来没有被取代过。

——对，我相信没有。而与此同时，不言而喻，每个作家都渴望在文学史上拥有一席之地，因此重要的是创新，重要的是创立一个流派。而这就是我们在这个国家看到的：例如，人们记住的是那些创立了自己流派的诗人。相反，仅仅完美的诗人，如《尸灰瓮》

（*La urna*）中的恩里克·邦契斯，或《奥鲁斯·哲利乌斯①》中的阿图罗·卡普德维拉则不然，他们已经被遗忘了，因为他们不是流派的首领，不曾施加过一种影响，他们的诗文完美无瑕，或是非常优美根本就不重要。不，这无关紧要，重要的是能够现身为无论哪个教派的领袖，哪怕这个教派是荒谬无稽的。就是比如说，假如我写一部关于邮差的小说，这部小说可以是很差的，但是，谁知道呢，这部小说可能是一个流派的开端，可能引得很多人投身去当邮差，那么我就将出现在文学史上了。这就是发生在巴托洛梅·伊达尔戈身上的事：巴托洛梅·伊达尔戈的作品是极其差劲的，但尽管如此，从中却产生了伊拉里奥·阿斯卡苏比、埃斯塔尼斯劳·德尔·坎波、何塞·埃尔南德兹。而米特雷在一封给埃尔南德兹的信中指出了这一点，他在信中说道："伊达尔戈将永远是您的荷马。"但说他这话是在攻击埃尔南德兹，我相信这是一个错误，因为设想一个诗人能够影响另一个又有何不可呢？我们在谈论坡的时候就说到过这一点，我相信，对不对？在谈论坡的影响的时候。

——是的，不过，说回到日本，博尔赫斯，我们总是被告知，最重要的智慧应该是从东方传来的。话说，在日本这方面……

——用"Ex Oriente Lux"②这个美丽的比喻，对吗？

---

① Aulo Gelio（约 130 - 约 180），古罗马作家、语法学家。
②拉丁语"来自东方的光"。

——当然，但日本的情况是非常特殊的，因为它似乎已经采取了最先进的西方发展路线，并用另一种智慧的形式把它归还给了我们。

——是的，同时更在实践比西方各国更好的西方文化。

——的确如此。

——例如，所有日本制造的电器都更好，另外他们还有一种美感。比如说，一台照相机、一支望远镜、一台录音机、一台计算机，日本的就更胜一筹。

——他们正在完善着西方。

——是的，他们正在完善着西方，但愿这种对我们有益的影响继续下去。最后，我太晚来到一个极其文明的国家了，我很想回去，当然，因为置身于从不具有攻击性，道德上无可非议的人们中间是愉快的……另外，我看不到他们，但我相信我并非完全不配拥有日本的花园、神社和海洋：我感觉得到它们，这比看到它们更深入内心。

——博尔赫斯，我们将继续收到，您从这个可能对我们有所帮助的先进文明发来的消息。

——嗯，我希望是如此。

埃瓦里斯托·卡列戈、米隆加和探戈

奥斯瓦尔多·费拉里：有一件很奇怪的事，博尔赫斯，您说我们的作家，或是我们的文化人，或是我们的知识分子在十九世纪，都倾向于，以某种方式把自己当成名誉上的法国人。

豪尔赫·路易斯·博尔赫斯：是的，确实如此。当然，因为所有人都懂点法语——我不会说拿来聊天，而更重要的是，所有人都可以直接享受法国的文学——尽管或许在对话中未如人意，但在阅读中则不然，在我看来这是一种更为本质的行为。

——特别是，您提到我们中间一个意味深长的例子：埃瓦里斯托·卡列戈。

——呃，埃瓦里斯托·卡列戈……我们最后一次看到他的时候，他已经开始了法语的学习，当然是以一种相当初级的方式，因为，在告别时，他吻了吻我母亲的手说："Au revoir, Madame."[①]不言而喻这是一件语言学上的壮举（笑）。他始终怀有对法国的热爱，曾经读过大仲马小说的译本，并希望，像其他人一样，更贴近法国。现在，很可惜，法语已经被取代了，或者说法语学习已经被英语学习取代了。我非常热爱英语——或许我亏欠英国的比亏欠法国的更多——但我相信这事是可悲的，因为学习法语是为了法国的文化和文学。相反，现在学习英语并不是为了爱默生或德·昆西，而是为了商务的目的，人们是以一种商业的方式学习它的。所以我不知道从一种语言到另一种已经走了多远。但也有人向我保证说并非如此，说原来是从法语转向英语，而现在则是从英语转向无知，这应该是最下层了吧？（笑）

　　——佛教的下方，例如，意在以空或无为目标（两人都笑了）。不过，埃瓦里斯托·卡列戈还有另外一个特点，在我看来是非常重要的：除了接近法国，或欧洲以外，他也很贴近或者充当了，如您曾经说过的那样，我们中间第一个城郊，郊区的观察者。

　　——是的，但或许我这么说是不公平的，因为我相信滑稽短剧更早一些，在滑稽短剧里，不论是好是坏，但这种做法已经存在了，对不对？大概必须要查询一下——这是为写一篇论文而做的工作——维亚克雷斯波的巴卡莱扎和巴勒莫的埃瓦里斯托·卡列戈的

①法语"再见，夫人"。

日期，才能知道我们必须要"跑"多少街区来发现城郊的文学。

但卡列戈这样做是故意的，因为——马塞洛·德尔·马佐告诉我说——他将这归因于他的街区，呃，这也见于他的某些作品。另外，他还是阿尔玛富埃尔忒的弟子……多么奇怪：阿尔玛富埃尔忒，一个天才，或许是我们的作家里面最有克里奥尔气质的，当他努力故意地要呈现克里奥尔气质时，结果并不是很好，因为，例如，《传教士》、"Confiteor Deo"、《平行线》，它们都是精彩的篇章。相反，当他故意去尝试米隆加时，结果总是很差。我们还记得那个糟糕的对句吧："在这里我有意和无论哪个有意者一起吟唱／那最好的，那支伟大的米隆加／必将留存下去的那一支"，我们看到这并不太令人难忘，对不对？其实，他有几行诗——我不知道它们是不是很美，不过是真实的——例如："没有哪个职业之精美逊色于／生活这个职业。"

——这句更好些。

——这句更好些，但不幸的是，前面有两句是这么写的："很多泥土要激起"（这肯定是很丑陋的），"在坟墓的路径上"，不过，当然了，这些都是废话，为了在后面放上："没有哪个职业之精美逊色于／生活这个职业。"这是对的，就是说，我们或多或少都有过污点。卡列戈计划要吟唱城郊，但我们在一九〇二年前后搬到巴勒莫去了，我相信卡列戈吟唱的巴勒莫是上个世纪的。当他写"郊区的灵魂（El alma del suburbio）"时——收入了《异教弥撒》（Misas herejes），他的第一本书里——巴勒莫已经不再是那个区了，他是凭借自己在巴勒莫的童年回忆写的。就是说，卡列戈的巴勒莫已经稍微染上了点怀旧、忧郁的色彩，它不完全是它原来的样子了。相反，在他的另一本书里，他呈现了我曾经见识过的中产阶级的巴勒莫，而不是唯有贫穷的巴勒莫，尽管贫穷是存在的，毫无疑问。我记得我父亲跟卡列戈谈起过为什么他要说那么多棚屋的事，当时棚屋更属于市中心而非城郊。这是很自然的，因为在市中心土地更值钱，而且市中心到处是棚屋。直到十五年前还有一处在我家对面：马伊普街和查尔卡斯街口，涂成了黄色。例如，还有巴尔莱塔，就出生在五街口的棚屋里。他说："我是五街口的痞子一个。"当时那儿是利伯塔德街和洪卡尔街，金塔纳大道就始于此地——我记得还有另外一幢，就在——肯定不在郊区——比奥伊·卡萨雷斯出生的那幢房子，金塔纳大道一七四号对面，之后棚屋遍布了整个城市。现在，在博卡，似乎它们始终有着更多的"活力"，因为，一直在做的不是消除贫困，而是利用它。现在它是很繁荣的一个区，多亏了那种公开的贫穷，或许，不是吗？

——但与这一切相对的是，在卡列戈之中有一样东西，您将它理解为或类比于探戈的情况。

——是的，没错，是的。

——诗歌里的一种对日常苦痛，对疾病，对幻灭的指涉。

——呃，这意味着他一直在关注着城市或国家的发展，因为米隆加是相当开朗和华丽的，被称为"来自旧卫"的最早一些探戈也是。然后，加德尔①出现了，忧郁的潮流出现了。奇怪的是，在法国探戈被认为是专属于中产阶层的舞蹈，并不被视为流行一类。在这里人们也不这么看：它被视为专属于妓院的，后来又被视为感伤的。一个证据是棚屋里从来不跳探戈，因为人们知道探戈的起源。而卢贡内斯在《行吟诗人》里，是在……我相信是一九一五年，谈到了探戈，并称之为"那条妓院的爬虫"——一句很棒的短语，透露出来两件事情：探戈的起源和它缠绕的舞姿。现在，我对此做过某些研究：我相信有三个城市在争议探戈的起源。布宜诺斯艾利斯大概就是所谓的黑暗地带，即胡宁街和拉瓦耶街，后者现在我相信是一个犹太区了，不是吗？这是布宜诺斯艾利斯妓院的中心。但在罗萨里奥②有着一种无论如何都比布宜诺斯艾利斯更显而易见的卖淫现象，据推想探戈出现在名叫森恰莱斯（Sunchales）的那个区，现名罗萨里奥北区。而在蒙得维的亚，据维森特·罗西③说，探戈于一八八〇年左右出现在耶尔巴尔街的学院（当时是这么叫舞厅的）——这应该是老城的南部，但离市中心非常近，当然，那是妓院区。但归根结底，这能有多重要呢，人人都同意那个日期——一八八〇年，和乐器——钢琴、笛子和小提琴——这表明它不是很流行。在我小时候，每个街角都可以看到有人在弹拨一把吉他，您

① Carlos Gardel（1890 - 1935），法国裔阿根廷歌手，作曲家，演员，探戈作者。
② Rosario，阿根廷圣塔菲省最大城市。
③ Vicente Rossi（1871 - 1945），乌拉圭批评家，历史学家。

看卡列戈总是谈论吉他，并没有提到其他乐器。

——连班德琴①都没有？

——不，班德琴是很晚之后才出现的，出现在一个略有异国风情的街区；我不知道，有人告诉我说是阿尔马格罗，但更有可能的是博卡，因为阿尔马格罗没有任何不一样的特征。这种乐器是德国的，在德国名叫"Schiffklavier"：船上钢琴，不完全是手风琴。

——不，它比手风琴少了很多忧郁。

——是的，我不太懂这些东西，但我知道流行的乐器是吉他；既然我提到了吉他，我要告诉您一个事实，就是吉他这个词的起源：吉他这个卑微而日常的词的起源是齐特琴②。您看它们是类韵的，齐特，吉他：听上去几乎一样，不是吗？弦乐器我相信是起源于中亚，然后散布到世界各地，又演变成为如此多样的事物，比如竖琴，比如吉他，比如小提琴，比如里尔琴③。

——不过，在您看来是否有必要区分探戈的两个时期：米隆加时期和其他时期。

---

① Bandoneón，一种手风琴。
② Cítara，一种古代弦乐器。
③ Lira，一种古代拨弦乐器。

——是的，米隆加大概就是我们现在称之为旧卫①的探戈，这个短语当时并没有被采用，自然。就像现在名叫巴勒莫的这个区一样，我小时候它是新巴勒莫区。它位于意大利广场附近，这个地区插在一直名叫巴勒莫和维亚克雷斯波的两个区中间。我相信它原先名叫维亚马尔科姆，不知道为什么，肯定住过某一位苏格兰绅士……因为我不相信那是莎士比亚的人物，对吗？是的，维亚马尔科姆，但这个名字已经不用了，还有一些区已经消失了，例如在萨维德拉和维亚乌尔基萨②之间曾经有过一个很好的区名叫"西伯利亚"。不久前我跟一个司机讲话，他告诉我说："我出生在西伯利亚，但从来不说。"当然，因为它不是一个看得到的区。但"西伯利亚"这个名字倒很适合这样一个地方，有点荒凉，当然，在乌尔基萨和萨维德拉之间肯定有过很多荒地，或许是一个有点模棱两可的区域。

——话说，即使在那个第二时期，在探戈变得悲伤或忧郁的时候，我们依然注意到城市有了一种与探戈相匹配，现在却已感觉不到的活力形式。仿佛是一种专属于这个城市的节奏。

——我不知道，我知道的是当我听到一支探戈时我可能喜欢或者不喜欢，但我的身体会随它而动。在科尔多瓦的一个夜晚，我会被带去听这位先生……皮亚佐拉的一个演奏会。在那里我告诉我的

①新派探戈"新卫（Guardia Nueva）"兴起后，人们称呼老派探戈的名字。
② Villa Urquiza，布宜诺斯艾利斯市西北部一区。

410

同伴，我本来想听探戈，可是他们一首都没弹，我要回到酒店去了。"什么？"他对我说，"这一晚上弹的都是探戈啊。"但我的身体并没有认出它们，也就是说，它们并不是探戈。我相信他本人也说不是的，他弹的是布宜诺斯艾利斯的音乐——我不是非常明白他这话是什么意思——但不是探戈，当然。那些曲名也不像是探戈的：例如，有一首名叫"布城土语"，探戈不会叫"布城土语"的，它们的曲名是"细雨""货栈"这一类的名字，但不是"布城土语"。

——它更像是属于一个探戈学者的曲名。

——"布城土语"这个词以前首先是指罪犯、小偷，后来才被用来指称这种土话，估计是那些人的俚语。

——博尔赫斯，我们改天，一定要回头再聊聊卡列戈和探戈，少不了的。

——当然可以。

北欧神话和盎格鲁－撒克逊史诗

奥斯瓦尔多·费拉里：博尔赫斯，在一个片断里，我不知道它说的是您本人还是您的一个人物，您谈到了对北方的崇拜；在这篇文章里，您说是对北方的崇拜把您带到了冰岛。

豪尔赫·路易斯·博尔赫斯：是的，当我说北方的时候，我指的首先是斯堪的纳维亚北部……这种崇拜的历史非常简单：我父亲给了我一册《伏尔松加萨加》[1]，是由威廉·莫里斯译为英语的；我阅读了这首诗，它的情节和 *Nibelungenlied*（《尼伯龙根之歌》）一样，但它更早，保留着较晚的德语版本中已经消失的很多神话特征。总之我全都读了。我被深深打动了：西固尔德、莱茵河黄金、布伦希尔德，然后是阿提拉的全部故事。真奇怪，阿提拉是一个被纳入了日耳曼传统的人物，而当比德[2]，在他的教会史 *Gentis Anglorum*（《英

---

[1] *Volsunga Saga*，13 世纪冰岛散文体史诗。
[2] Beda（672/673 - 735），人称圣徒比得（Saint Bede）或尊者比德（Venerable Bede），英国僧侣、作家、学者。

吉利人与教会之历史》）里,想要表示撒克逊人是日耳曼族裔的时候,他说的是:与丹麦人同一族裔,就是说,斯堪的纳维亚人、普鲁士人和匈奴人的族裔。而除此以外,在《老埃达》①中有一支歌,是阿提利,或者是阿提拉之歌。令人惊讶的是,这首歌是在格陵兰岛写下的。因此,斯堪的纳维亚人曾经写过一支歌来颂唱他们的古老传统,英雄故事,一支被纳入了日耳曼传统的阿提拉之歌。我父亲给了我这本书,我便理所当然地神魂颠倒了。我向他索要一本关于斯堪的纳维亚神话的书,他便给了我一本书,我至今仍然收藏着,一本取自《小埃达》②的斯堪的纳维亚神话手册。跟玛丽亚·儿玉合作,我们不久前译好了《小埃达》的第一卷: "Gylfaginning（吉尔菲的幻觉）"。这是现存最早的斯堪的纳维亚神话手册,写于十三世纪。

——斯诺里·斯图尔卢松也参与了这件工作。

——是的,一点没错。接着,我又读了那两本书,之后……我不知道……啊,是的,我读了卡莱尔一篇有关 Nibelungenlied 的文章。然后,我不知道是谁再一次把我带到北方,带到斯堪的纳维亚的,对吗?

---

① Edda Mayor，又称《诗体埃达》（*Edda poyorca*），中世纪冰岛手抄古卷《王书》（*Codex Regius*）中保存的古代北欧诗集。
② Edda Menor，又称《散文埃达》（*Edda prosaica*），据传为斯诺里·斯图尔卢松编著的散文体冰岛神话集。

——或许是您父亲的英语书房。

——是的，也许吧，但我不太肯定，我知道的是我已经回到了
这个主题。我经历的不是三次旅行，而是，像威廉·莫里斯说的那样，
三次去往冰岛的朝圣。那是一座非常美丽的海岛，离北极很近。在
那里我有机会和一个古异教神的祭司进行了交谈：一个牧羊人——
一个，玛丽亚·儿玉告诉我，面容年轻的、白胡子的人，一个身材
像冰岛所有人一样伟岸的牧羊人（他的羊群有一百头羊）——在庆
祝夏至——这是英国 BBC 一次广播的主题。当然，因为英国人之
前也供奉这些神祇。我激动不已，竟能与某个供奉或宣称崇拜这些
神祇的人在一起——祂们之前也在英格兰，在尼德兰，在荷兰，
在德国，在斯堪的纳维亚半岛受人供奉。而如今仍有三百名忠实
的信徒，都是非常无知的人，他们无疑并不了解那些神话，仅仅
保留着那些神祇的名字。我被感动了，我激动不已，我相信我流
泪了，我……很容易流泪——不是为了，就这么说吧，可能会让
我悲伤的事物，不是的，我更多是因情感而流泪，有点像卢贡内斯
一篇故事里的那个人物，他说："我因荣耀而流泪。"

——这句话说得太好了。另外，这场与异教祭司的邂逅完全是
意料之外的。

——是的，完全是意料之外，因为我正在和博尔加费奥尔兹的
牧师交谈，他对我说："Have you met the heathen priest?（您有没有

414

和异教祭司见过面？）"我对他说："您的意思是？"他对我说："呃，一个仍旧敬拜……"他是用英语说的，"the heathen gods（异教神祇）的人。"于是我就跑去见他了。他住在一间小屋里，一个非常简朴的地方，我不知道为什么，屋里有骨头，羊的骨头放在架子上，有很多骨头。

——而不是书……

——是的，我不相信他懂得阅读。一个非常简单的人，非常无知。嗯，我知道他是独身者，因此这项职责不可以被继承。我猜想他是信徒选出来的。那些信徒来自全岛各地，冰岛是相当广袤的。我猜想他是从信徒中间选出来的，我知道他们都是牧羊人或是渔民，也就是卑微的人。我的意思是，他们不是有学问的，企图发起一场民族主义复兴的人，他们是回到了那段古老过去的人。

——话说，就像您几乎永远都在猜想一样，现在我也受传染了，在我们的对话中实践起猜想来……

——这是最安全的，猜想是最安全的（**两人都笑了**），别的一切都看机遇，不是吗？

——当然。

——留给我们的唯有机遇和猜想。

——在这种情况下，猜想在于除了您父亲的英语书房以外，我们是否可以把日内瓦看成激励您崇拜北方的另一个阶段。

——是的……确实在日内瓦我阅读了其他的萨加，我读的是英语，人人书库那一版。我读了 Egil skallagrimsson 的萨加（《丑人斯卡拉之子埃吉尔的萨加》），和 Njal 的萨加，斯堪的纳维亚人称之为"Njulla"。我对两件事印象深刻：其一，似乎是冰岛人发明或发现了环境特征，因为有很多环境特征，我相信他们率先意识到环境特征可以是悲伤的。然后是令萨加激荡的史诗精神。永远令我感动的史诗精神。我被史诗所感动远远多于抒情诗以及哀歌。

——呃，由此可以看出您对北方的喜好。

——是的，没错，确实如此：史诗令我感动，无论是哪一种文学，哪一种语言。我讨厌感伤。可能是因为我很感伤，因为我没有史诗性，我喜欢史诗，不喜欢感伤（两人都笑了）；我很容易感伤，我相信我从来没有丝毫的史诗性，不是吗？（笑）

——又一个猜想。

——又一个猜想，是的。

——但您对北方的崇拜在我看来，在很大程度上，是对北方文学的崇拜。

——呃，不对，是对书写者和航行者，还有冒险者。

——当然。

——如果您认为，他们先于欧洲其他国家几个世纪就发现了美洲的话。其实，我不知道这场发现走到了什么地步，因为他们没有一种民族或宗教意识。例如，他们可能宣称崇拜托尔，但他们肯定不是托尔的传教士。他们是个人主义者，相反，您知道，发现美洲，这一切……这场征服，这整件事，都是以西班牙、葡萄牙、天主教信仰的名义进行的，他们是传教士，是官员，是军人。相反，维京人不是的，维京人是冒险者：例如，一个维京王国建立了起来……他们建立了都柏林市，在爱尔兰曾有过一个丹麦王国，在约克郡曾有过另一个丹麦王国，但这些国王没有想过……对于自己是丹麦人并不特别执着。

——他们也没有推行斯堪的纳维亚神话。

——没有，没有，那也没有，他们信奉它……话说，这神话有一种奇怪的特征，就是，例如，在基督教或伊斯兰教中都有敬拜一个神的信徒，神被视为他们的管辖者。相反，在斯堪的纳维亚人中间没有人会说：某某是托尔的信徒，奥丁的信徒，只会说：他是奥丁的朋友，是托尔的朋友。也就是说，那本是一份友情，等到事情恶化了，那时候……

——估计他们就会变成敌人了吧。

——是的，他们与神为敌，甚至有可能破坏自己偶像的形象，大概都是很简单的吧，在我想象中。

——您将一种特殊的道德归于北方，大致而言——或许这种道德与新教有联系。

——我不知道我敢不敢说在天主教信仰中有某种本质上不道德的东西。我相信忏悔和一场赦免的理念是一种不道德的理念，因为如果我犯下了一桩罪行是别人不可以赦免我的，我必须赦免我自己。但如果我犯下了任何一桩罪行，如果我有罪的话，然后我去背诵，一段主祷文或福哉玛利亚第 X 段，这并不能撤消我所做过的事。在我看来忏悔的理念是一个本质上不道德的理念。我不知道这是否可以传播……但我相信是这样的，对吧？现在各种各样的东西都能通过电波传播了，我的一个小小的异端邪说……

——您想到的是传播一种震惊吧。

——我相信不是的，对吗？但是完全肯定这是可能产生的，对不对？

——您始终认为真理是在对话中达到的，这样也可能……

——对话的一部分，是的，当然，它可能是对话的一部分。但我相信，总的来说，在新教国家里有一种道德是天主教国家里没有的。其实，这可能要归因于，我不知道天主教徒严肃对待自己的信仰到何种程度……不如说那就是一系列的仪式、典礼、习俗而已。相反，当然，对于新教徒来说，理所当然的是《圣经》与他们每一个人同在，并且假定每个人都有一道光——这是威克里夫①说的，在十四世纪，在英格兰——每一个《圣经》的读者都仿佛有一道光让他可以诠释《圣经》。这与教会的理念恰恰相反，后者认为应当由它来负责诠释。

——然而，最近以来您归于新教徒的这种道德似乎已被大大地扭曲了。

——是啊，很可惜是这样。我不信教，所以我也并不想成为一个新教传教士。我的祖先是的，其中有很多人是卫理会的传道师。

---

① John Wycliffe（约 1320－1384），英国经院哲学家、神学家、《圣经》翻译者。

其实，卫理会首先坚持的是伦理，而不是神学；相反，加尔文主义坚持的是神学，例如宿命论。加尔文主义，它的两个首都是日内瓦——法国人加尔文在那里传道——然后是约翰·诺克斯，他在爱丁堡传道。这两个城市颇为相似，两者都很美，尽管我更偏爱日内瓦。

——其他一些涉及北方的猜想我也很感兴趣，包括您最近就做过一个猜想，是从斯诺里·斯图尔卢松推衍出来的，说北方也许曾经有过一种需求是与南方合为一体。

——呃，当然，因为最高的文化是南方的，一个奇怪的特征是托尔的名字。托尔，手握大锤的神——那把大锤名叫"Mjollnir"——斯诺里·斯图尔卢松的猜想之一是这些日耳曼神祇都来自特洛伊，并且，正如他的名字表示的，托尔是赫克托尔的兄弟，因为这两个名字几乎是一样的。

——北方的托尔，根据这个猜想，应该就是南方的赫克托尔的兄弟。这大概就解释了北方与南方合为一体的需要。

——北方这种将自己与南方相结合的欲望也有某种可悲之处，归根结底是要和《埃涅阿斯纪》连结到一起，因为他们不知道《伊利亚特》，对不对？就是《埃涅阿斯纪》将自身的光投在北方之上。我们有那部古老的萨克森史诗《贝奥武夫》，但有关《贝奥武夫》的一切猜想已经改变了，自从有人在这首复杂而冗长的诗——

北方的第一部史诗，因为盎格鲁－撒克逊文学早于斯堪的纳维亚文字——中发现了，在《贝奥武夫》这三千多行诗中——我不确切记得是多少行——发现了《埃涅阿斯纪》中的三行诗，其中两行是混合的，另一行据说是一行几乎字对字的译文。因此这或许就改变了一切：我们或许可以认为《贝奥武夫》的作者读过《埃涅阿斯纪》，决心要写一部日耳曼的《埃涅阿斯纪》，于是他就写了《贝奥武夫》——它写于英格兰，但作者采用了斯堪的纳维亚的传说，所有的人物都是丹麦人，或是瑞典的族裔。但那个时代还没有那种理念，就是一个作家必须要写当代或本地的题材，相反遥远的事情却颇具声望；或许撒克逊人还有某种对异教的怀旧。

——那个遥远世界的影响。

——是的，所以这样或许就改变了一切，或许人们可能会想到，一个撒克逊人读《埃涅阿斯纪》而惊叹不已，他决心要写一部日耳曼的《埃涅阿斯纪》。这应该是发生在英格兰北部，并且还使用了刻意造作的诗歌语言：例如不说"大海"而说"鲸鱼之路"或"天鹅之路"；不说"战斗"而说"刀剑之会"或"人之争斗"。

——从史诗到史诗。

——是的，从史诗到史诗，就是说文学从史诗开始，如您所知。因此，在我们之前的一次交谈中，我曾经指出，饱受诟病的好莱坞的优点之一是在我们的时代挽救了史诗，因为说到底，西部片从本质上说就是史诗。它不是为了任何刻意的企图而制作的，应该是出于商业的目的，但事实是，牛仔的形象是一个史诗般的形象，尽管可能不符合历史的真实。

——这个想法是您交给我们的。我们别无他选，博尔赫斯，只有回到我们的南方，回到我们南方那年代学的必然性，来结束播音了。

——呃，好极了。

论博尔赫斯和阿隆索·吉哈诺

奥斯瓦尔多·费拉里：在您的诗《阿隆索·吉哈诺的梦》里，您假设或猜想了，我相信，至少两个梦……

豪尔赫·路易斯·博尔赫斯：啊，如果我没有记错的话，这应该是一个梦的二次方，因为塞万提斯梦见了阿隆索·吉哈诺，阿隆索·吉哈诺又梦见了堂吉诃德。是的，但是这两个梦都有自己的根，或者说它们的许多根之中的一个是塞万提斯的意识，不是吗？我相信是这样的。我写这首诗的时间已经过了太久，我都不记得了，但因为我永远都在写着同一首诗，我是应该记得的。

——您写道："骑士是塞万提斯的一个梦 / 而堂吉诃德是骑士的一个梦。/ 双重的梦令他们迷惘。"这让我想到了您的故事"*Everything and Nothing*"。

——啊，确实，是的。

——其中大概有一个梦的三次方。

——说说看。

——在这里是上帝梦见了莎士比亚。

——莎士比亚又梦见了那些人物。

——是的，如此说来，塞万提斯也可能是被梦见的，而我们也可以做一个梦的三次方。

——毫无疑问塞万提斯是上帝或宇宙意识所梦见的，是的，尤其是如果我们是泛神论者的话。我正巧刚写了一首诗："时间梦见了什么"，它的主题是这样的：把整个历史视为时间的一个梦，而不是空间里发生的事——那是普通的诠释。

——这让我再一次想起您似乎经常把梦视为最重要的现实之一，有时更视之为比醒着的现实更坚固的现实。

——我不知道是否坚固，因为"坚固"这个词暗示了空间性，不过更内在大概就会更准确吧。

——或许也更持久。

——是的，我曾经写过一首诗，或者将要写一首诗……呃，对我来说都是一样的，因为我总是重复自己，是关于一个黎明之前的梦的：做梦者或睡眠者醒来，试图回想那个梦，那个失去了的梦。现在，我们能作何假设？假设这个梦掉出了世界历史或掉出了时间是错误的，因为在某个瞬间它存在过——尤其不可以谈论任何别的事情，而只能说在某个瞬间它存在过。就是说，那个失去的梦是那个我们称之为世界历史或宇宙进程的布局的一部分。

——当然。

——或许是同样宝贵的一部分，但我记得我有一首诗题为《布局》，但这一首有所不同，写的不是梦——写的是一个书架上积起的灰尘，确切地说是在德·昆西的著作背后，他曾如此卓越地做梦，如我们在《一个英国嗜吸鸦片者的自白》中看到的那样。我想到这灰尘，它仿佛形成了一张网，在那一排书籍后面，或许它对于世界历史或那个布局的必要性并不逊于任何其他的事物——不逊于一场战役。也就是说，万物都是这布局的一部分，它的目的我们并不知晓——我们甚至也不知道它是否有一个目的。即使它有一个目的，无疑也是不可想象的，因为宇宙——这如此复杂的事物——没有任何理由要让一个人去理解，在二十世纪我们这个时代，一个名叫地球的失败事业。没有任何理由让我们能够理解为什么要有一件像历史那么浩大的东西，比方说。

——当然，不过德·昆西的轶事，无论如何，应该构成了历史或曰灵体之选集的一部分，如果我们能想象这样东西的话。也就是说，平行但不同于物质的历史，可以这么说。或许，再说一遍，更加持久。

——是的，似乎词语会消失而写下来的东西会留存下去，口述的会消失而笔写的会留存下去，但笔写的也是口述的产物。

——确实，根据我们的交谈，我们应该尝试去猜想口述之物可能是灵性的一部分。

——我相信是这样，因为不然的话，我们的交谈就将是无法解释并且毫无理由的了。我们应当尽量避免这一点，我们所说的一切也正被记录下来，所以既是口述的同时又是笔写的：在我们说话的同一时刻我们正在书写。

——是的，而且它被写下是因为它要出版。

——是的，这让我想起了，不是第一次，卡莱尔那句可怕的话，是这么说的："世界历史是我们不断地阅读和书写的文本而——那句可怕的话这就来了——我们也被书写在其中。"就是说，我们不仅书写字符，而且我们就是字符；我们都是某物或某人所书写的字符——我们可以把那两个词想成是大写的，这样它就更具感染力了：是我们所不了解的或者有时可能了解一部分的某物或某人所书写的。

——现在，说回塞万提斯吧，很多次我想到阿隆索·吉哈诺的历险记，就像您说的那样，走出了自己的书斋而变成堂吉诃德的人的一段戏剧性经历，向我们传递了某种十分崇高的东西，某种在他与行动相遇之前非常难以解释的东西，在他离开了书斋里的一生之后。

——一个值得敬佩的行动，是的，一个我不配做出的行动，因为我所有的印象是从未离开过那个书斋——内心里我仍置身于我父亲的书斋，我从未离开过这间书斋。这间书斋里的藏书已经散失，这间房子已不复存在。这间书斋俯瞰庭院，在这个庭院中有一个葡萄藤架……这一切全都已经消失了，然而，我在内心里仍置身于其中。我的印象是，此后我所做的一切都有一点虚假，或许那些最初的经历才是唯一属于我的。现在，我身上发生了件与记忆有关的奇事——本应让我震惊的事情，但并未让我震惊——就是我往往会记得我阅读的东西而忘记我的行为和在我身上发生过的事情。这又将另一句引文带给了记忆，这一回是爱默生的，我很乐于回忆他，是这么说的："Life itself becomes a quotation.（生命本身变成了一段引文。）"就是说，可以这么说，我们的全部过去到最后都在两个引号之间。如果我想起过去的话，我首先想到的是我读过的书。我对于人的记忆也很类似，但略有不同：我跟里卡尔多·圭拉尔德斯关系甚密，我们一起经营过一份刊物，《船艏》杂志，是布朗丹·卡拉法创办的——管理者为布朗丹·卡拉法、里卡尔多·圭拉尔德斯、巴勃罗·罗哈斯和我。我想要回想圭拉尔德斯，我依然非常喜欢他，尽管发生了他的死亡这个意外，我相信是在一九二九年。总之，我的引证是模糊的。呃，我努力去回忆圭拉尔德斯，而我回想起来的是他的照片，因为照片是静止的，并且对记忆贡献良多。相反，一个人的面容是动的，而难以在一段记忆里凝固下来。这不仅发生在圭拉尔德斯这里，而且，如果我想到我母亲的话，我首先记起的是她的照片；如果我想到我父亲的话，我记起的也是他的一张照片。如果我想到我自己的话，真相是我不知道我是否记得我最后一次在镜中所见的自己……不，有可能是我的某一张照片——当然，此时此刻……我在一九五五年就丧失了我的视觉，我不知道我长着怎样的面容，我不知道是谁或是什么从镜子里面观望着我——我一无所知。

——我必须提醒您，塞万提斯的人物，阿隆索·吉哈诺，在小说里是不写字的，因此，有一种行动的形式并未展开。在您这方面我们可以说书斋通过书写，或者说，在这里，通过对话，而被置于行动之中了。

——嗯，阿隆索·吉哈诺也写，在他一说话就在发表言辞这个意义上，不是吗？我不知道您有没有注意到——我相信坎西诺斯·阿森斯注意到了——事实上，在《堂吉诃德》里面并没有对话——

据同一个文本所说——在骑士与随从之间只有论辩。但这些论辩并不企图成为现实主义的：例如，在一场真正的对话中，人们总会打断对方，有人会留下一个没有说完的句子，因为他意识到对方已经明白了。这一切大概会显得配不上塞万提斯吧——文学是一件十分严肃的事——于是两个人物便展开交谈，要我说的话他们交谈得太过优美了。而且我肯定他们并不是那样交谈的……我小时候读《马丁·菲耶罗》也有过同样的想法，在与军队战斗之后，当部队的军士克鲁兹和被警方追捕的逃犯马丁·菲耶罗交上了朋友，克鲁兹立刻就把自己的故事告诉了菲耶罗。我虽然还是个孩子，也觉得这很虚假，毫无疑问实际发生的事情——我不知道在哪里，不是实际的历史，但必定发生过——是两人一点一点逐步了解到彼此的过往生平的。但我不相信克鲁兹立刻就把一本传记交给了菲耶罗，这是一个文学的惯例——或许对于作品来说很有必要，但却是完全不可能的。跟他们用八音节的六行诗来交谈一样不可能。

——您在那首有关阿隆索·吉哈诺诗里说道，"双重的梦令他们迷惘"，这种令各个人物陷于行动与梦之间的迷惘在您的故事中颇为常见。我不知道在克鲁兹和菲耶罗这里……

——我肯定他们不会立刻讲述自己的生平。另外，我们应该想到他们是很淳朴的人，他们是两个加乌乔，我不相信他们有陈述自传的习惯。这是非常奇怪的。

——因此我才说，在这种情况下恰恰迷惑于面对军队的行动。

——是的，当然那段情节是不太可能的：多么奇怪，部队的军士竟会站到他要逮捕的罪犯一边，并杀死了自己的手下。奇怪的是没有人注意到这一点，全世界都接受了这件完全不可能的事。

话说，我写下了那篇故事，就是为了解释这件我从小时候就觉得难以置信的事情：它的题目是《塔德奥·伊西多罗·克鲁斯传》。我给他起名叫塔德奥·伊西多罗，用的是我曾祖父的名字，让它以某种方式覆盖克鲁兹这个简短的名号，因为如果有人读到：塔德奥·伊西多罗·克鲁斯的话，克鲁斯几乎听都听不到，而塔德奥和伊西多罗则是两个那么长又那么丑的名字，足以被人们记住。我的名字就是伊西多罗——我向您承认这一点，我恳求您不要泄露出去。

——（笑）我原来不知道的，这是一个真正的启示。

——我希望您知道我名叫伊西多罗之后不要不来找我了，行吗？（两人都笑了）还有塞维利亚的圣伊西多罗，《词源学》(*Etimologías*)的作者。

——这里更有圣徒的声望。

——当然，是的。

——但是，我指的是在读了您有关克鲁兹和菲耶罗的故事，"塔德奥·伊西多罗·克鲁斯传"以后，假如现实和这个故事里表现的不一样倒变得难以想象了。

——嗯，其实每一篇故事的结尾都是这样的。我记得当我读到卡普德维拉①的《领主的前夜》（ Las vísperas de Caseros ）时，我心想：这本书或许是有误的，但我希望事情是这样发生的。它对我来说是如此令人信服……我读吉本的《罗马帝国衰亡史》的时候也是这样，我对自己说：我希望事情就是这样发生的。读普鲁塔克也是一样。

——突然间文学比历史的记录更真实了。

——根本上说是这样的，它比历史更久远，因为事件转瞬即逝，相反文字会留存下去。

——我们不曾现身于历史事件的现场，但我们置身于文学记载之前。

——是的，我们始终置身于它的面前，无论何时。我不记得那首关于阿隆索·吉哈诺的诗是怎么进行的……

---

① Arturo Capdevila（ 1889 – 1967 ），阿根廷诗人、作家。

——我只记得这三行：

"骑士是塞万提斯的一个梦
而堂吉诃德是骑士的一个梦。
双重的梦令他们迷惘"

但我保证会在下一次交谈里把它全背出来。

——不，不，这没有必要。我感觉有些好奇，每当有人读给我
听一段我自己的文字的时候我都会生出这个念头。我感觉好奇，但
说到底我写过的诗句重现的次数太多了，一旦我得到了这个启示就
有被它欺骗的感觉。但在这里，这首诗可能是极好的，因为这三行
诗并不那么精彩，但它们可能呈现了一首潜在的好诗，无疑它并未
存在过。

——我要说的是它们精彩之极。

——好吧。它们的优点是清晰地说出了它们想说的东西，对不
对？在某种意义上它不是巴洛克式的，也就是说，它不是空虚的。
显然它简洁地说出了，无疑令我颇为困扰的东西。在这里我想起了
布瓦的话，他吹嘘说曾经教导莫里哀"艰难打造容易的诗句的艺术"，
因为容易的诗句并不容易得到。那是一行需要打磨的诗句。

译后记

1984 年，博尔赫斯开始在电台里录制构成了本书的对话节目。应该也正是那个时候，我第一次知道了博尔赫斯这个名字，并且在某种意义上，开始了本书中译本的准备过程（如果当时我错过了博尔赫斯，30 多年后的今天将它译成汉语的肯定不会是我）。这里似乎有一种小小的巧合，或曰共时。

在《对时间的新驳斥》一文中，博尔赫斯否认了共时的存在，他说"倘若时间是一个心理的过程，那么成千上万的人——甚至两个不同的人——如何能够将它分享？"我不知道我前面所说的是对这一论点的一个驳斥（因为原著和译本都仅仅是用文字，西班牙语和汉语，记录同一个心理过程的口头呈现），还是一个证明（因为西班牙语和汉语的记录相隔了 30 年）。

30 年改变了很多。在汉语中，博尔赫斯从一个几乎是秘密的名字（在第一本汉译博尔赫斯选集问世之后，知道博尔赫斯在若干年里仿佛是一件属于少数人的财富），变成了一个在文学世界里人所共知的名字，已经如此熟悉，我想没有必要花费几千字来介绍博尔赫斯的生平和他的文学成就了吧。甚至已经太过熟悉而再一次隐没无闻了。

就在我写这篇译后记的时候，我发现博尔赫斯逝世三十周年纪念日已经过去一个多月了，那原本应该是一个大日子，但在我闭塞的信息环境里没有发生过什么动静，而我自己也未加留意。但我不认为博尔赫斯面临着被遗忘的危险，相反，仅仅30年，博尔赫斯已经汇入了汉语文学的血脉之中，成为传统和背景的一部分，我们几乎感觉不到他的存在，因为没有他的存在当代中国文学是无法想象的——不是说每个人都读过博尔赫斯，而是说博尔赫斯是塑造了当代中国文学，尤其是80-90年代先锋小说的若干重要影响之一；很难精确计算中国当代文学的风格和母题之中被注入了多少博尔赫斯的元素，但我相信要将它尽数剔除更是一件不可能的事——正如没有他的存在20世纪（后半叶）的世界文学是无法想象的一样。

也许只有一个人能够想象没有博尔赫斯的现代文学，能够存在于没有博尔赫斯的20世纪文学世界之中，那就是博尔赫斯本人。没有人比博尔赫斯更无视博尔赫斯的了，对于博尔赫斯来说他的自我仅仅是一连串的记忆，是他读过的书，见过的人，听过的言语，造访过的国度。博尔赫斯是一只倾听世界的耳朵，他在客厅与街头倾听同时代人或上一辈的轶闻琐事，在旅行中倾听每种文化的声音，也在图书馆和书房里倾听自古至今，东西方的时空里回响的历史、神话、传奇与诗文。在他失明之后犹其是如此。博尔赫斯用令人惊叹的记忆接纳了这一切，这一切也成为他的文学幻想的源头（尽管他称之为对他人和自己的"重复"）。在这本对话集，亦即这些电台播音之中，博尔赫斯通过他与合作者费拉里的交谈，将他一生的倾听吐露给了所有的听众，让他们听到博尔赫斯倾听的世界，或者用一种博尔赫斯式的说法：成为博尔赫斯，或多或少。

这个博尔赫斯与《巴别图书馆》、《阿莱夫》、《沙之书》、《赠礼之诗》、《雨》、《戈莱姆》的作者是不是同一个人？因为普鲁斯特说过"一本书是另一个自我的产物，这自我与我们在自己的习惯、社交生活、弊病中呈现的自我不同"，也就是说，存在一个生活的，日常的自我，和一个写作的、灵性的自我，两者之间的差别就是"作家"与"世间之人"的鸿沟。我相信这个问题在《对话集》中是不存在的，"世间之人"博尔赫斯和"作家"博尔赫斯在这本书里做着同一件事：对话即是写作，他们是同一个博尔赫斯。

而我们与30多年前，在地球另一面打开收音机的听众也是同一个。和他们一样，我们已经把博尔赫斯视为理所当然，但总会时不时地受到提醒，拥有博尔赫斯是怎样不可多得的幸运。我们听不到他的声音，但我希望我的汉语译文可以充当一座中继传送站，即便有不可避免的损耗与失真，依然能够让读者感受到一个阿根廷老人的渊博、睿智、谦逊与平和。正如本书的西班牙语书名"En Dialogo"（直译"对话中"）所暗示的一样，不妨想象此时此刻，我们正和博尔赫斯处于近在咫尺的"共时"之中，如忘年好友一般，对坐倾谈。

陈东飚

二〇一六年七月二十七日

图书在版编目（ＣＩＰ）数据

最后的对话. 一 / （阿根廷）豪尔赫·路易斯·博尔赫斯，（阿根廷）奥斯瓦尔多·费拉里著；陈东飚译. —— 北京：新星出版社，2018.8
　　ISBN 978－7－5133－2921－7

　Ⅰ.①最… Ⅱ.①豪… ②奥… ③陈… Ⅲ.①博尔赫斯(Borges，Jorge Luis 1899－1986)－访问记 Ⅳ.①K837.835.6

中国版本图书馆CIP数据核字(2018)第022836号

最后的对话. 一
[阿根廷] 豪尔赫·路易斯·博尔赫斯 著
[阿根廷] 奥斯瓦尔多·费拉里 著

陈东飚 译

责任编辑　汪　欣
特邀编辑　卢湘怡　许文婷
装帧设计　韩　笑
责任印制　史广宜
内文制作　田晓波

出　　版　新星出版社 www.newstarpress.com
出 版 人　马汝军
社　　址　北京市西城区车公庄大街丙 3 号楼　　邮编 100044
　　　　　电话 (010)88310888　　传真 (010)65270449
发　　行　新经典发行有限公司
　　　　　电话 (010)68423599　　邮箱 editor@readinglife.com
印　　刷　山东鸿君杰文化发展有限公司
开　　本　850mm×1168mm　1/32
印　　张　14
字　　数　297千字
版　　次　2018年8月第1版
印　　次　2018年8月第1次印刷
书　　号　ISBN 978－7－5133－2921－7
定　　价　58.00元

版权所有，侵权必究
如有印装质量问题，请发邮件至 zhiliang@readinglife.com

著作权合同登记号 图字：01—2016—8500

CONVERSATIONS , VOLUME 1 BY JORGE LUIS BORGES & OSVALDO FERRARI
Copyright © First published as " En Dialogo I " by Editorial Sudamericana in 1998
© Osvaldo Ferrari 1986 (for En Dialogo I & II)
This edition arranged with THE MARSH AGENCY LTD
through BIG APPLE AGENCY, INC., LABUAN, MALAYSIA.
Simplified Chinese edition copyright
© 2018 THINKINGDOM MEDIA GROUP LIMITED.
All rights reserved.